電子的個人データ保護の方法

橋本誠志 著

Law & Society Début Series No. 5
Setsuo Miyazawa, Series Editor

信山社

はしがき

　本書は，筆者が同志社大学に提出した博士学位論文にその後の状況変化を踏まえて所要の加筆修正を施したものである。本書は原則として2006年12月時点での状況を反映しており，その後の出来事については，フォローしきれていない部分があることをご容赦いただきたい。

　さて，本書は，目標として以下の2点を目指して執筆された。まず第1は，司法制度が宿命として持つ，サイバー空間との間での全く異なる時間の尺度の由来する限界の克服である。第2は，上記限界の克服にあたり，問題の「早期解決」をかすがいとした，個人データを利用する事業者側との自らの個人データを提供する側のネットワークユーザーとの協同関係の構築である。

　上記の目標を達するため，本書では法学，情報学を中心とした諸科学を統合した総合政策的視点を分析のための基本軸に据えている。このような総合政策学は，しばしばオーケストラと指揮者の関係に喩えられることがある。本書ではさらに進んで，総合政策学が，単に所与の譜面を指揮するだけではなく，指揮に必要となる譜面それ自体を作曲し，筆者のような一介の市民が全く新たな価値観を社会の至るところで創造することに寄与するまでにならなければならない，との隠れた課題にも挑戦した。しかし，筆者の拙い能力がため，本書においては，これらのどの目標についても，そのごく一部までしか達せられなかった。今後の課題としたい。

　筆者が本書のベースとなる研究を開始した最初のきっかけは，13年前，学部生時代に不正侵入の加害者として疑いをかけられた経験に溯る。当時，わが国ではインターネットは普及の黎明期にあたり，現在ほど一般的な存在ではなかった。しかし，筆者はこの時既に，いつでも，誰でも，どこでもトラブルの当事者になりうるという今日のデジタル社会の負の側面を，図らずも自ら実体験することとなった。そして，これにより悲しみを抱く人を1人でも減らすことに貢献できる社

会人になれるように必要な学識を培うべく，学界の門を叩いた。以来，13年の時を経て取り組んできた研究の，最初の到達点として成った本書が，個人データ流出の問題に心を痛める人々のお役に少しでも立つことができたとするならば，筆者として望外の幸せである。

　本書が成るにあたり，そのベースとなる研究について，筆者が同志社大学大学院総合政策科学研究科在学中に，テーマの設定とアプローチ方法に対して自由な選択を与えていただき，温かな目でその進展を見守ってくださった指導教授の大谷實同志社総長に対し，まず，心からの感謝と御礼を申し上げたい。また，研究について日常のご指導をいただいた同志社大学法学部の佐藤鉄男教授，同志社大学工学部の金田重郎教授，筆者に研究の厳しさと素晴らしさ，そして心構えを最初に教えてくださった学部在籍時の恩師である関西学院大学法学部の岡俊孝名誉教授に対して心より厚く御礼申し上げたい。また，ここに至るまで数多くの先生方，先輩方に無数のご指導ご鞭撻を賜り，お世話になったことに対して感謝の念に耐えない。

　なお，本書のベースとなる研究は，財団法人電気通信普及財団平成17年度研究調査助成を受けている。助成の機会を与えてくださった電気通信普及財団研究調査助成審査委員会の先生方，ならびに財団事務局関係者の皆様に心より御礼申し上げたい。

　最後に，本書は *"Law and Society Début Series"* 第5弾として日の目を見ることとなった。本書出版につき，シリーズ・エディターとして原稿審査をご担当くださった青山学院大学法務研究科の宮澤節生教授，そして出版事情の厳しい折，本書の刊行を快諾してくださった信山社の渡辺左近氏，編集作業に労をとっていただいた信山社の鳥本裕子氏に厚く御礼申し上げたい。

　　　2007年梅雨　　木曾海道　雨の中津川宿にて記す

　　　　　　　　　　　　　　　　　　　　　橋本　誠志

目　次

序　章 …………………………………………………………………… I

第1章　ネットワーク上への個人データ流出とリスク ………… 9
　第1節　個人データの流出とその影響 ……………………… 9
　第2節　インターネット上での個人データ保護の必要性 ……17

第2章　わが国の個人データ保護に対する政策展開 ……………27
　第1節　個人情報保護関連法制 ………………………………29
　　第1項　個人情報保護法制の特徴と限界　(29)
　　第2項　特定の個人情報に関する不正利用対策法制
　　　　　　——迷惑メールに関する法規制　(62)
　　第3項　プロバイダ責任制限法における発信者情報開示請求
　　　　　　制度　(70)
　　第4項　個別の法律における個人情報保護関連規定　(74)
　　第5項　個人情報の不正利用行為等に対する法規制　(75)
　　第6項　地方自治体の個人情報保護条例　(78)
　第2節　民間部門における対応 ………………………………86
　第3節　わが国の個人データ保護政策の問題点 ……………106

第3章　従来型の法解釈理論による救済とその限界 ……………III
　第1節　不法行為構成による保護の限界 ……………………III
　　第1項　不法行為法上の権利としてのプライバシー権　(III)
　　第2項　情報ネットワーク社会の進展と不法行為構成によるプ
　　　　　　ライバシー保護の限界　(116)
　第2節　契約アプローチによる個人データの保護 …………126
　　第1項　契約アプローチの位置づけ　(126)
　　第2項　米国における Contractual Approach の展開　(127)
　　第3項　わが国における契約アプローチの限界　(131)

第4章　問題解決への視点
　　　　——Property Rights Approach の導入と適用 …………135

第1節　Property Rights Approach の背景……………………137
　　　第2節　Property Rights Approach の特徴……………………143
　　　　第1項　Property Rights Approach のメリット　(143)
　　　　第2項　Property Rights Approach のデメリット　(146)
　　　　第3項　著作者人格権とパブリシティ権　(149)
　　　第3節　ライセンス制導入による個人データ保護の有効性………153
　　　第4節　個人データ保護関連技術とその展開……………………156
　　　第5節　コンテンツカプセルの個人データ保護への適用可能性　160

第5章　政　策　提　案………………………………………………177
　　　第1節　制度設計の要件……………………………………………177
　　　第2節　参考制度—UCITA と電子的自力救済制度………………180
　　　　第1項　Uniform Computer Information Transaction Act
　　　　　　　の概要　(180)
　　　　第2項　UCITA における電子的自力救済制度　(184)
　　　第3節　政策提案——電子的自力救済型個人データ保護制度の
　　　　　　　提案……………………………………………………………191
　　　第4節　電子的自力救済型個人データ保護制度の参加者の費用
　　　　　　　負担……………………………………………………………205
　　　　第1項　税形式による費用負担とその課題　(207)
　　　　第2項　司法支援制度としての電子的自力救済型個人データ
　　　　　　　　保護制度と補助金方式による財源確保　(220)
　　　　第3項　小　括　(224)

終　章…………………………………………………………………………227

参　考　文　献………………………………………………………………231

事　項　索　引………………………………………………………………247

序　　章

　本書は「電子的個人データ保護の方法」と題する。デジタル化情報の即時流通性との関係から生じる現行司法制度の本質的限界に対応し，ネットワーク上に個人データが流出した際，被害者の負担がより少ない手続で法的救済の内容を確定することができるよう，流出データに起因する司法手続係属中のプライバシー侵害の2次拡大を防ぐ新たな個人データ保護制度とその設計について研究する。

　インターネットは，今日，社会の基礎的インフラストラクチャとしての役割を担っている。我々は，自らコンピュータ機器を保有し，自らインターネットに接続するとしないとにかかわらず，ネットワーク社会の一員であり，インターネットのもたらす影響を強く受けて日々生活している。インターネットの社会的役割が増すにつれて，電子商取引等さまざまなネットワーク上での各種サービスの過程で個人情報（個人データ）が発生し，ネットワーク内では膨大な量の個人データが常時行き交っている。ネットワーク上を流通する個人データはデジタル信号化されており，収集，統合，再流通が容易である。つまり，ネットワーク上での個人データの交換は一歩誤ると深刻なプライバシー侵害に発展する危険性を秘めている。近時のネットワーク上への個人データ流出事例を見ると，流出データ数1万件以上の大規模流出が倍増するなど流出データ件数の大規模化が進むと同時に流出データの内容が精密化している傾向が見てとれる。また，ファイル交換ソフトの普及と労働者のオンとオフの区別が曖昧となっているのに伴い，個人データ流出はもはや，個人のPCから発生するようになり，日常生活に身近な存在となってしまった。つまり，情報統合によらずとも流出データのみで個人の全体像を十分に推知しうる精度を持った個人データが，数万単位の量で個人のPCからネットワーク上に流出し，

外部から実際にアクセスされているのが現状である。インターネットの最大の特徴は、ボーダレス性と即時性である。そのため、1度、個人データがネットワーク上に流出すると、その被害が瞬時に全世界中に拡散する危険性がある。この場合、データ主体が被害の救済を求めようとしても、どこまで被害が拡散したのかを推知することすら困難である。また、司法手続による救済が可能であると判断できたとしても、従来型の伝統的な司法手続とインターネット上のデータ流通との間の時間的尺度の差はあまりにも大きい。そのため、司法関係者のいかなる努力により、司法手続の開始から終結に必要な時間を短縮したとしても、手続の進行中に流出データが2次拡散することになる。こうなれば、被害者にとっての勝訴判決がたとえ下されたとしても、これにより被害者を救済したと評価することは到底できなくなる。

現在、個人データの保護方式には、公的部門・民間部門を峻別せず、単一の法制度で包括的規制を行うオムニバスパターン（欧州中心）、公的部門、民間部門毎に異なる法制度を設定するセグメントパターン、個別分野毎に異なる法制度を設定するセクトラルパターン（米）が存在する。わが国では、従来、公的部門に対しては、中央行政機関を対象とした個人情報保護法（1988年）により法規制を行い、民間部門に対しては、一部の業種や目的等にのみ適用される個別的な法規制をフラグメンタリーに設け、一般的にはガイドラインによる自主規制を柱とする政策パターンが採られていた。

わが国の自主規制は、ガイドラインの国家規格化（JIS Q 15001）、マーク制度の導入など確実にそのレベルをアップさせつつ、わが国での民間部門での個人データ保護に大きな役割を果たしてきたことは事実である、しかし、わが国では、消費者―事業者間でのプライバシー保護に関するコンセンサスが形成されていないことや、マーク取得に対する税制面や補助金制度などのインセンティブが不十分である点など、中小規模事業者が自社のプライバシー保護対策を推進しにくい状況となっている。そのため、業界団体に属さないアウトサイダー問題が最大のネックとなってきた。比較的早期から個人データの処理に法

規制がなされてきた公的部門においても，①国家行政機関のみを対象とする，②電子計算機によるデータ処理のみを保護対象とし，データのマニュアル処理は保護対象とされていない，③罰則規定が置かれていなかった点など，その実効性に疑問が持たれてきた。

　そのような中，1999年の住民基本台帳法改正に伴い，住民を一意に特定できるキー番号（住民基本台帳番号）制を導入することになったため，それまでにも議論されながらも実現しなかった民間部門をも含めた個人情報保護基本法の制定への動きが加速するに至り，個人情報の保護に関する法律が制定，施行された。こうして，わが国においても，民間部門をも対象とした個人情報保護のための法制が整備された。しかし，現行個人情報保護法は，個人情報「取扱」法であるとの指摘もあるように，その内容は行政規制的な色彩が極めて濃いものとなっており，個人情報保護法自体に実際の個人情報流出に対する固有の民事法的救済に関する新たなルールが規定されているわけではない。その一方で，規制緩和により消費者の自己責任原則が確立された今日，消費者は直面したトラブルについて，自らの手で救済に必要な情報を収集し，各自に必要な救済システムを用いて，主体的に問題を解決することが求められている。ネットワーク上への個人情報流出問題を消費者問題の一形態と考えた時，個人情報保護法自体に実際の個人情報流出に対する固有の民事法的救済に関する新たなルールが規定されていない点は，情報主体自身による問題解決の実現を後退させてしまうのではないかという疑問を呈することになる。

　情報主体本人による問題の自主的解決を困難にする主な要因としては，①インターネットのボーダレス性から個人情報が流出した場合，流出した情報がどこまで拡散し，それによりどの程度の被害が発生しているかを本人が知りえない立場にある点，②わが国では一般に不法行為による損害賠償請求に対して，立証責任等の点で厳しいハードルが課されている点，③損害賠償請求訴訟で勝訴に至っても請求認容額が低額にとどまっている点，④ADRが整備されていない等の問題点が指摘されてきた。

本書では，上記の諸要因のうち，特に①について，ボーダレス性と並んでインターネットの大きな特性の1つである即時性との関係で考察の対象とする。つまり，ネットワーク上に個人情報が流出した場合，問題の解決には現に発生した（これから発生しうる）プライバシー侵害の被害の拡大を速やかに防止することが急務となる。しかし，現行の個人情報保護制度は，個人情報保護関連法制，及び民間部門の自主規制プログラムのいずれもが侵害発生の予防に重点が置かれている。侵害発生の予防措置は，当然，重視されるべきであり，今後もより一層の充実が望まれる。しかし，これらの侵害発生のための事前抑止システムをかいくぐって実際にネットワーク上でプライバシー侵害が発生した場合，現在の政策プログラムでは，事前規制策と司法による事後救済手続との間に手続の時間的断絶があり，両者には有機的連携がとられていない。そのため，救済が行われた時点では，流出情報が数度の再複製，再流通を起こし，複次的なプライバシー侵害に発展しているという状況が起こりうる。この状況を放置すれば，いくら司法手続により，最初の個人情報流出に対する法的救済を被害者が得たとしても，当該救済は実質上，何ら意味をなさないことになる。つまり，現行司法制度はデジタル情報の即時流通性の前に新たな形態の深刻な機能不全を来すことになる。本問題を解決するためには，①個人データの流出直後に直接流出した個人データに作用し，当該データ流出によるプライバシー侵害への発展と被害拡大の防止を目的とし，②従来の事前規制型の個人情報保護制度と司法による事後救済手続間のタイムラグを解消する新たな個人情報保護制度の設計が必要である。

　以上を満たす手法として本書では，"Property Rights Approach"に着目する。現在，プライバシー保護のための情報技術としては，P3Pなど企業のwebサイト上にあるプライバシー・ポリシーを感知して，その有無でCookieをブロックするフィルタリング式の技術が実用化されている他，カプセル化技術のようにインターネット上で交換される個人データをバインドし，所定の条件が発生した場合，カプセルに設定されたプログラムにより，当該データを使用不能にする情

報技術が開発されているトレンドが注目される。

　本書では，こうしたプライバシー保護に関する技術開発のトレンドを前提として，政策提案として米国電子情報取引法 UCITA（Uniform Computer Information Transaction Act）に規定されている電子的自力救済制度を参考とし，インターネットを通じて取引された個人データの2次利用に関して，現行司法手続がデジタル情報の即時流通性に対して抱える本質的限界を補完するとの目的の範囲内で，ライセンス型制度を導入し，ライセンス条件に反するデータの利用を行った事業者に対して，当該データを使用不能とすることを認める電子的自力救済型個人情報保護制度の導入を提言する。

　本書で提案する手法のもたらす効果として，以下の諸点を挙げることができる。

【データ主体側にもたらされる効果】
① 司法手続等オフラインの救済手段を利用している間の流出データの拡散による2次侵害発生リスクの低減
② 個人データ流出時の事後救済プログラムの拡充による選択肢の拡大
③ 個人データ流通管理専門機関の設置による相談窓口の増加

【事業者側にもたらされる効果】
① 個人データ流出時のデータ主体側の2次被害発生リスクの低下による事業者側の経済的，信用的損失と法的リスクの低減
② データ流通管理の専門機関の設置による事業者の事後対応の効率化
③ 電子的自力救済による流出データ破壊に伴う保有個人データの資産価値の維持
④ 分散処理や間接取得等の既存のデータ処理方法の維持

【その他の効果】
① 個人データ流通管理機関の ADR 機能による個人データ流出関連訴訟提起数減少と裁判資源効率化

② 個人データ税と個人データ保護減税のセット導入による再分配効果による個人データ保護対策への取組みに対する事業者間の不公平感縮小
③ 専門機関設置による個人データ流通管理の専門知識を持った人材の育成促進

以下，第1章では，実際のインターネット上への個人データ流出事例を挙げながら，インターネット上でプライバシー侵害が発生した場合にデータ主体がどのような権利侵害を受けるのかを中心に整理し，インターネット上での個人データの要保護性を整理する。

第2章ではわが国の現在の個人データ保護政策の展開とその問題点を①個人情報保護法制の整備と実施状況，②民間部門での取組みを中心に整理する。その上で，わが国での従来型個人データ保護アプローチでは，インターネット上でプライバシー侵害がなされた場合，これらプライバシー保護・救済手続間が時系列的に見て，個人データの流出直後の時間帯を境として，断絶しており，被害の拡大を即時に防止しえない点を指摘する。

第3章においては，従来のプライバシー侵害被害の民事法的救済の法解釈理論におけるフレームワークである不法行為法アプローチと契約アプローチについて，特に本著の中心的視点である情報主体による主体的問題解決の確保とデジタル化情報の即時流通性への対応の観点から問題点の整理を行う。

第4章においては，不法行為アプローチ，契約アプローチに告ぐ第3のアプローチである"Property Rights Approach"について，(1)背景，(2)個人データ保護政策のフレームワークとしての長所，(3)個人データ保護政策のフレームワークとしての短所を検討し，個人データ保護への導入方法として，ライセンス方式の採用の有用性を説く。また，プライバシー保護に関する情報技術の動向を整理し，ライセンス制度による個人データ保護を実現しうる情報技術の一例として，カプセル化技術を紹介する。

第5章では，本問題に対する政策提案として，ネットワーク上への

個人データ流出によるプライバシー侵害への発展と被害拡散を防止するため，電子的自力救済型個人データ保護制度の導入を提案する。実際の導入に際しては，①データ主体—事業者間の契約交渉のサポート機能，②収集された個人データの現状を管理し，データ主体に報告する機能，③電子的自力救済の実行状況に関するチェック機能を有する公的機関の設置による個人データ流通管理機構を設計するプランが現実的である。本章では自律的実行型ADRサービスを担保した個人データ流通管理機構を核とした電子的自力救済型個人データ保護制度の制度設計プランについて示す。また，誤って電子的自力救済が発動された際の当事者救済としての補償金制度をはじめとした制度全体の運営費用の財源調達のあり方について検討する。

　終章はまとめである。

第1章　ネットワーク上への個人データ流出とリスク

第1節　個人データの流出とその影響

わが国では本格的なインターネット常時接続時代に突入すると同時に，本格的なモバイル・インターネット接続時代に突入している。インターネットへの高速・常時接続環境が整備され，モバイル端末によるインターネット利用者が増加し，ブロードバンド接続を活かしたさまざまなサービスがインターネット上で提供されるようになるに伴い，インターネット上で事業者−ユーザー間でより多くの個人データが流通するようになった。

ユーザーから提供される個人データを企業側は，サービスの履行に直接利用する。また，今日では，販売管理・生産管理・在庫管理・購買管理・財務会計・人事管理といった基幹業務である ERP (Enterprise Resource Planning) や対顧客間関係を中心に組織・業務プロセスの再設計を行い，競争力の高い企業体質を作り上げることを目標とする CRM (Customer Relationship Management)，更に業務の外部委託による SCM (Supply Chain Management) の3領域で積極的に利用している[1]。

しかし，今日の本格的なインターネット常時接続・モバイル接続時代への到来と企業による個人データ利用の高度化に伴い，ユーザーの個人データがインターネット上への流出は急速に拡大している。各ユーザーのインターネットへの接続が長時間化し，ユーザーの個人データを窃取しようと試みる攻撃者のアタック機会が増加したことと

1　日本セキュリティ・マネジメント学会個人情報保護研究会編『経営戦略としての個人情報保護と対策』(工業調査会，2002) pp. 50-58.

インターネットに長時間接続するユーザー数が増加することによるターゲット数の増加がパラレルに進行するためである。2004年4月2日に閣議決定された「個人情報の保護に関する基本方針」では，個人情報漏えい事案が発生した場合，2次被害の防止，類似事案の発生回避等の観点から，事業者は，可能な限り事実関係等を公表することが重要視されるようになった。2005年度において，事業者が公表した個人情報の漏えい事案は，滅失，毀損を含めて，合計1,556件である[2]。また，政府行政機関や独立行政法人等における個人情報の漏えい，滅失，毀損事案は，行政機関分が320件，独立行政法人等が855件である[3]。

　それでは，個人データは，どのような経路で流出してしまうのだろうか。図1は，インターネット上で個人データが流出する代表的な経路イメージを示したものである。インターネット上で個人データは，事業者-データ主体間でのネットワークサービスの過程で流通する他に①データ主体のPCに攻撃者（Attacker）が攻撃をしかけることでデータ主体のPCから情報を不正収集するケース，②事業者-データ主体間のデータ流通の途中経路で攻撃者がデータを奪取してしまうケース，③事業者のサーバーに攻撃者が攻撃をしかけ，当該サーバー内に登録されていた個人データを収集するケース，④事業者のデータ管理・セキュリティ対策の甘さやサーバーメンテナンス等の作業中に誤ってHP等を通じて個人データが流出するケース等が考えられる。④のパターンは，現在のインターネット上への個人データ流出原因の中では最も多いパターンである。ケイ・オプティコム社の情報流出の事例は，④のパターンにあたる。同社による調査報告によれば，流出原因は，同社社員が「当該リストを含むファイルを一時的に自宅で利用するために，データの重要性を鑑みず，誰からでもアクセスできる

2　内閣府『平成17年度個人情報の保護に関する法律施行状況の概要』（2006.6）pp. 4-5．
3　総務省「平成17年度における行政機関及び独立行政法人等の個人情報保護法の施行の状況について（概要）（2006.9.22) p. 5．

インターネット上の個人用ホームページを安直に利用したもの」であったとされている。カバヤ食品の個人データ流出事例も同様の原因であり，キャンペーン応募者が入力した個人データをCGIプログラムによって，Webサーバー内の誰もがアクセスできるディレクトリに個人データを保存していたことが原因であるとされている。この点の対策としては，何よりもまず，各事業者でのセキュリティ向上の取組みが必須であることは疑いようもない。しかし，上記の①～④は，それ単独で個人データ流出を引き起こすというよりは，それぞれが複雑に絡み合い，複合要因として個人データ流出に発展する。

　このようにインターネット上を流通する個人データは，その伝送経路上においても，また，事業者の管理下に入っても，常に外部流出のリスクに晒されている。その一方で，事業者にとって経済的価値をもたらすユーザー個人に関するデータをユーザーに知られないようにインターネット上で収集する技術は，日進月歩で進化している。これまで，インターネット上でユーザーのHPの利用動向を収集する技術としてはPC内に変数名と変数値を打ち込み，ユーザーのインターネットの利用動向を収集する技術であるCookieが知られていた。しかし，近時では，ディスプレイの画像ファイルにカモフラージュされ，PC内に痕跡を残さないWeb Bug[4]と呼ばれる技術が登場した。このように今日，インターネット上では，種々のスパイソフトウェアが実用化され，データの収集方法がより巧妙化している。また，インターネット閲覧用のwebブラウザーソフトウェアそのものにも個人データ流出の危険があるセキュリティーホールは多数発見されている。

---

[4] Web Bugとは，一般的には 1×1 ピクセルのGIF形式の画像データである。埋め込まれたページと同じ背景色でカモフラージュされており，ディスプレイ上からの視認による判別は不可能である。Web BugにはアクセスHTML履歴等ユーザーに関する情報を収集するHTMLコードが埋め込まれている場合があり，Web Bugが仕掛けられたWebページとは全く異なるサイトに収集したデータを転送できる。具体的には，Web Bugが埋め込まれているサイトのURLと埋め込まれた位置，当該ページが読み込まれた日時，PCのOSの種類，ディスプレイ解像度，直前に設定されたCookieに関する情報等が収集・転送されることがある。前川徹「Web Bugとプライバシー問題」情報処理 Vol. 42, No. 10, pp. 1014-1015を参照。

インターネット上に流出した個人データは、デジタル化されており、①即時性、②ボーダレス性、③加工性という性質を持っている。そのため、流出したデータが原因で発生しうるプライバシー侵害には、以下のような特徴が見られる。第1には1度のデータ流出で多数の者に被害が発生しうる点である。これは、デジタルデータの加工性により、1度の操作で大量の情報を扱うことが可能であり、またデータのコピーもキーボードの操作だけで容易に行えるからである。第2に瞬時のうちに世界規模で被害が拡散してしまうという点がある。これは、インターネットが国境を越えたボーダレス性と即時性を有しており、世界中から流出した個人データに瞬時にアクセスすることが可能となるためである。

一方でインターネット上への情報流出によって、プライバシー侵害が発生した場合、従来の司法手続による被害者の救済には、以下の点で限界があるが、その限界の詳細については、後述する。

① 1件当たりの損害額が低額である。
② 救済に長い時間が必要である。
③ 損害の程度・原因・加害者の特定とこれらの因果関係を被害者自身が立証することが困難である。
④ 審理段階で2次的プライバシー侵害が発生する危険性がある。

近時では、個々のコンピュータに保存されたデータ同士をインターネット上で相互交換する機能を有するファイル交換ソフトが社会の末端にまで浸透し、ファイル交換ソフトの1つである"Winny"だけでも毎日40万台以上のPC上で動作していると言われている[5]。攻撃者がファイル交換ソフトのセキュリティーホールを利用したウィルス・プログラム（W32/Antinny）を開発し、ネット上にばらまき、こうしたウィルスに感染したPCから個人情報がネット上に流出する状況はネット上への個人データ流出の中でも特に深刻な問題として指摘されている。"Winny"によってネット上で交換されるデータの2.7%

---

5 朝日新聞（大阪本社版）2006年7月29日朝刊3面。

がウィルス感染したPCに保存されていたファイルの流出であるとも言われている[6]。ファイル交換ソフト"Share"にもウィルス"ANTINNY.BJ"による情報流出のリスクが生じているとされる。また，ウィルス「山田オルタナティブ」では"Winny"を導入していないPCからも情報流出を引き起こすと言われている。

　実際に発生したインターネット上への個人データ流出事件の事例においても，これまで以上に多くの量の個人データがインターネット上に流通し，企業側の個人データの利用方法が多様化する過程で，ユーザーの個人データがインターネット上に流出する事件が頻発している。近年のインターネット上へのデータ流出の全体傾向として，以下の点を指摘できよう。

① 1回の流出事故で流出するデータが多量化している。
② 氏名・住所等データ主体の基本的情報と身体状況・興味関心等のより繊細な情報が分離されることなく，一体となって流出しやすい。
③ 流出した個人データに第三者が実際にアクセスを試みている。

インターネットサイト「winny 個人情報流出まとめ」(http://www.geocities.jp/winny_crisis/) によれば，①についての直近の例では，2006年9月（病院発行のニュースリリースの日付は2006年11月1日付）に旧高知市民病院（現：高知医療センター）の患者マスター26万4717名分と同病院の職員（臨時職員を含む），医師等合計1331名分の情報が業務委託先企業社員のPCから流出したことが同年10月末に発覚した例や，2006年9月に石川県能登町において旧能都町住民の個人住民税に関する情報12692名分が流出した例[7]など官民問わず，その発生はとどまることを知らない状況にある。また，②については，石川県能登町における住民税情報の流出事例では，流出サンプル総数12692名分のうち，4558件が所得割，均等割のある納税者の整理番号，

6　朝日新聞・前掲注（5）記事 p. 3.
7　http://www.town.noto.ishikawa.jp/03-community/04-tyousei/jouhou_rouei.html（2006.10.31確認）

税額を含み，8134件については，普通徴収対象者の住所，氏名，整理番号，税額に関する情報がセットとなって流出していたとされる[8]。
③については，例えば，2002年5月には，日本大学（約1800人分）で，2002年11月には東京経済大学（3105人分）のサイトから，入学願書の送付請求を行った受験生に関するコンタクト情報（直接データ主体個人へアクセスできる住所，氏名，電話番号等の情報）が各々流出し，外部からアクセス可能になる事件が発生した。また，2002年5月26日にも建築資材大手のYKK　AP社（東京都千代田区）のホームページ上にあるアンケート（2000年6月～2002年5月）ページに回答した顧客に関するデータが外部からアクセスされ，流出したことが判明し，同社は，Webサイトの一時閉鎖に追い込まれた。2002年7月末には，関西地区でブロードバンド接続サービスを提供するインターネット・サービス・プロバイダ（以下ISP）であるケイ・オプティコム（大阪市北区）が運営するインターネットカフェの会員リスト（1万7324名分のユーザーID，住所，氏名，生年月日，性別，職種，電話番号，メールアドレス，趣味，血液型を含む）を初め，①社内用会計伝票1枚，コンテンツ配信実験にモニターへの参加顧客の氏名とID（19名分），②コンテンツ配信実験にお試し会員として参加している顧客のうち1名の氏名，ID，パスワード，メールアドレス，③ニュースコンテンツの提供に関するコンテンツホルダとの覚書案，契約書案，④本件当事者である社員の勤務表データ，⑤コンテンツ配信実験に関する，ベンダーへの発注内示書案（社内資料），⑥当該インターネットカフェの案内サイトトップページへのアクセスログといった各種データがインターネット上に流出し，外部から閲覧できる状態になっていることが判明した。ケイ・オプティコム社の事例では，個人データが流出したインターネットカフェの案内サイトに7月29日から7月31日までの3日間で1899件，データ転送量にして，176万228kb分のアクセスがあったとされている。

8　能登町役場・注（7）サイト参照。

第1節　個人データの流出とその影響

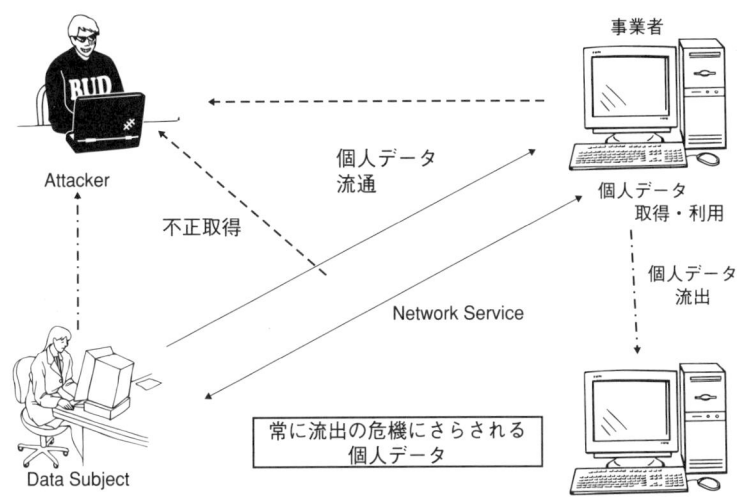

図1　インターネット上での個人データ流出のイメージ

　ところで，ネットワーク上に個人情報が漏えいするとさまざまなリスクが生じる。畠中らは，ネットワーク上への個人情報漏えいに起因するリスクの分析に際して，直接リスクと間接リスクの概念を用いている。畠中らはある事件や事故が発生した結果が直接的に影響するリスクを直接リスクと定義し，事件や事故の結果が社会と事業者の事業の間で相互に影響しながら，波及的に生じるリスクを間接リスクと定義する[9]。畠中らは，直接リスクには，個人情報漏えいが発生した場合の被害者や事業への影響を緩和し，被害者への被害救済と事業の現状回復に必要な諸対応や再発防止措置を含む是正処置までに必要な身体上の危害と経済上の損失が含まれるとする[10]。一方，間接リスクには社会的信用の失墜や業界内部からの批判，行政指導，行政処分，

9　畠中伸敏編著，加藤文也＝折原秀博＝伊藤重隆著『個人情報保護とリスク分析』（日本規格協会，2005）pp. 18-26.
10　畠中・前掲注（9）pp. 18-26　によれば，直接リスクに関する経済上の損失として，具体的には被害者への賠償，処分としての減給，金券等被害者への修復費用等が該当するとする。

表1　個人データ流出に関する諸リスク

		内　容	特　徴	流出データの拡散による影響
直接リスク		事件・事故の発生結果が直接的に影響するリスク	財貨により修復可能，短期的な回復が可能	流出データの拡散により，いつ，どこから二次被害が発生するか予測が不可能なため，被害の範囲の確定が困難となり，賠償，回復措置に必要なコストが確定できない
	事業者	被害者や事業活動への影響を和らげ，被害者への修復および事業活動への現状回復に取られる対応処置，その他の対応処置，再発防止を含めた是正処置までの危害及び損失リスク	被害者への賠償や修復に要する費用（金券，その他），処罰による減給，その他回復処置に要する費用	
	個人	人格権とプライバシーの侵害（精神的苦痛と不安，架空請求などの犯罪被害）	個人情報の流出や漏えいにより，個人情報が使い回されると同時に，個人の情報に信用情報やセンシティブな情報などが属性情報として付加される。悪の連鎖の中で情報が高く売買され，人格権とプライバシーの侵害が助長される	流出元の事業者との訴訟に勝訴しても，いつ，どこで流出データに起因するプライバシー侵害が起こるか予想できない
間接リスク		事件・事故の発生結果が社会と当該事業あるいは個人との間で互いに影響しながら波及的に生じる	社会事件で事業活動あるいは個人の活動への影響が大きい，信用の回復に時間を要する	被害内容の確定が不可能となり，対応が更に後手に回る
	事業者	当該事業活動の社会的批判や対応への悪さがリスクを増幅 ・信用失墜や不信 ・社会批判 ・株価の暴落 ・行政指導，事業活動の停止	事件・事故との因果関係からの損失・損害額の算出が困難 販売高減少，委託先や協同社との信頼関係低下により，事業活動そのもののコストや部品や製品の調達コストがアップ 最悪の場合は，当該事業部の範囲にとどまらず，企業全体に波及し，企業の存続に影響する	対応の長期化による市場の評価の更なる低下 正常な業務体制への復帰の遅れと資金調達への影響
	個人	社会的信用の失墜，家庭内地位の低下 ・家庭内不和 ・社会的身分（昇進昇格）への影響 ・友人関係への障害 ・風評被害	本人が意識しないところで風評被害が広がる 一度信用喪失や地位低下を招くと修復に時間がかかる	風評被害の恒久化

（出所：畠中信敏編著『個人情報保護とリスク分析』p. 17を一部加筆修正）

マーケットにおける評価の低下等が含まれる[11]。以上を前提とした上で，畠中らは以下の2点から構成される個人情報漏えいによって生じるリスクの二面性を指摘する[12]。

① 身体上の危害発生確率と危害のひどさの組み合わせの問題
② 経済上の損失の大きさと損失の発生確率

以上の二面性はデータ主体，事業者のどちらか一方のみにリスクが偏在したり，どちらか一方のみが取組みを行うことによって解消されるものではないと考える。事実，個人情報流出したデータの拡散防止策については，現状では，個人データのアクセス者のアクセスログを辿って，アクセス者が特定しえた場合には，個別に持ち出した個人データの削除を「お願い」するという対策が一般的である。しかし，デジタル化された個人データは，コピーが簡単に行えるため，ひとつのデータが削除されても，コピーがコピーを生み，それらが転々流通してしまうため，事業者の個別的取組みのみでは，問題を解決することは困難である。

以下，本書においては，単にインターネット上のデジタル情報の即時流通性，グローバル性を克服するだけでなく，データ主体や事業者を始めする社会全体が抱える上記リスクを低減させることで，個人データ流出関係者のコンセンサス形成を可能とする個人データ保護制度を提案することが主題となる。

第2節　インターネット上での個人データ保護の必要性

以下では，ネットワーク上におけるプライバシー侵害が消費者問題にどのような影響を与え，なぜ，データ主体の個人データが保護されなければならないのかという点について整理する。

個人データとは何かについては，一致した定義はなされていない。わが国の判例では，個人情報を「個人に関する全ての情報が含まれ

11　畠中・前掲注（9）p. 27.
12　畠中・前掲注（9）p. 28.

る」(横浜地判平成元年5月23日 判例タイムズ700号144頁,判例時報1319号67頁)と説明されているし,プライバシーを一種の領域として見る観点からは,プライバシーを「存在の問題で,基本的人権の核になるものを示すもの」[13]とし,個人情報(Personal Information)を個人のプライバシーの放出現象と捉え,個人データ(Personal Data)を「個人情報として収集され,整理され,データとして利用可能となった情報」[14]とする考え方もある。海外では,1980年OECD「プライバシー保護と個人データの国際流通についてのガイドラインに関する理事会勧告」1条(b)で,"'personal data' means any information relating to an identified or identifiable individual (data subject)." つまり「識別されたまたは識別されうる個人に関するすべての情報」を個人データと定義している他,1985年の欧州評議会「個人データの自動処理にかかる個人の保護に関する条約」2条(a)でも同様に,"'personal data' means any information relating to an identified or identifiable individual (data subject).", つまり「『個人データ』とは識別された又は識別されうる個人に関する全ての情報をいう」と定義しているように「個人データ」と「個人情報」はほぼ同義に使用されることが多い。

本書では,インターネット上でのオンライン・プライバシー保護の問題を扱う関係上,デジタル信号等のそれに構成する符号又は信号のみではその意味内容を理解することができない状態に置き換えた個人に関する情報を「個人データ」,人間にとってその意味内容が認識可能な状態にある個人に関する情報一般を「個人情報」として便宜上区別するものとする。

インターネット上でe-commerceやサービスを利用するデータ主体の個人情報はなぜ保護されなければならないのだろうか。プライバ

---

13 牧野二郎「ディープデータとしての個人情報をどう考えるのか?」『IT2001なにが問題か』(岩波書店,2000) p. 277.
14 牧野・前掲注(13) p. 277.

シー権について直接定義した成文法はわが国には存在しない。わが国において、プライバシー権の根拠は、幸福追求権（憲法13条）を根拠とした国民の法意識によって承認された権利[15]である。なお、個人情報保護法1条は「個人情報の有用性に配慮しつつ、個人の権利利益を保護することを目的とする」とあり、プライバシー権そのものの定義をしていない。民事法学上は「みだりに私生活（私的領域）へ侵入されたり、他人に知られたくない私生活上の事実、個人情報を公開されたりしない権利」[16]と解するのが代表的見解である。また、消費者保護論の立場からは、消費者の個人情報保護の必要性について以下のように解されてきた。つまり、事業者に対し、情報収集力・交渉力において劣り、精神的・肉体的にも脆弱な存在である消費者にとって、住居は社会生活から離れ、個人として人間らしい生存を営むために不可欠な空間であるとともに、意思決定の為の冷静な判断をするために必要な静かな空間である。こうした私的領域たる住居に事業者の執拗な勧誘がなされては、消費者は逃げ場を失い、多大な圧迫を受ける一方、事業者の側は自己の私的生活を確保しているという格差が存在することから、こうした事業者―消費者間の格差を是正するためにも個人へのアプローチの手がかりとなる個人情報は慎重に保護されるべきであるという理解である[17]。

　プライバシーに実定法的保障が与えられるべき必要性として判例では、「社会通念上その保護すべき対象、内容が成熟したものとなって、保護の必要性について社会的合意が得られているような人格的利益」としている（東京地判昭和62年11月20日判例時報1258号22頁）。インターネット上で流通する情報はデジタルデータ化されており、収集・統合・加工・再流通が容易かつ安価に行える。こうした情報統合の最大の問題点は、どのデータとどのデータを統合すれば、データ主体がど

15　竹田稔＝小西恵「電子商取引とプライバシー」『新裁判実務体系9　名誉・プライバシー保護関係訴訟法』（青林書院、2001）p. 198.
16　竹田稔『[増補改訂版]プライバシー侵害と民事責任』（判例時報社、1998）p. 169.
17　滝沢昌彦「情報・プライバシーと消費者」ジュリストNo. 1139（1998）p. 61.

のような不利益を受けるのか，結合されたデータが誰の手に渡って，どのような目的に使用されるのか情報主体が予見しえず，ユーザーの私生活上の平穏と人格的利益が害される点にある。

　個人情報に起因する消費者の権利侵害の特徴は，その大半が消費者から隔離されたところで行われる点にある。そのため，消費者自身が，自身の権利が侵害されていると気づき，消費者相談に出向いてみても，個人情報に関する被害を特定する事は困難であり，そもそも，消費者自身が権利侵害自体に気付く事さえできない場合も多い。

　それでは，企業により収集された個人情報は消費者取引における実際の消費者被害にどのような影響を及ぼしているのであろうか。業者により入手された個人情報は，ネガティブ・オプション[18]や紳士録商法，電話勧誘販売などのようにリストに掲載されている者を直接のターゲットにして，消費者被害を引き起こす場合もあれば，例えば，訪問販売において，セールスマンが，入手した個人情報を，虚偽のセールストークの手段として利用し，不適正な勧誘行為を行う例もある。こうした場合，個人情報を無断で利用された情報主体には，直接的な取引被害が発生していない。このため，不適正な勧誘により直接，取引被害を受けた消費者が問題を認識できない限り，個人情報を利用された消費者が問題の発生を認識する事は，ほぼ不可能であると言ってよい。ネガティブ・オプションや紳士録商法，電話勧誘販売等の消費者問題における個人情報の問題に共通する事は，勧誘に必要となる個人情報の収集方法の問題，及び個人情報管理の問題から，2次的被害を誘発しやすいと言う問題である。

　事業者に提供あるいは事業者によって収集された自己に関する情報の現状を知る事ができない事に対する消費者の不安は，実際の消費者

18　消費者が，商品を注文してもいないのに，業者側が勝手に商品を送りつける商法。消費者の家族が，本人が注文したものと錯覚して，商品を引き取り，代金を支払ってしまう事が多い。この商法では，事業者側が，送り主表示を郵便局留や私書箱表示にしているため，消費者側から事業者にアクセスする情報源が極端に乏しくなる。

相談の例にも現れている。国民生活センターが2006年6月に発表した記者発表資料[19]によれば、個人情報保護法施行後にもかかわらず、資料請求をした覚えのない信販会社からゴールドカードの申込書が郵送されてきたり、オプトアウトを行おうと名簿業者に取得元の開示を請求したところ、応じてもらえなかったりしたケースを代表例として、国民生活センターが全国の消費生活センターから登録を受け付けた個人情報に関する相談件数1万2856件のうち、不適正な個人情報の取得について6433件（約50%）、同意のない提供について1928件（約15%）を占めている。

知らない業者から届くダイレクトメールや電話勧誘については、住所、氏名、電話番号等の個人情報の入手経路が消費者に明らかになっていない事に対して、消費者は、不安を抱いている[20]。信用情報については、自己の信用情報がどこに登録されているのかがわからない事に対して、消費者は不安を抱いている[21]。近時では、大手消費者金融業者と銀行の提携が進み、銀行系サラ金が増加し、銀行系列と一体となったデータベースを構築し、金融機関毎にこうしたデータベースを有したり、信用情報機関に登録することで、制約無く個人情報を収集できている点についての危惧もされている[22]。

わが国では、『宴のあと』事件（東京地判昭和39年9月28日下民集15巻9号2317頁）でプライバシー権が判例上、初めて認められた。そこでは、プライバシー権は「私生活をみだりに公開されないという法的保障ないし権利」とした上で、公開された内容が以下の3要件を満た

---

19 国民生活センター2006年6月7日記者発表資料「個人情報保護法施行後1年間の相談概要について」http://www.kokusen.go.jp/pdf/n-20060607__1.pdf（2006.12.16確認）pp. 2-4．

20 村千鶴子「個人情報利用取引に関する被害の実情」ジュリスト No. 1114（1997）p. 70．

21 村・前掲注（20），p. 71。

22 『第20次国民生活審議会第8回個人情報保護部会議事録』（2006.6.30）p. 26．なお，銀行が発行するクレジットカード（キャッシュカード一体型のものを含む）の中には，系列クレジットカード会社ではなく，系列消費者金融業者を保証会社とするものがある。

す場合に私生活のみだりな公開にあたるとした。

① 私生活上の事実または私生活上の事実らしく受け取られるおそれがある。

② 一般人の感受性を基準に本人の立場に立った場合に公開を欲しないであろうと認められる。

③ その事実が一般の人々に未だ知られていない。

『宴のあと』事件判決を基準にして，情報主体に対して無断で情報開示を行った場合，どの情報であればプライバシー侵害にあたるのかについては争いがある。いわゆるセンシティブ情報として公開を欲しない私生活上の事実であると認められているものとして，思想，信条，前科前歴，病歴，社会的身分などの情報がある。これに対し，住所，氏名，年齢，生年月日，電話番号などはいわゆる個人識別情報としてこれまではプライバシー保護の対象となる公開を欲しない私生活上の事実にはあたらないとされてきた。資産，取引，購買履歴，趣味，家族構成，職業，勤務先等の情報は，これらの中間タイプであるとされる。これまでは公開を欲しない私生活上の事実にはあたらないとしてプライバシー保護の対象とは解されてこなかった住所，氏名，電話番号をプライバシー保護の対象とし，情報主体に無断で収集，及び第三者への提供を行えば，プライバシー侵害にあたると解する見解も登場している[23][24]。

オンライン・プライバシーで問題となる個人情報には以下の種類がある[25]。

① 氏名，住所，電話番号，勤務先名・及びその所在地等のコンタクト情報（消費者が自ら入力するもの）

② クレジットカード番号，個人信用情報

---

23 松本恒雄「消費者法と個人情報保護」ジュリスト No. 1190（2000）p. 53.

24 松本恒雄「ダイレクト・マーケティングにおける顧客対象者リストと私法上の問題」神山敏雄＝堀部政男＝阪本昌成＝松本恒雄編『顧客リスト取引をめぐる法的諸問題』（成文堂，1995）p. 113も参照.

25 竹田＝小西・前掲注（15）pp. 201-203.

③ 取引に関する情報（購入商品・代金）
④ Web サイトへのアクセス履歴，購入記録
⑤ アクセス履歴，購入記録から分析された消費者のプロファイル情報
⑥ 家族構成・年齢，年収，趣味等の顧客属性情報
⑦ ユーザー統計情報

消費者問題としてプライバシー侵害の問題を考えたとき，事業者の営業活動（ダイレクトマーケティング）用のデータとして，上記の情報のうち，③～⑦までは消費者の個人情報が消費者の関知しえないブラックボックスの中で収集，その蓄積，統合，利用，及び第三者に提供されている点が問題となる。この点，松本は，「消費者への購入働きかけの最終局面は，訪問，手紙，電話，電子メールによるものであり，その限りで利用されるのは，氏名，住所，電話番号，メールアドレスと言った要保護性の一番低い個人識別の符丁にすぎないとも言える。しかし，ある見込み顧客を析出するためには，その者についての資産関係，取引関係，購買履歴，趣味，家族構成，職業，勤務先などが十分考慮されているはずである。したがって，消費者の個人情報保護問題を氏名，住所，電話番号の問題に矮小化して論じるのは的を射ていない。」と述べている[26]。

神戸地判平成11年6月23日（判例時報1700号99頁）でも，被告が原告医師の氏名，職業，原告開設の診療所の住所・電話番号を無断でパソコン通信の掲示板に掲載したところ，無言電話や悪戯電話が盛んに掛かるようになり，騒音と精神的圧迫から体調を崩し，診療中止に追い込まれたとして，被告に営業損害，治療費，慰謝料を求めた事案で氏名，職業，住所，電話番号はそれ自体では「純粋な私生活上の事柄であるとは言い難い」としながらも個人情報を「公開目的と関係のない範囲まで知られたくないと欲することは決して不合理なことではなく，それもやはり保護されるべき利益である。そして，このように自

---

[26] 松本・前掲注（23）p.54.

己に関する情報をコントロールすることは,プライバシーの権利の基本的属性として,これに含まれるもの」と判示した上で,「原告の職業・住所・電話番号については,それが右電話帳に掲載されていることを考慮しても,それをネット上の掲示板において公開されることまでは,一般的に欲しないであろう」として,情報主体の同意のないメールアドレスや氏名等の基本的個人情報のインターネット上での流通は,情報主体に甚大な不利益を与える可能性を指摘している。

個人情報と消費者被害の関係についてまとめると,①個人情報の収集場面において,事業者が,自己の名称,及び情報の収集目的を消費者に明かすこと無く,個人情報を収集する事,あるいは情報収集範囲が事業活動に関する適正範囲を逸脱している事,②個人情報の保管・管理方法に配慮が欠けている事,③収集された個人情報の目的外利用,転売といった利用法に関する問題,④に利用される情報の鮮度が古くなり,訂正されるべき事項が生じても,訂正が行われないままに古いままの情報が利用されている点に関する問題[27],⑤収集された個人情報に消費者が情報開示や訂正・削除請求等,再アクセスする事が不可能である点に関する問題,⑥事業者側の管理責任体制不備の問題を指摘する事ができる[28][29]。

これまで見てきたように,消費者問題において,不適正な個人情報の流通は,プライバシー侵害の問題に加えて,個人情報の不適正な利用による2次的消費者被害を引き起こす。そして,これまでにも論じたように,電子商取引時代における消費者の個人情報収集の手段,利用,加工及び再流通は,ネットワークという言わば,ブラックボックスの中で,消費者にとって,以前よりもさらに認識が困難な方法で行われるようになっている。このため,問題の解決においては,個人情

---

[27] 鮮度の古い情報や,誤った情報の本人による訂正権について,清野幾久子「個人情報利用取引と個人情報保護制度」ジュリスト No. 1114 (1997) p. 81では,誤った情報の訂正・開示について,事業者に追跡調査義務を負わせる事は,新たなプライバシー侵害を発生させる可能性があり,規制を行う事は,困難であるとしている。

[28] 清野幾久子「個人情報利用取引と個人情報保護制度」ジュリスト No. 1114 (1997).

[29] 村・前掲注 (20) pp. 73-74.

報保護，及び不適正取引と言う従来の双方向の視点からのみばかりでなく，ネットワーク特性を意識したより総合政策的なアプローチが重要となってくる。

この点，1999年12月に採択された「電子商取引における OECD 消費者保護ガイドライン」では，1980年の OECD プライバシー保護ガイドラインに示された8原則（①収集制限の原則，②データ内容の原則，③目的明確化の原則，④利用制限の原則，⑤安全保護の原則，⑥公開の原則，⑦個人参加の原則，⑧責任の原則）に従い，かつ1998年10月の OECD 閣僚会議（オタワ）で採択された「グローバルなネットワークにおけるプライバシー保護に関する閣僚宣言」において強調された以下の6項目を考慮に入れて消費者向け電子商取引を行うように要求している[30][31]。

① プライバシー・ポリシーの採用を奨励すること。実施の手法は，法律，自主規制，行政，技術的手段のどれでもよい。
② ユーザーへのプライバシー・ポリシーのオンラインによる通知を奨励すること。
③ プライバシー原則とポリシーの不遵守に対処するため，及び救済を確実にするための効果的な執行メカニズムが利用可能なようにすること。
④ オンライン上のプライバシー問題及びグローバルなネットワークにおいてプライバシーを保護するためのユーザーが利用できる手段についてのユーザー教育と啓発を強化すること。
⑤ プライバシーを強化する技術の利用を奨励すること。
⑥ オンラインによる国境を越えたデータ流通のための契約による解決手法の利用とモデル契約の開発を奨励すること

以上に見たようにリアルワールドにおいては一見，要保護性の低い情報と解される個人識別の符丁に過ぎないとも言える基本的個人情報

---

[30] 堀部政男「電子商取引とプライバシー」ジュリスト No. 1183 (2000) pp. 77-85.
[31] 松本恒雄「電子商取引と消費者保護―OECD ガイドライン（案）を中心にして―」法とコンピュータ No. 18 (2000) pp. 58.

(氏名,住所,電話番号等)であっても,インターネット上では,強い要保護性を有すると解する[32][33]。

---

[32] 橋本誠志＝本村憲史＝井上明「ネットワーク上での情報統合に対するプライバシー保護システム」テレコム社会科学学生賞入賞論文集 No. 9 (2000) pp. 13-17.
[33] 吉野夏巳「基本的個人情報の公開とプライバシー権」クレジット研究 No. 24 (2000) pp. 142-143.

第2章　わが国の個人データ保護に対する政策展開

　わが国の個人情報保護に対する現状の対策は，どのようになっているのだろうか。2005年3月までのわが国の個人情報保護政策は表2のように，公的部門に対しては，セグメントパターンにより，「行政機関の保有する電子計算機処理に係る個人情報の保護に関する法律」が制定されている一方，民間部門では，個別分野ごとに異なる法制度を設定するセクトラルパターンを併用する形態となっていた。2005年4月以降の個人情報保護法の完全施行に伴い，図2のように個人情報の

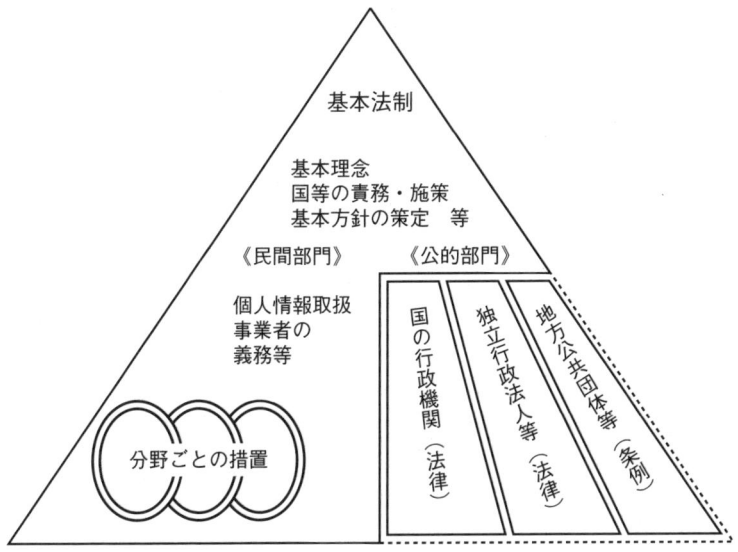

図2　個人情報保護法の体系イメージ
出所：内閣府HP「個人情報保護法の解説」[1]

---

[1] http://www5.cao.go.jp/seikatsu/kojin/kaisetsu/pdfs/taikei.pdf（2006.9.26確認）

表2　2005年3月末までのわが国の個人情報保護に関する諸制度

	国・地方公共団体	民間事業者等
個人情報保護制度	（国） ○　行政機関の保有する電子計算機処理に係る個人情報の保護に関する法律 （地方公共団体） ○　個人情報の保護に関する条例 ○　個人情報の保護に関する規則，規程等	（求職者等の個人情報の保護） ○　職業安定法，労働者派遣事業の適正な運営の確保及び派遣労働者の就業条件の整備等に関する法律 （信用情報の保護） ○　割賦販売法，貸金業の規制等に関する法律 ○　ガイドライン （医療情報の保護） ○　刑法，診療放射線技師法等 ○　医療法，ガイドライン （その他） ○　ガイドライン，JIS（通商産業省，郵政省，各事業者団体等） ○　マーク付与制度（民間団体等） ○　個人情報保護に関する条例（民間も対象とするもの）
関連制度	（守秘義務） ○　国家公務員法，地方公務員法等 ○　統計法 （住民票コードを利用する情報の保護） ○　住民基本台帳法	（特定業務における守秘義務） ○　刑法（弁護士等） ○　行政書士法，宅地建物取引業法 （通信の秘密の保護） ○　電気通信事業法等
その他	○　民法（名誉毀損，プライバシー侵害等に関する不法行為） ○　刑法（名誉毀損罪，窃盗罪，横領罪，支払用カード電磁的記録不正作出準備罪等），不正アクセス行為の禁止等に関する法律 ○　著作権法，特許法等	

出所：第2回個人情報保護法制化専門委員会（2000.2.7）配布資料2(1)を一部加筆

保護に関する法律(以下,個人情報保護法)の基本法部分(第1章〜3章)を公的部門,民間部門で共用し,一般法部分は公的部門については,行政機関の保有する個人情報の保護に関する法律(以下,行政機関個人情報保護法),独立行政法人等の保有する個人情報の保護に関する法律(以下,独立行政法人等個人情報保護法),及び各地方自治体の個人情報保護条例により,また民間部門については,個人情報保護法の一般法部分(第4章〜6章)により規律される形態となった。以下,本章では,わが国の現行の個人情報保護関連制度を鳥瞰する。

第1節　個人情報保護関連法制

第1項　個人情報保護法制の特徴と限界

わが国における個人情報保護に関する法的枠組みは判例法が形成・確立したプライバシーの権利[2]と成文法である個人情報保護法制という相互密接した独立の制度によっている。前者は人格権の一種として,被侵害者が侵害者に対して,侵害行為の差止めと損害賠償等を請求できる私法上の権利として確立され,後者は個人情報の適正な取扱いについてのルールを法制度として明確化したものであり,本人の権利を直接規定する構成とはせず,個人情報に関する権利利益の侵害を未然に予防するために行政機関の監督権限を用いて,実効性を担保するという発想に基づいている[3]。

わが国における最初の個人情報保護関連法は,「行政機関の保有する電子計算機処理に係る個人情報の保護に関する法律」(以下,旧行政機関個人情報保護法)である。

1974年,行政管理庁(当時)の「行政機関等における電子計算機利用に伴うプライバシー保護制度に関する制度の在り方いかん」に関する諮問を受けた行政管理委員会が「行政機関等における電子計算機利

2　プライバシーの権利の生成過程については,新保史生『プライバシーの権利の生成と展開』(成文堂,2001)を参照。

3　岡村久道『個人情報保護法』(商事法務,2004) pp. 3-4.

用に伴うプライバシー保護に関する制度の在り方についての中間報告」で行政運営に関する個人情報の適切な維持管理の推進を提言した。同報告を受け，1976年には，「電子計算機処理データ保護管理準則」が策定された。1980年のOECD 8原則策定を受け，1981年には，行政管理庁「プライバシー保護研究会」による「個人データ処理に伴うプライバシー保護対策」がまとめられた。その後，土光臨調とも呼ばれる行政改革により行政管理庁は総理府と統合され，総務庁となり，1985年「行政機関における個人情報の保護に関する研究会」が設置され，1988年4月，「行政機関の保有する電子計算機処理に係る個人情報の保護に関する法律案」が国会に提出された。法案は，1988年11月8日に衆議院を通過し，同12月9日に参議院で可決・成立され，1989年10月1日よりその一部が施行され，1990年10月1日に全面施行された[4]。

本法は，行政機関による個人情報の電子計算機処理の拡大とともに，個人の権利が侵害されるおそれがある点からコンピュータ処理される「個人情報ファイル」の取扱いに関する基本的事項を定め，行政の適正かつ円滑な運営と個人の権利利益保護を図ることを目的としていた。本法ではコンピュータ処理によって生成される「個人情報ファイル」の適正な保護のために，行政機関に対して①個人情報ファイルの保有制限（4条），②個人情報の安全及び情報内容の正確性確保（5条），③個人情報ファイルの保有等に関する事前通知（6条），④個人情報ファイル簿の作成・閲覧（7条），⑤個人情報ファイルの官報公示（8条），⑥処理情報の利用・提供制限（9・10条）を課している。一方，情報主体に対しては，個人情報ファイル簿に記載された個人情報ファイルの開示請求が認められ（13条），14条列記の不開示情報に該当しない限り，書面による開示を受けることができ，処理情報の訂正申出を行うことができた。(17条)（図3）

しかし，本法は，①民間部門を規制対象にしていなかった点，②地

---

[4] 同法の立法過程については，総務庁行政管理局監修『逐条解説個人情報保護法』pp. 22-28参照。

方公共団体・特殊法人を対象としていなかった点，②罰則規定がなく，本法に違反した公務員に対して，本法を適用して，処罰することができなかった点，③保護される情報の対象が電子計算機処理情報に限定されていた点，④センシティブ情報の収集制限規定が置かれていなかった点，⑤広範囲にわたる例外規定の存在，⑥個人情報への「訂正等の申出」は自己情報コントロール権に基づいた請求権的性格を有していなかった点（情報主体からの申出があれば，調査を行い，誤りが発見された場合は，行政側が訂正を行うにとどまる。）等，不備が指摘され，その実効性には疑問の声が多かった[5]。

　上述のように旧行政機関個人情報保護法は，行政機関のみを規制対象としていたため，民間部門での個人情報保護をどのように図るかが問題となってきた。すでに1984年12月29日の行革大綱で「民間企業等の保有する個人データの保護についても，それぞれの関係省庁において検討を進めるものとする」と謳われた他，1988年の旧行政機関個人情報保護法の審議過程においては衆参両院の内閣委員会付帯決議において「個人情報保護対策は国の行政機関等公的部門のみならず，民間部門にも必要な共通課題となっている現状にかんがみ，政府は早急に検討を進めること」とされた。これを受けて，1989年，1990年の行革大綱でも民間部門の個人情報保護対策への取組みが盛り込まれていた。

　また，インターネットの普及に伴い，インターネットを介した情報の国際間流通が顕著となり，国境を越えた個人情報の移転が貿易問題として認識されるようになり，1980年，OECDが「プライバシー保護と個人データの流通についてのガイドラインに関する理事会勧告」を発表し，プライバシーと個人の自由を保護し，かつプライバシーと情報の自由な流通の調和を求め，民間部門を規制対象とした個人情報保護法制が整備されるようになった。また，1995年10月のEU個人データ保護指令が域内において，個人情報保護措置が十分でないEU域外の第三国への個人データ移転が制限されることになり，これらへ

---

[5] ③～⑥について，佐藤幸治『憲法（第3版）』（青林書院,1995) p. 455。

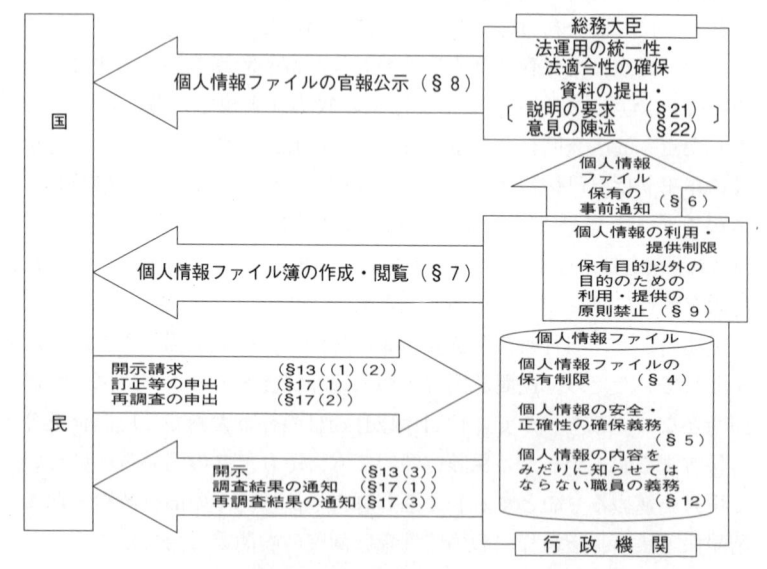

〔目的〕行政の適正・円滑な運営を図りつつ，個人の権利利益を保護（§1）

```
                    ┌─────────────────────┐
                    │      総務大臣       │
                    │  法運用の統一性・   │
    個人情報ファイルの官報公示（§8）    │  法適合性の確保     │
国 ◄─────────────────│  資料の提出・       │
                    │  〔説明の要求 （§21）〕│
                    │   意見の陳述 （§22） │
                    └─────────────────────┘

                         個人情報
                         ファイル
                         保有の
                         事前通知（§6）

                    ┌─────────────────────┐
                    │ 個人情報の利用・    │
    個人情報ファイル簿の作成・閲覧（§7）│ 提供制限            │
    ◄────────────────│ 保有目的以外の      │
                    │ 目的のための        │
                    │ 利用・提供の        │
                    │ 原則禁止（§9）      │
                    ├─────────────────────┤
    開示請求      （§13（(1)(2)))       │  個人情報ファイル   │
    訂正等の申出  （§17(1)）            │ 個人情報ファイルの  │
    再調査の申出  （§17(2)）            │ 保有制限（§4）      │
民 ────────────────►                    │ 個人情報の安全・    │
                                        │ 正確性の確保義務    │
                                        │ （§5）              │
    開示          （§13(3)）            │ 個人情報の内容を    │
    調査結果の通知（§17(1)）            │ みだりに知らせては  │
    再調査結果の通知（§17(3)）          │ ならない職員の義務  │
    ◄────────────────                    │ （§12）             │
                                        ├─────────────────────┤
                                        │    行 政 機 関      │
                                        └─────────────────────┘
```

〔罰則〕　不正に他人の情報の開示を受けたものは，10万円以下の過料（§25）
〔地方公共団体・特殊法人〕　国の施策に留意しつつ，必要な施策を
　　　　　　　　　　　　　　実施するよう努力する義務（§26、27）

図3　旧行政機関個人情報保護法のしくみ
出所：総務省 HP [6]

の対応が必須となった。また，国内でも公的部門において電子政府，電子自治体の語に代表されるように行政事務の電子化が進められ，民間部門においても電子商取引の推進とITを利用した顧客サービスの高度化が図られるようになった反面，コンピュータから個人データが大量漏えい（流出）する事件が続発し，個人情報をめぐる個人の権利利益の侵害に対する危険性や不安感が増大することとなり，官民双方を対象とした総合的な個人情報保護法制の確立が叫ばれるようになった（図4）。

6　http://www.soumu.go.jp/gyoukan/kanri/a_05_f.htm（2006.9.22確認）

第1節 個人情報保護関連法制

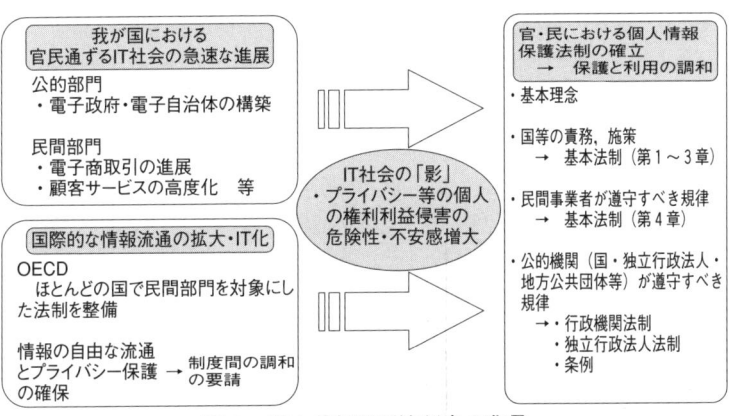

図4 個人情報保護法制定の背景
出所：内閣府HP「個人情報保護法の解説」[9]

〔図中テキスト〕

我が国における官民通ずるIT社会の急速な進展
公的部門
・電子政府・電子自治体の構築
民間部門
・電子商取引の進展
・顧客サービスの高度化 等

国際的な情報流通の拡大・IT化
OECD
ほとんどの国で民間部門を対象にした法制を整備
情報の自由な流通とプライバシー保護の確保 → 制度間の調和の要請

IT社会の「影」
・プライバシー等の個人の権利利益侵害の危険性・不安感増大

官・民における個人情報保護法制の確立
→ 保護と利用の調和
・基本理念
・国等の責務、施策
　→ 基本法制（第1～3章）
・民間事業者が遵守すべき規律
　→ 基本法制（第4章）
・公的機関（国・独立行政法人・地方公共団体等）が遵守すべき規律
　→ 行政機関法制
　　・独立行政法人法制
　　・条例

以上のような国際的，国内的動向により官民を含めた包括的個人情報保護法制整備の機運が徐々に高まっていったが，包括的個人情報保護法制整備の直接のきっかけとなったのは，1999年8月の住民基本台帳法改正案の国会提出と同時期に多発した個人データ流出事件である[7]。本法案は，全ての住民に住民票コード番号を付与する住民基本台帳番号制を導入し，住所，氏名，性別，生年月日等の本人確認情報について，住民票を管理する自治体の枠を越えて広域的に利用することができるようにする内容であった。そのため，住民票コード番号を結節点として，広範囲にわたる情報統合が発生するとの懸念がなされ，その審議過程で，民間部門をも対象とする包括的個人情報保護法制定の必要性が議論されるに至り，住民基本台帳法改正案附則に「この法律の施行に当たっては，政府は個人情報の保護に万全を期すため，速やかに所要の措置を講ずる」[8]との項目が追加されることとなった。

7　岡村・前掲注（3）p. 29.
8　岡村・前掲注（3）p. 29によれば，この「所要の措置」とは当時の小渕首相が参院本会議質疑の答弁において表明した官民を含めた包括的個人情報保護に関する法システム整備の速やかな実施であるとする。
9　http://www5.cao.go.jp/seikatsu/kojin/kaisetsu/pdfs/haikei.pdf（2006. 11. 1確認）

一方，政府の高度情報通信社会推進本部電子商取引等検討部会は，「電子商取引当の推進に向けた日本の取組み」を1998年6月に公表し，検討を要する11項目の個別論点のうち，第2項目として，「プライバシー保護」を掲げた。これを受け，同年11月，高度情報通信社会推進本部は，「高度情報通信社会に向けた基本方針」を決定した。その後，国会における住民基本台帳法改正案の審議を受けて，1999年7月には「個人情報保護検討部会について」の高度情報通信社会推進本部長決定がなされ，個人情報保護検討部会が設置された。

個人情報保護検討部会は1999年11月には「我が国における個人情報保護システムの在り方について」の中間報告を公表した。中間報告では，①民間部門における個人情報の利用方法と程度に多様性がある点，②個人情報の利用分野拡大と利用方法高度化等，環境変化に対応する必要性にかんがみ，わが国における個人情報保護制度のシステム構築の方向性として，官民を通じた共通の基本原則を確立し，これをベースとして，さらに要保護性の高い分野について，個別法整備を図り，民間部門での自主規制促進を組み合わせた3層構造的システムを構築する必要性を強調した。具体的には，官民を通じた基本原則である包括的基本法については，罰則の導入に消極的であり，情報主体の自己情報コントロール権の創設は見送られ，重点対象分野に設定される個別法については，医療，信用情報，電気通信分野を重点対象分野とした。また，報道・出版，学術・研究の各分野への基本原則適用を今後の検討課題とし，さらに公的部門に対する既存法制の改革実施の方向性がそれぞれ示された[10]。そして，個人情報保護システムのベースとなる基本原則を確立するために公的部門・民間部門を包括する基本法の制定をうたった[11]。

中間報告を受けて，2000年10月11日，情報通信技術（IT）戦略本部個人情報法制化専門委員会は『個人情報保護基本法制に関する大

---

10 岡村・前掲注（3）p. 30.
11 堀部政男「高度情報通信ネットワーク社会とプライバシー」情報通信学会誌 Vol. 19, No. 1 (2001) pp. 67-69.

綱』(以下, 大綱) を発表した。本大綱は, これまで, 規制の対象外とされてきた民間部門における個人情報保護のための包括的規制を行うとしていることが最大の特徴である。本大綱[12]をベースとした「個人情報の保護に関する法律案」が2001年3月27日, 衆議院に提出された。

法案は,「高度情報通信社会の進展に伴い個人情報の利用が著しく拡大していることにかんがみ, 個人情報の適正な取扱いに関し, 基本原則及び政府による基本方針の作成その他の個人情報の保護に関する施策の基本となる事項を定め, 国及び地方公共団体の責務を明らかにするとともに, 個人情報を取り扱う事業者の遵守すべき義務等を定めることにより, 個人情報の有用性に配慮しつつ, 個人の権利利益を保護することを目的」としている。(1条) 法案は, 全ての個人情報の取扱に適用される「基本原則」(①利用目的による制限 (4条), ②適正な方法による取得 (5条), ③内容の正確性の確保 (5条), ④安全性の確保 (6条), ⑤透明性の確保 (7条)) と違反事例に対して, 一定の措置がなされる「個人情報取扱事業者の義務等」, 及び国・地方公共団体の責務に大別された。

この「個人情報の保護に関する法律案」は, 大綱段階で憲法が表現の自由の中で保障する報道の自由と取材の自由との関係について, 基本原則部分が残され, 宗教, 学術目的で収集した個人情報に加え, 報道機関についても事業者に関する義務規定の適用対象からは除外されたが, 基本原則は適用されることになり, 結局, 法案にも引き継がれたため, マスメディア側の強い反対と2001年5月に当時の防衛庁が, 防衛庁に対して情報公開を請求した者の身元調査を実施し, 庁内LANに情報公開請求者のリストを公開した, いわゆる防衛庁リスト問題の発生と包括的個人情報保護法制整備の直接のきっかけとなった住基ネットのトラブル多発等の影響により, 実質審議に入ることなく,

---

12 尚, 本大綱発表までの経緯に関して以下特集を参考「個人情報保護法制化の動向と課題」法律時報72巻10号 (2000),「個人情報保護法制化に向けて」ジュリスト No. 1190 (2000),「個人情報保護」法律のひろば54巻2号 (2001)。

継続審議を繰り返し，2001年3月の国会提出から約1年半後の2002年10月18日にようやく衆議院内閣委員会に付託された。しかし，2002年12月6日に当時の連立与党3党は当時開会の第155回臨時国会での法案成立を断念し，同時に付託された「行政機関の保有する個人情報の保護に関する法律案」，「独立行政法人等の保有する個人情報の保護に関する法律案」と共に同法案を一旦廃案とし，新法案を次期通常国会に再提出する方針を固め，修正要綱を野党側に示した。新法案では，旧法案の問題点のうち，主として以下の5項目の修正が検討された。

① 基本原則（3-8条）の削除
② 報道機関等への情報提供者に対する主務大臣の不関与の明記
③ 「報道」の定義の明記
④ 義務規定の適用除外対象である「報道機関」に個人を含める。
⑤ 著述業者の義務規定からの適用除外

また，「行政機関の保有する個人情報の保護に関する法律案」の修正法案では，行政職員による①自己の利益を図る目的での職権乱用による個人の秘密収集行為，②個人情報の盗用・不正目的での提供，③コンピュータ処理された個人データの漏えい行為に対する処罰規定の導入が修正項目に加えられた[13]。修正法案は2003年通常国会に再提出された。修正法案の審議では，上記修正項目に加え，目的規定（1条）への自己情報コントロール権明記や個人情報取扱事業者に対するセンシティブ情報の特に慎重な取扱の義務化，監督機関としての個人情報保護委員会（第三者機関）の設置や適用除外規定の見直しがポイントとなった。また行政機関個人情報保護法案について，個人情報の目的外利用の厳格禁止や罰則の更なる整備，訴訟管轄特例の設置，第三者機関による監督，情報統合の規制，センシティブ情報収集の禁止等が議論となったが，いずれも反映されず，修正法案の内容通り2003年5月23日に成立した[14]。

個人情報保護法1条によれば，「この法律は，高度情報通信社会の

---

13 岡村・前掲注（3）pp. 30-31.
14 岡村・前掲注（3）pp. 31-32.

進展に伴い個人情報の利用が著しく拡大していることにかんがみ，個人情報の適正な取扱いに関し，基本理念及び政府による基本方針の作成その他の個人情報の保護に関する施策の基本となる事項を定め，国及び地方公共団体の責務等を明らかにするとともに，個人情報を取り扱う事業者の遵守すべき義務等を定めることにより，個人情報の有用性に配慮しつつ，個人の権利利益を保護することを目的とする」と規定している。コンピュータによるデータ処理の一般化によるデータバンク化社会と情報ネットワークによる情報の広域流通への対応の必要性から「高度情報通信社会」の語が用いられている[15]。

　本法は「個人の権利利益の保護」を目的としており，個人情報自体を保護することは目的とされていない[16]。この「個人の権利利益」とは，個人情報の取扱の態様いかんにより侵害される恐れがある「個人の人格的，財産な権利利益」全般のことであり，具体的な内容について，本法が個人情報の取扱に関する私法上の権利利益の内容や範囲を直接確定し，保護するものではそもそもない[17]。故に，プライバシーは本法にいう「個人の権利利益」の主要なものであるが，それに限られない[18]。「自己情報コントロール権」の語も本法の法文上は明記されておらず，行政機関個人情報保護法や独立行政法人等個人情報保護法でも同様である。その理由としては，①自己情報コントロール権概念自体がまだ未確立の状態である点，②諸外国の法文にも自己情報コントロール権の文言は規定されている例がない点，③自己に関連する情報すべてをコントロールしうる権利とすれば，誤解・誇張が生じ，表現の自由等との調整原理に抵触する点，④本人関与の規定が盛り込まれているので実務上問題がない点等であると言われている[19]。

15　岡村・前掲注（3）p. 42.
16　岡村・前掲注（3）p. 42.
17　園部逸夫編『個人情報保護法の解説』（ぎょうせい，2003）p. 43.
18　園部編・前掲注（17）p. 43.
19　岡村・前掲注（3）p. 46および衆議院委員会議録平成15年4月14日（第2号），同4月15日（第3号）の細田大臣（当時）答弁および藤井内閣官房内閣審議官（当時）発言。

後述するように,個人情報の目的外取扱い,第三者提供時の本人同意,開示の求め等の場合の本人関与を限度として,自己情報コントロールの仕組は本法でも事実上導入されている[20]。

結局,本法は広汎で内容が確定できない「個人の権利利益」の侵害につながる危険性の未然防止を目的として,個人情報の適正な取扱について遵守すべきルールを明確化した個人情報取扱法の性格が強いということになる[21]。

また,本法1条では「個人情報への有用性への配慮」が示され,個人の権利利益の保護との間の適正な調整が必要であることが示されている。ここで言う,「個人情報の有用性」とは「社会一般から是認され得る個人情報によってもたらされる利益全般」で「事業者や第三者の権利や正当な利益,社会全体の利益を含」み,また「報道による社会全体の利益等」を含むとされる[22]。公的部門の場合は「行政の適正かつ円滑な運営」(行政機関個人情報保護法1条)や「独立行政法人等の事務及び事業の適正かつ円滑な運営」(独立行政法人等個人情報保護法1条)のことを指し,民間部門の場合は個人情報を取扱うことにより得られる精神的自由,営業の自由その他諸々の権利利益のことを指す[23]。

本法2条では,本法で登場する諸概念の定義が示される。まず,本法において対象となる「個人情報」ついては,図5のように,最も広い概念として個人情報(2条1項),次いで個人データ(2条4項),そして保有個人データ(2条5項)の順で限定範囲が狭まる包含関係にある。個人情報取扱事業者に課される取扱上の義務も個人情報,個人データ,そして保有個人データの順で加重されることになる一種の

---

20 岡村・前掲注(3)p. 46,園部編・前掲注(17)p. 44,宇賀克也『解説個人情報の保護に関する法律』(第一法規,2003)p. 22,藤原静雄『逐条個人情報保護法』(弘文堂,2003)p. 23, p. 97.
21 岡村・前掲注(3)p.46,尚,同著p. 47では個人情報保護法の役割を道路交通法と民事損害賠償制度の関係に類似したものであると指摘している。
22 園部編・前掲注(17)p. 44.
23 岡村・前掲注(3)pp. 48-49.

第1節 個人情報保護関連法制

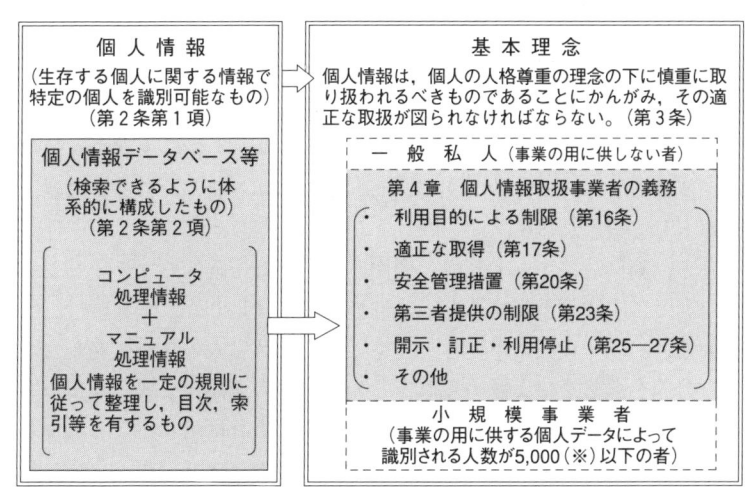

```
┌─────────────────────┐    ┌────────────────────────────────────┐
│    個 人 情 報       │    │        基 本 理 念                  │
│ (生存する個人に関する情報で├──→│個人情報は，個人の人格尊重の理念の下に慎重に取│
│  特定の個人を識別可能なもの)│    │り扱われるべきものであることにかんがみ，その適│
│    (第2条第1項)     │    │正な取扱が図られなければならない。(第3条)    │
├─────────────────────┤    ├────────────────────────────────────┤
│ 個人情報データベース等 │    │ ─ 般 私 人 (事業の用に供しない者)       │
│                     │    ├────────────────────────────────────┤
│ (検索できるように体   │    │  第4章 個人情報取扱事業者の義務         │
│ 系的に構成したもの)   │    │   ・ 利用目的による制限 (第16条)        │
│   (第2条第2項)      │    │   ・ 適正な取得 (第17条)                │
├─────────────────────┤    │   ・ 安全管理措置 (第20条)              │
│    コンピュータ      │    │   ・ 第三者提供の制限 (第23条)          │
│     処理情報        │───→│   ・ 開示・訂正・利用停止 (第25─27条)    │
│       ＋            │    │   ・ その他                            │
│    マニュアル        │    ├────────────────────────────────────┤
│     処理情報        │    │    小 規 模 事 業 者                   │
│ 個人情報を一定の規則に │    │  (事業の用に供する個人データによって      │
│ 従って整理し，目次，索│    │  識別される人数が5,000(※)以下の者)       │
│ 引等を有するもの     │    │                                      │
└─────────────────────┘    └────────────────────────────────────┘
```

図5 個人情報保護法において対象となる個人情報，事業者の範囲
出所：内閣府HP[24]

「積み上げ構造」[25]である。

2条1項によれば，「個人情報」とは「生存する個人に関する情報であって，当該情報に含まれる氏名，生年月日その他の記述等により特定の個人を識別することができるもの（他の情報と容易に照合することができ，それにより特定の個人を識別することができることとなるものを含む。）」をいう。要するに生存者の個人識別情報のことであり，氏名，住所，生年月日等のことである。メールアドレスの場合は，当該メールアドレスの取扱者にとって識別性があるかどうかで個人情報であるか否かが相対的に決定される[26]。アクセスログの場合は接続会員のIDと連動して，管理用ソフトウェアにより容易に照合可能な形態で管理している場合は，個人情報と認められるが，それ以外の者にとっては個人情報とはならないように，アクセスログの個人情報該当

---

[24] http://www5.cao.go.jp/seikatsu/kojin/kaisetsu/pdfs/hani.pdf (2006.9.26確認)
[25] 岡村・前掲注（3）p.54.
[26] 岡村・前掲注（3）p.68.

性もまた取扱者の情報管理形態によって相対的に決定される[27]。RFIDにおける電子タグの場合はタグ内に個人識別性を有する情報が記録されている場合に個人情報となり、個人識別性を有する情報がタグ内に含まれない場合は個人情報データベース等と電子タグの記録情報が連携により容易に個人を特定しうるいわゆる紐つけの場合に個人情報として扱われる[28]。

一方、判例法によって形成・展開されてきた伝統的なプライバシーの権利では本法が重視する個人識別性だけでは足りず、①私事性、②非公知性、③一般人の感受性を基準として当該私人の立場に立った場合、公開を欲しないと認められるとの3要件の充足が必要となる一方、本法における個人情報該当性は個人識別性があれば足りることになるため、範囲が明確である反面、極めて広い概念であるとされる[29]。氏名、性別、住所、年齢、電話番号、生年月日のような情報がどこまでプライバシー権で保護されるかについて、議論は確定していない[30]。

また、「個人データ」とは2条1項で定義された個人情報を含む情報の集合物であって、①特定の個人情報を電子計算機を用いて検索することができるように体系的に構成したもの、②特定の個人情報を容易に検索することができるように体系的に構成したものとして政令で定めるものとして2項で定義される「個人情報データベース等」を構成する個人情報である（2条4項）。つまり、個人情報を含んだ情報の集合物であって、検索を実現するために情報を体系的に構成したもので、主としてコンピュータで処理される情報（1号）を中心にマニュアル処理によってもコンピュータを利用した場合と同等の検索性が発揮できる検索の容易なもの（2号）である。前者の具体例としては電話帳をデータベース化して、CD-ROMやDVD-ROMに記録し

---

27 岡村・前掲注（3）p. 68.
28 岡村・前掲注（3）p. 68-69.
29 岡村・前掲注（3）p. 71.
30 従来の判例の詳細に分析したものとして、竹田・前掲第1章注（16）p.184以下、また近時の判例傾向を簡潔に整理したものとして、岡村・前掲注（3）pp. 72-74.

た場合,電子メールソフトのアドレス帳にメールアドレスと住所を組み合わせて登録している場合,あるいは名刺記載の情報を表計算ソフト上に入力・整理したような場合等があるが,インターネットのサーチエンジンのように範囲の外延をめぐる問題がある[31]。2号に該当する個人情報データベースとしては,氏名,住所,企業別に分類された市販人名録や登録カードを氏名五十音順に整理して,五十音順インデックスを付けてファイリングしているような場合が考えられる(経済産業分野ガイドラインⅡ.1.(2))。

また,「保有個人データ」とは「個人情報取扱事業者が,開示,内容の訂正,追加又は削除,利用の停止,消去及び第三者への提供の停止を行うことのできる権限を有する個人データであって,その存否が明らかになることにより公益その他の利益が害されるものとして政令で定めるもの又は一年以内の政令で定める期間以内に消去することとなるもの以外のもの」である(2条5項)。

次に,本法では「個人情報取扱事業者」の概念が定められている。2条3項によれば,個人情報取扱事業者とは,個人情報データベース等を事業の用に供している者をいう。ただし,国の機関(1号),地方公共団体(2号),独立行政法人等(3号),地方独立行政法人(4号),取り扱う個人情報の量及び利用方法からみて個人の権利利益を害するおそれが少ないものとして政令で定める者(5号)が除外される。1〜4号について除外規定がおかれた理由は,公的部門には,行政機関,独立行政法人等,地方自治体についてそれぞれ個人情報保護法とは別に,行政機関個人情報保護法,独立行政法人等個人情報保護法,個人情報保護条例で各々対応することを区分しており,事実上,民間部門について意味を持つ規定とされる。個人情報データベースを「事業の用に供する」とは事業者自らがかかるデータベースを構築,保有,運用するばかりでなく,市販のデータ集を購入・使用したり,第三者が提供するオンラインデータベースを情報ネットワークを通じ

---

[31] 岡村・前掲注(3)pp. 81-82.

て利用したりする場合も含まれる[32]。また、本法では個人情報について「個人情報によって識別される特定の個人」、つまり個人情報の情報主体のことを本人という（2条6項）。

本法第3条は「個人情報は、個人の人格尊重の理念の下に慎重に取り扱われるべきものであることにかんがみ、その適正な取扱いが図られなければならない」と規定する。本条は個人情報保護法制全体の基本理念、精神を表したものとされ、個人情報を取り扱う者全てに目的や態様を問わず、個人情報の性格と重要性を十分認識した上で適正な扱いを図らなければならないことを示す。故に、本条は公的部門、民間部門を問わず、個人情報を取り扱う者すべてを名宛人とする[33]。

上記の個人情報取扱事業者は本法一般法部分（4～6章）のうち、4章（15～36条）に定められた個人情報取扱事業者の義務等を遵守しなければならない。個人情報取扱事業者の義務規定は図6のようにOECD 8原則にそれぞれ対応して規定されている。上記の通り、本法では保護の対象となる情報の概念を個人情報、個人データ、保有個人データの順で要件が絞り込まれていく包含構造として規定しているが、これに対応して個人情報取扱事業者の義務規定も個人情報全般に適用される義務規定類型として15～18条が、個人データのみに適用される義務規定として19～23条が、そして、保有個人データに限定して適用される義務規定には24～27条がある。本義務規定は上述の通り、積み上げ構造となっており、個人情報のうち、個人データに該当する情報にはより義務が加重され、個人データに該当する個人情報のうち、保有個人データの要件に該当する情報には個人データに比してより一層遵守すべき義務が加重される構造である[35]。本著はこれら義務規定の解釈を提示することはそもそもの目的としていないため、これら義務

---

32 岡村・前掲注（3）pp. 86-87.
33 岡村・前掲注（3）p. 106.
34 http://www5.cao.go.jp/seikatsu/kojin/kaisetsu/pdfs/gensoku.pdf（2006.12.20確認）
35 岡村・前掲注（3）pp. 132-133.

第1節 個人情報保護関連法制

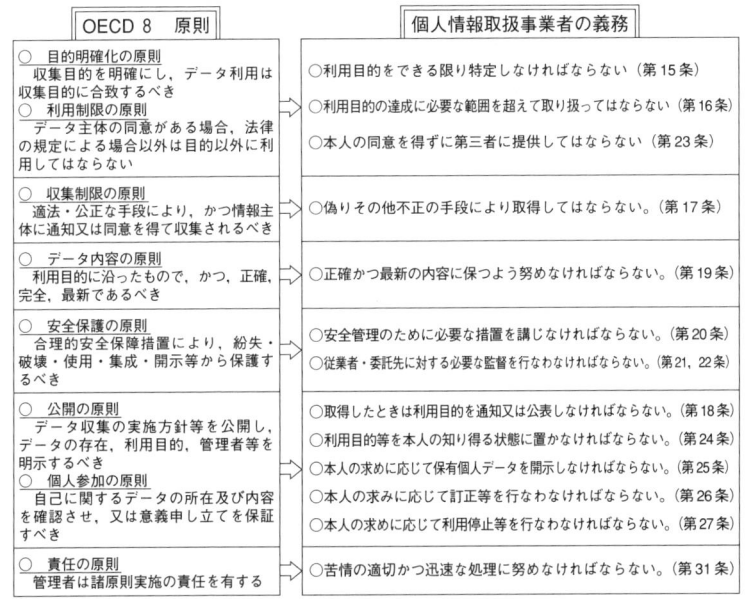

OECD 8 原則	個人情報取扱事業者の義務
○ 目的明確化の原則 　収集目的を明確にし，データ利用は収集目的に合致するべき	○利用目的をできる限り特定しなければならない（第15条）
○ 利用制限の原則 　データ主体の同意がある場合，法律の規定による場合以外は目的以外に利用してはならない	○利用目的の達成に必要な範囲を超えて取り扱ってはならない（第16条） ○本人の同意を得ずに第三者に提供してはならない（第23条）
○ 収集制限の原則 　適法・公正な手段により，かつ情報主体に通知又は同意を得て収集されるべき	○偽りその他不正の手段により取得してはならない。（第17条）
○ データ内容の原則 　利用目的に沿ったもので，かつ，正確，完全，最新であるべき	○正確かつ最新の内容に保つよう努めなければならない。（第19条）
○ 安全保護の原則 　合理的安全保障措置により，紛失・破壊・使用・集成・開示等から保護するべき	○安全管理のために必要な措置を講じなければならない。（第20条） ○従業者・委託先に対する必要な監督を行なわなければならない。（第21, 22条）
○ 公開の原則 　データ収集の実施方針等を公開し，データの存在，利用目的，管理者等を明示するべき ○ 個人参加の原則 　自己に関するデータの所在及び内容を確認させ，又は意義申し立てを保証すべき	○取得したときは利用目的を通知又は公表しなければならない。（第18条） ○利用目的等を本人の知り得る状態に置かなければならない。（第24条） ○本人の求めに応じて保有個人データを開示しなければならない。（第25条） ○本人の求みに応じて訂正等を行なわなければならない。（第26条） ○本人の求めに応じて利用停止等を行なわなければならない。（第27条）
○ 責任の原則 　管理者は諸原則実施の責任を有する	○苦情の適切かつ迅速な処理に努めなければならない。（第31条）

図6　OECD 8 原則と個人情報取扱事業者の義務規定の対応関係
出所：内閣府 HP34

規定の詳細については，他に譲り，これ以上立ち入らないこととする。以下では，本書の主たる着目点である「データ主体による問題の自主的解決の可能性」の観点から本法の中でも特に実効性担保と本人関与の部分について，引き続き検討する。

　個人情報保護法上の本人関与制度は，OECD 8 原則の公開原則と個人参加原則をいずれも受けて図7の通り，設計されている。具体的には個人情報保護法24条2項で利用目的の通知の求めを，同25条で開示の求めを，同26条で訂正等の求めを，そして同27条で利用停止等の求めが各々規定されている。これらの規定は個人情報取扱事業者が開示，内容訂正，追加または削除，利用停止，消去，第三者への提供停止をいずれも行う権限を有している必要があるから，「保有個人データ」に限定して適用される。故に本法上でいう「個人情報」や「個人データ」に留まる範囲では上記規定は適用されない。個人情報保護法の本

```
┌─ 個人情報取扱事業者 ──────────────────────┐
│ 保有個人データ〔個人データのうち、個人情報取扱事業者が、開示等を行う〕│
│                〔権限を有し、6ヶ月以上にわたって利用するもの　　　〕│
│ ┌─────────────────────────────┐ │
│ │       利用目的の通知（第24条第2項）        │ │
│ ├─────────────────────────────┤ │
│ │ どのような目的で利用されているのかについて、原則として、本人に通知 │ │
│ │ しなければならない。                       │ │
│ └─────────────────────────────┘ │
│ ┌─────────────────────────────┐ │
│ │          開　　示（第25条第1項）          │ │
│ ├─────────────────────────────┤ │
│ │ 原則として、本人に、書面又は本人が同意した方法により開示しなけれ │ │
│ │ ばならない。（開示しないことができる場合の例）          │ │
│ │ ① 本人又は第三者の生命、身体、財産その他の権利利益を害するおそれ │ │
│ │   がある場合                          │ │
│ │ ② 個人情報取扱事業者の業務の適正な実施に著しい支障を及ぼすおそれ │ │
│ │   がある場合　など                       │ │
│ └─────────────────────────────┘ │
│ ┌─────────────────────────────┐ │
│ │        訂　正　等（第26条第1項）          │ │
│ ├─────────────────────────────┤ │
│ │ 内容が事実でないときは、利用目的の達成に必要な範囲内において、訂正 │ │
│ │ 等を行なわなければならない。                  │ │
│ └─────────────────────────────┘ │
│ ┌─────────────────────────────┐ │
│ │      利用停止等（第27条第1項，第2項）       │ │
│ ├─────────────────────────────┤ │
│ │ ① 利用目的による制限、②適正な取得、③第三者提供の制限に違反して │ │
│ │   いることが判明したときは、違反を是正するために必要な限度で、原則 │ │
│ │   として、利用停止等を行なわなければならない。         │ │
│ └─────────────────────────────┘ │
└───────────────────────────────┘
```

※開示等の求めは、法定代理人又は本人が委任した代理人によりすることができる。

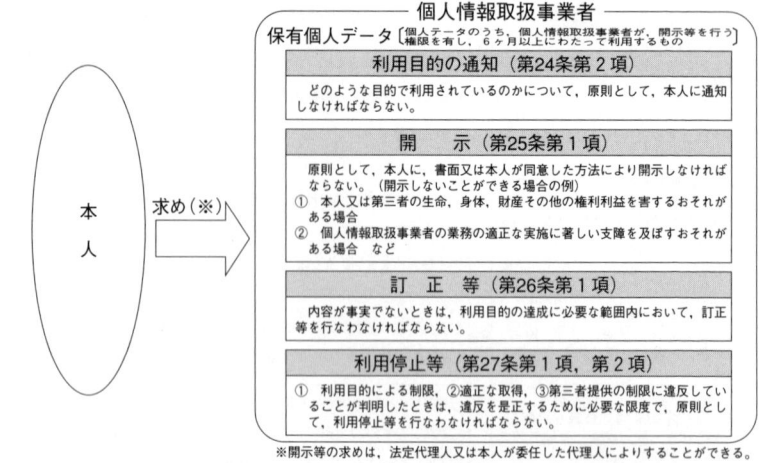

図7　本人関与に関する個人情報取扱事業者の義務規定

出所：内閣府 HP36

人関与制度は個人情報取扱事業者に義務を課すだけでなく，本人に個人情報取扱事業者に対する具体的請求権を事実上付与する趣旨であるとされる[37]。故に本人から24条〜27条に関する求めがあった場合に個人情報取扱事業者が求められた措置をとらない場合，本人は個人情報取扱事業者を提訴する等の方法で重ねてこれらの措置を請求できる。また，個人情報取扱事業者が24〜27条の求めに反した場合，主務大臣が報告徴収，助言，勧告，通常命令を行うことができる。個人情報保護法上の本人関与制度は従来のプライバシーの権利に基づく差止め請求権より多様かつ強力であると言える[38]。

本人関与の手続は29条により政令で定めるところにより，個人情報取扱事業者はその求めを受け付ける方法を定めることができ，本人は

---

[36] http://www5.cao.go.jp/seikatsu/kojin/kaisetsu/pdfs/kanyo.pdf （2006. 12. 20 確認）

[37] 岡村・前掲注（3）p. 238. 但し，本法が私法上の人格権として発展してきたプライバシーの権利を具体化したものでない以上，権利の性格としては人格権に基づくものではなく，本法が特に創設した法定請求権として理解することが自然であるとする。

[38] 岡村・前掲注（3）p. 240.

当該方法に従って開示等の求めを行わなければならないことになる。個人情報保護法施行規則7条ではこれらの求めを受け付ける方法として定めることができる事項を下記の通り定めている。

① 開示等の求めの申出先
② 開示等の求めに際して提出すべき書面（電子的方式，磁気的方式その他人の知覚によっては認識することができない方式で作られる記録を含む。）の様式その他の開示等の求めの方式
③ 開示等の求めをする者が本人又は次条に規定する代理人であることの確認の方法
④ 法第30条第1項の手数料の徴収方法

また，24条3項により開示等の求めは代理人によってもすることができ，施行令8条により，代理人の要件が下記の通り，定められている。

① 未成年者または成年被後見人の法定代理人
② 開示等の求めをすることにつき本人が委任した代理人

29条2項では個人情報取扱事業者は，本人に対し，開示等の求めに関し，その対象となる保有個人データを特定するに足りる事項の提示を求めることができる。この場合において，個人情報取扱事業者は，本人が容易かつ的確に開示等の求めをすることができるよう，当該保有個人データの特定に資する情報の提供その他本人の利便を考慮した適切な措置をとらなければならない[39]。また，29条4項によれば，個人情報取扱事業者は，開示等の求めに応じる手続を定めるに当たっては，本人に過重な負担を課するものとならないよう配慮しなければならない。

個人情報保護法の個人情報取扱事業者の義務規定に関する実効性担保措置については図8の通り設計されている。まず，苦情の処理につ

---

39 岡村・前掲注（3）p. 245では，対象となる個人情報取扱事業者が自己に関するどのような保有個人データを有しているか本人にとって明らかでないケースが多く，「当該個人情報取扱事業者が有する本人に関する保有個人データ一切」が現実には請求対象となるケースが増加することを器具している。

いては、個人情報保護法の制定以前の民間部門の個人情報保護制度は事業者の自主規制によっており、事業者が個人情報の不適切な取扱いを行った場合、データ主体本人は当該企業や事業者団体に対して苦情を申し立てていた。個人情報保護法制定後は図9の通り、複層的な苦情処理制度が用意された。この点について、31条では、個人情報取扱事業者は、個人情報の取扱いに関する苦情の適切かつ迅速な処理に努めなければならず、31条2項で必要な体制の整備に努めなければならないと規定する。31条は努力義務である。対象が「個人情報」であるから、個人情報データベースに収録されている必要はない。

また、本人―事業者の当事者間で解決できない苦情については、認定個人情報保護団体制度を設け、42条により認定個人情報保護団体は、本人等から対象事業者の個人情報の取扱いに関する苦情について解決の申出があったときは、その相談に応じ、申出人に必要な助言をし、その苦情に係る事情を調査するとともに、当該対象事業者に対し、その苦情の内容を通知してその迅速な解決を求めなければならない。42条2項では認定個人情報保護団体は、苦情の解決について必要があると認めるときに、当該対象事業者に対し、文書若しくは口頭による説明を求め、又は資料の提出を求めることができる。対象事業者は、認定個人情報保護団体から前項の規定による求めがあった場合は、正当な理由がないのに、これを拒んではならない（42条3項）。

地方自治体も苦情の処理について、13条で苦情の適切かつ迅速な処理に向けて、苦情処理のあっせんその他の必要な措置を講ずる努力を求められている。具体的には各地方自治体が設置する消費生活センター等が苦情処理の担当となる。

一方、9条では、国も個人情報の取扱いに関し事業者と本人との間に生じた苦情の適切かつ迅速な処理を図るために必要な措置を講ずるものとするしている。当事者間や認定個人情報保護団体によっても解決できない苦情について、本人は主務大臣[40]に苦情処理を申し出ることができる。

主務大臣は苦情処理の他に監督機関として、個人情報取扱事業者に

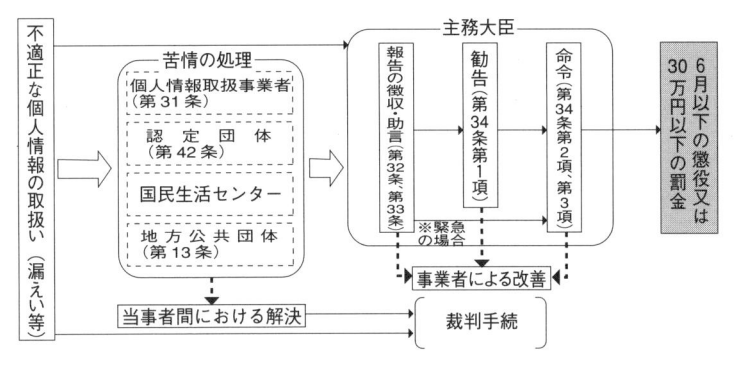

第1節　個人情報保護関連法制　　　　　　　　　　47

図8　個人情報取扱事業者の義務規定に関する実効性担保措置
出所：内閣府HP41

対し，報告徴収・助言・勧告・命令の措置を行うことができる。各主務大臣は，主務大臣が複数ある個人情報取扱事業者には各々単独でその権限を行使することができる（個人情報保護法施行令13条1項）。ただし権限を単独で行使した場合，結果を速やかに他の主務大臣に通知することになっている（個人情報保護法施行令13条2項）。また，36条3項で各主務大臣は相互に緊密に連絡し，及び協力しなければならないとし，54条においても，内閣総理大臣及び本法の施行に関係する行政機関の長は，相互に緊密に連絡・協力しなければならないとする。

個人情報保護法における主務大臣の具体的な関与方法について，まず32条では主務大臣は，個人情報取扱事業者の義務規定の施行に必要な限度内で個人情報取扱事業者に対し，個人情報の取扱いに関し報告

40　具体的には，個人情報取扱事業者が行う個人情報の取扱いのうち雇用管理に関するものについては，厚生労働大臣（船員の雇用管理に関するものについては，国土交通大臣）及び当該個人情報取扱事業者が行う事業を所管する大臣等（36条1項1号）が，それ以外のものについては，当該個人情報取扱事業者が行う事業を所管する大臣等（36条1項2号）である。これ以外にも内閣総理大臣は，円滑な実施のため必要があると認める場合は，個人情報取扱事業者が行う個人情報の取扱いのうち特定のものについて，特定の大臣又は国家公安委員会を主務大臣に指定することができる（36条1項本文但書）。

41　http://www5.cao.go.jp/seikatsu/kojin/kaisetsu/pdfs/tanpo.pdf（2006.12.20確認）

をさせることができるとする。報告の徴収と呼ばれる制度であり，行政不服審査法2条1項の「処分」に該当する。個人情報取扱事業者による報告懈怠や虚偽報告には57条により，30万円以下の罰金が科される。また，33条では主務大臣は個人情報取扱事業者に対し，個人情報の取扱いに関し必要な助言をすることができると規定する。助言は，個人情報取扱事業者による自主解決を助けるための進言で，行政処分には該当しないが，行政手続法2条6号上の行政指導に該当するとされる[42]。規定上，助言は報告徴収を事前要件としないが，事実上，報告徴収を経て，その内容に応じて行われることになる[43]。

次に報告徴収，助言で問題の解決が得られない場合への対応として，34条では「主務大臣は，個人情報取扱事業者が第16条から第18条まで，第20条から第27条まで又は第30条第2項の規定に違反した場合において個人の権利利益を保護するため必要があると認めるときは，当該個人情報取扱事業者に対し，当該違反行為の中止その他違反を是正するために必要な措置をとるべき旨を勧告することができる」と定める。利用目的特定（15条），データ内容の正確性確保（19条），理由説明（28条），開示等の求めに応じる手続（29条），手数料関係（30条1項）の規定は対象とならない。勧告は個人情報取扱事業者に上記条文の違反行為があるだけでなく，「個人の権利利益を保護するため必要があると認めるとき」である必要があり，個人の権利利益侵害のおそれが低いレベルにとどまる場合は，勧告は実施されない。また，勧告に従わない事業者名を公表することもできないとされる[44]。本条の勧告は33条の助言と同様，行政指導にあたり，助言に従わない場合の罰則は規定されていないが，勧告に従わない場合には34条2項以下の命令の対象となる。

34条2項では，主務大臣は，34条1項の規定による勧告を受けた個人情報取扱事業者が正当な理由がなくてその勧告に係る措置をとらな

---

42 岡村・前掲注（3）p. 289.
43 岡村・前掲注（3）p. 287.
44 岡村・前掲注（3）pp. 290-291.

かった場合において個人の重大な権利利益の侵害が切迫していると認めるときは，当該個人情報取扱事業者に対し，その勧告に係る措置をとるべきことを命ずることができると定める。通常命令と呼ばれる制度である。勧告前置主義が採用される他，個人の権利利益侵害の重大性・切迫性の存在が必要である。命令内容は，「勧告に係る措置をとるべきこと」であり，勧告より広い内容の命令は出すことができないとされる[45]。

次に34条3項は，主務大臣は，前2項の規定にかかわらず，個人情報取扱事業者が第16条，第17条，第20条から第22条まで又は第23条第1項の規定に違反した場合において個人の重大な権利利益を害する事実があるため緊急に措置をとる必要があると認めるときは，当該個人情報取扱事業者に対し，当該違反行為の中止その他違反を是正するために必要な措置をとるべきことを命ずることができるとする。緊急命令と呼ばれる制度で，勧告を経ることなく違反行為に対して即時に命令を行うことができる。ただし，個人の重大な権利利益を害する事実があるため緊急に措置をとる必要があると認められる場合である必要があり，そのような事実が現に発生していないか，かかる事実が発生しても既に終了している場合は，緊急命令は発動されないとされる[46]。

上記の主務大臣による実効性担保手段の他に個人情報保護法では個人情報取扱事業者自身の自主的取組みによる苦情処理も重視し，図10のように民間団体による個人情報保護を推進する立場から37条で認定個人情報保護団体制度を設けた。

37条によれば，認定個人情報保護団体は個人情報取扱事業者の個人情報の適正な取扱いの確保を目的とし，①業務の対象となる個人情報取扱事業者の個人情報の取扱いに関する第42条の規定による苦情の処理（37条1項1号），②個人情報の適正な取扱いの確保に寄与する事項についての対象事業者に対する情報の提供（37条1項2号），③対象事

---

45 岡村・前掲注（3）p. 292.
46 岡村・前掲注（3）p. 294.

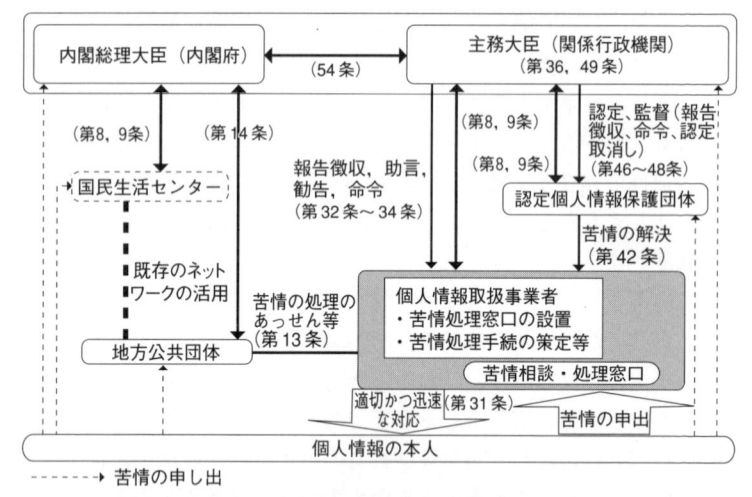

50　　　第2章　わが国の個人データ保護に対する政策展開

図9　事業者―本人間に発生した苦情の処理スキーム
出所：内閣府 HP47

業者の個人情報の適正な取扱いの確保に関し必要な業務（37条1項3号）を業務とする法人（法人でない団体で代表者又は管理人の定めのあるものを含む）が認定を受けることができる。

38条では欠格条項が定められ，個人情報保護法の規定により刑に処せられ，その執行を終わり，又は執行を受けることがなくなった日から2年を経過しない者や48条第1項の規定により認定を取り消され，その取消しの日から2年を経過しない者等は認定個人情報保護団体の認定を得ることはできない。

41条によれば，認定個人情報保護団体は，当該認定個人情報保護団体の構成員である個人情報取扱事業者又は認定業務の対象となることについて同意を得た個人情報取扱事業者を対象事業者としなければならない。また，41条2項により，認定個人情報保護団体は，対象事業者の氏名又は名称を公表しなければならない。

47　http://www5.cao.go.jp/seikatsu/kojin/kaisetsu/pdfs/kujyo.pdf（2006. 12. 20 確認）

1	目的	個人情報の適正な取扱いの確保を目的とした民間団体による自主的な取組を支援すること。
2	認定の基準	① 業務を適性かつ確実に行うに必要な業務の実施方法が定められていること。(第39条第1号) ② 業務を適性かつ確実に行うに足りる知識及び能力並びに経理的基礎を有すること。(第39条第2号) ③ 認定業務以外の業務を行っている場合には,その業務を行うことによって認定業務が不公正になるおそれがないこと。(第39条第3号)
3	業務	① 業務の対象となる事業者の個人情報の取扱いに関する苦情の処理(第37条第1項第1号) ② 個人情報保護指針の作成・公表など,個人情報の適正な取扱いの確保に寄与する事項についての対象事業者に対する情報の提供(第37条第1項第2号) ③ その他対象事業者の個人情報の適正な取扱いの確保に関し必要な業務(第37条第1項第3号)
4	認定団体の信頼性の確保	・→ 業務の実施に際して知り得た情報の目的外利用の禁止(第44条) ・→ 名称の使用制限(第45条) ・→ 主務大臣による報告の徴収,改善命令,認定の取消し(第46条～第48条)
5	認定の効果	・→ 個人⇒一定レベルの公正かつ迅速な苦情処理が受けられる。 ・→ 個人情報取扱事業者⇒適正な事業者として国民から一定の信頼を得ることができる。

図10 認定個人情報保護団体の仕組み
出所:内閣府 HP48

　認定個人情報保護団体による苦情処理について,42条1項では認定個人情報保護団体は,本人等から対象事業者の個人情報の取扱いに関する苦情について解決の申出があったときは,その相談に応じ,申出人に必要な助言をし,その苦情に係る事情を調査するとともに,当該対象事業者に対し,その苦情の内容を通知してその迅速な解決を求めなければならないと規定する。また,42条2項では認定個人情報保護団体は,前項の申出に係る苦情の解決について必要があると認めるときは,当該対象事業者に対し,文書若しくは口頭による説明を求め,又は資料の提出を求めることができるとする。42条3項では対象事業

---

48 http://www5.cao.go.jp/seikatsu/kojin/kaisetsu/pdfs/kujyo.pdf (2006.10.20 確認)

表3 2006年3月末時点における認定個人情報保護団体リスト

対象事業等分野	所管省庁	名称	苦情処理相談窓口の電話番号	所在地	認定年月日	ガイドラインの名称
証券業	金融庁	認可法人 日本証券業協会	03-3667-8008	東京都中央区日本橋茅場町1-5-8	平成17年4月1日	個人情報の保護に関する指針
保険業	金融庁	社団法人 生命保険協会	03-3280-2548	東京都千代田区丸の内3-4-1 新国際ビル3階	平成17年4月1日	生命保険業における個人情報の保護のための取扱指針／生命保険業における個人情報の保護のための安全管理措置等についての実務指針
保険業	金融庁	社団法人 日本損害保険協会	03-3255-1308	東京都千代田区神田淡路町2-9	平成17年4月1日	損害保険会社に係る個人情報保護指針について
銀行業	金融庁	全国銀行個人情報保護協議会	03-5222-1700	東京都千代田区丸の内1-3-1	平成17年4月15日	個人情報保護指針
信託業	金融庁	社団法人 信託協会	0120-817335	東京都千代田区大手町2-6-2	平成17年4月15日	個人情報の保護と利用に関する指針
投資信託委託業	金融庁	社団法人 投資信託協会	03-5514-8440	東京都中央区日本橋兜町2-1-1 東京証券取引所ビル6階	平成17年7月1日	個人情報の保護に関する指針
証券投資顧問業	金融庁	社団法人 日本証券投資顧問業協会	03-3553-0505	東京都中央区日本橋茅場町1-5-8	平成17年7月1日	個人情報の保護に関する取扱指針
信用情報機関	金融庁	全国信用情報センター連合会	03-5294-7070	東京都千代田区神田東松下町41-1	平成17年10月24日	認定個人情報保護団体対象事業者に対する個人情報保護指針
放送	総務省	財団法人 放送セキュリティセンター	03-3585-6231	東京都港区赤坂2-21-25	平成17年4月12日	受信者情報取扱事業における個人情報保護指針
電気通信事業分野	総務省	財団法人 日本データ通信協会	03-5807-3803	東京都豊島区東池袋2-11-1	平成17年4月12日	電気通信事業における個人情報保護指針
事業全般	経済産業省	財団法人 日本情報処理開発協会	0120-700779	東京都港区芝公園3-5-8 機械振興会館内	平成17年6月27日	個人情報保護方針
製造業	厚生労働省	日本製薬団体連合会	03-3270-1810	東京都中央区日本橋本町2-1-5	平成17年10月20日	製薬企業における個人情報の適正な取扱いのためのガイドライン
介護・福祉	厚生労働省	社会福祉法人 沖縄県社会福祉協議会	098-882-5704	沖縄県那覇市首里石嶺町4丁目373番地1 沖縄県社会福祉センター4F	平成18年2月2日	個人情報保護指針
医療	厚生労働省	社団法人 全日本病院協会	03-3234-5165	東京都千代田区三崎町3-7-12 清話ビル	平成18年2月13日	全日本病院協会における個人情報保護指針
医療・介護・福祉	厚生労働省	特定非営利活動法人 医療ネットワーク支援センター	03-5333-5875	東京都多摩市怒田木田1-54-12	平成18年3月24日	個人情報の適正な取扱い確保のための指針
医療・介護・福祉	厚生労働省	特定非営利活動法人 患者の権利オンブズマン	082-641-7354	福岡県福岡市東区馬出2-1-22	平成18年3月24日	個人情報保護指針
介護・福祉	厚生労働省	社会福祉法人 岐阜県社会福祉協議会	058-278-5138	岐阜県岐阜市下奈良2-2-1	平成18年3月30日	福祉・介護サービス事業者に係る個人情報保護指針

第1節　個人情報保護関連法制

業種	省庁	団体名	電話番号	住所	日付	ガイドライン名
手技療法(柔道整復・はり・きゅう・あんまマッサージ指圧・整体・カイロプラクティクス・リラクゼーション等)	厚生労働省経済産業省	特定非営利活動法人 日本手技療法協会	03-5295-5011	東京都千代田区神田須田町1-8パールビル7F	平成18年3月31日	個人情報の保護に関する法律についての柔道整復・はり・きゅう・あんまマッサージ指圧・整体・カイロプラクティクス・リラクゼーション事業者等を対象とするガイドライン
ギフト用品に関する事業	経済産業省	社団法人 全日本ギフト用品協会	03-3847-0591	東京都台東寿3-15-10ベンソンビル3階	平成17年5月13日	個人情報の保護に関する法律についてのギフト分野を対象とするガイドライン
葬祭業	経済産業省	JECIA 個人情報保護協会	03-5379-8101	東京都新宿区四谷4-19-3	平成17年5月13日	個人情報の保護に関する法律の葬祭事業者を対象とする指針
クレジット事業	経済産業省	クレジット個人情報保護推進協議会	03-5215-8402	東京都千代田区麹町5-7秀和紀尾井町TBRビル903	平成17年5月30日	クレジット産業における個人情報保護・利用に関する自主ルール
印刷・グラフィックサービス工業	経済産業省	社団法人 東京グラフィックサービス工業会	03-3667-3771	東京都中央区日本橋小伝馬町7-16	平成17年12月7日	印刷・グラフィックサービス工業個人情報保護ガイドライン
小売業	経済産業省	社団法人 日本専門店協会	03-5411-5351	東京都港区北青山2-12-8	平成18年12月7日	専門店における個人情報保護ガイドライン
経済産業分野	経済産業省	特定非営利活動法人 日本人・医療情報管理協会	03-5877-8147	東京都文京区音羽1-8-8池田ビル3F	平成18年2月10日	個人情報保護指針
経済産業分野	経済産業省	社団法人 日本消費生活アドバイザー・コンサルタント協会	03-5729-3711	東京都目黒区中根2-13-18第百生命都立大学駅前ビル	平成18年2月13日	社団法人日本消費生活アドバイザー・コンサルタント協会における個人情報保護ガイドライン
結婚情報サービス事業	経済産業省	結婚情報サービス協議会	03-5689-8709	東京都文京区本郷3-37-15	平成18年3月9日	結婚情報サービス事業個人情報保護指針
新聞販売業	経済産業省	大阪府毎日新聞販売店事業協同組合	06-6345-8727	大阪府大阪市北区梅田3-4-5毎日新聞ビル内	平成18年3月9日	個人情報保護指針
葬祭業	経済産業省	全国こころの会葬祭業協同組合	03-5828-3855	東京都台東区松が谷4-28-3	平成18年3月31日	全国こころの会における個人情報の保護に関する法律についてのガイドライン
自動車販売業	経済産業省国土交通省	社団法人 日本自動車販売協会連合会	03-5733-3105	東京都港区芝大門1-1-30日本自動車会館15階	平成17年5月19日	自動車販売業個人情報保護指針
自動車登録番号標交付代行業	国土交通省	社団法人 全日本自動車標板協議会	03-3813-5911	東京都文京区本郷2-15-13お茶の水ウィングビル4階	平成17年12月27日	交付代行業者等個人情報保護指針
計30団体						計31本

出所：内閣府HP49

者は，認定個人情報保護団体から前項の規定による求めがあったときは，正当な理由がないのに，これを拒んではならないと各々規定している。

以上を総合すると，個人情報保護法上の苦情処理スキームは，複層的となっており，個人情報の本人はまず，個人情報取扱事業者，あるいは消費生活センター等へ苦情相談を行うことが想定されている。主務大臣の命令は緊急命令を除けば，個人情報取扱事業者が主務大臣の勧告に従わないことが前提とされている。勧告が不要な緊急命令は上述のように個人の重大な権利利益を害する事実があるため緊急に措置をとる必要があると認められる場合である必要がある。つまり，そのような事実が現に発生していないか，かかる事実が発生してもすでに終了している場合は，緊急命令は発動されない。ネットワーク上への個人データ流出の場合，流出の発生を即時に個人の重大な権利利益を害する事実の発生と評価することには難があろう。しかし，データがネットワーク上に流出した以上，第三者が当該データにアクセスする事は早晩起こりうるし，実際に多くの事例で流出データに対する興味本位のアクセスがなされている。データ流出が発生すれば，当該データを自主回収することは事実上の人海戦術であり，全てのデータの回収は不可能と見るのが一般的である。とすれば，緊急命令の要件である個人の重大な権利利益を害する事実の発生がいつで，かかる事実がいつ終了したのかを確定する作業も困難を極めることから，緊急命令も十分な機動性を発揮できる保障はない。

2005年度の本法の施行状況については，内閣府より『平成17年度個人情報の保護に関する法律施行状況の概要』が2006年6月（但し，2007年3月5日に修正版が発表されている）に発表されている。主務大臣による権限行使状況は表4の通りである。

一方，苦情処理の状況については，2006年5月31日登録分時点で地方公共団体や国民生活センターに寄せられた個人情報に関する苦情相

---

49 http://www5.cao.go.jp/seikatsu/kojin/ninteidantai.html（2006.10.20確認）

表4 2005年度の主務大臣による権限行使状況

主務大臣	行使した権限		根拠条文	
金融庁長官 (注1)	報告の徴収 勧告	83件 1件	第20条（安全管理措置） 第21条（従業者の監督） 第22条（委託先の監督）	84件 9件 19件
厚生労働大臣	報告の徴収	4件	第20条（安全管理措置）	4件
合計 (注2)	報告の徴収 勧告	87件 1件	第20条 第21条 第22条	計88件 計9件 計19件

(注) 1．法第52条及び施行令第12条に基づき，内閣総理大臣が金融庁長官に権限を委任している．
  2．共管の事案については，それぞれ計上している．

出所：内閣府『平成17年度個人情報の保護に関する法律施行状況の概要』
　　（2006．6（2007．3．5修正版））p．1

談の合計は1万4028件である。内訳としては，地方公共団体の消費生活センターに対するものが1万1382件と全体の81.1％を占めている[50]。相談内容の内訳は，表5の通りであり，不適正な取得に関するものが6691件（全体の47.7％）で最も多い。漏えい・紛失に関する相談は3434件（同24.5％），同意のない提供に関する相談は2194件（同15.6％）を数える。

　上記相談の処理結果については，表6の通り，指導・助言が1万607件と全体の75.6％を占め，その他の情報提供により処理されたものが全体の16.5％に当たる2316件，他機関紹介を行ったケースが全体の3.5％に当たる489件，あっせん解決が実施されたケースが全体の2.7％の374件となっている。

　一方，行政機関についても個人情報保護法の基本法部分の下におかれる公的部門に関する一般法として，行政機関の保有する個人情報の保護に関する法律（以下，行政機関個人情報保護法）が旧法（行政機関

50　内閣府・第1章注（3）資料 p．3．

表5　2005年度の個人情報に関する相談内容内訳

相談内容	件数	割合
不適正な取得	6,691	47.7%
漏えい・紛失	3,434	24.5%
同意のない提供	2,194	15.6%
目的外利用	1,702	12.1%
開示等	886	6.3%
苦情等の窓口対応	718	5.1%
情報内容の誤り	266	1.9%
委託先の監督	205	1.5%
オプトアウト違反	98	0.7%
その他	2,077	14.8%
合計（重複分除く）	14,028	100.0%

出所：内閣府『平成17年度個人情報の保護に関する法律施行状況の概要』（2006.6）p. 4

の保有する電子計算機処理に係る個人情報の保護に関する法律）を全面改正して制定された。本法の目的は「行政の適正かつ円滑な運営を図りつつ，個人の権利利益を保護すること」（1条）とされている。本法においても本人関与制度に損害賠償請求権や差止請求権は盛り込まれず，実際の被害の救済は民間部門の場合と同様に従来の民法によるという二重の法的枠組が維持されている。

現行の行政機関個人情報保護法の「個人情報」の定義については，ほぼ個人情報保護法のそれと共通しているが，「他の情報と照合することができ，それにより特定の個人を識別することができることとなるものを含む」（行政機関個人情報保護法2条2項）と個人情報保護法で要求される情報照合の容易性が不要とされている点で，個人情報保護法上の個人情報よりは広い定義がされている。つまり，他の行政機関が保有する情報との照合が容易でなくとも，個人情報に該当しうる[51]。また，本法にいう「保有個人情報」は行政機関職員が職務上作

表6 2005年度の個人情報関連相談の処理結果の内訳

処理結果の種類	件数	割合
指導・助言	10,607	75.6%
その他の情報提供	2,316	16.5%
他機関紹介	489	3.5%
あっせん解決	374	2.7%
あっせん不調	25	0.2%
処理不能	80	0.6%
処理不要	137	1.0%
不明	0	0%
合計（重複分除く）	14,028	100.0%

(注) 1．表中の「指導・助言」は，自主交渉による解決の可能性がある相談について，自主解決の方法をアドバイスしたものを指す。
　　 2．表中の「その他情報提供」は，あっせん以外の処理で，「指導・助言」に該当しないものを指す。
出所：内閣府『平成17年度個人情報の保護に関する法律施行状況の概要』（2006.6）p.4

成，取得した個人情報の中で当該行政機関職員によって組織的に利用するもので当該行政機関が保有（当該行政機関が利用，提供，廃止等の決定権限を有し，事実上当該情報を管理している状態）している情報の中で情報公開法2条2項に規定する行政文書に記録されている情報を指す（2条3項）また，個人情報保護法上にいう「個人情報データベース等」にあたるものとして，個人情報ファイルが定義されている。本法2条4項によれば，個人情報ファイルは，上記保有個人情報を含む情報の集合物で，①一定の事務の目的を達成するために特定の保有個人情報を電子計算機を用いて検索することができるように体系的に構成したもの（2条4項1号），②①以外で一定の事務の目的を達成するために氏名，生年月日，その他の記述等により特定の保有個人情報

51　岡村・前掲注（3）p.313.

を容易に検索することができるように体系的に構成したもの（2条4項2号）である。個人情報保護法上の個人情報データベース等との差異は、①集合物を構成する個人情報について、既に行政機関の利用、提供、廃止権限の存在を要求する「保有個人情報」に限定している点、②体系化の程度について、検索の具体性が一定の事務目的を達成するための検索に利用できる程度まで体系化されている必要がある点にある[52]。

個人情報ファイルについては、当該個人情報ファイルを保有する行政機関の長に対して、下記の取扱いに関する規定の他に種々の義務が課せられている。それらの義務は、総務大臣に対する事前通知義務（10条）、個人情報ファイル簿の作成及び公表義務（11条）である。事前通知義務は個人情報ファイルの保有・変更に際して、総務大臣への事前通知を行政機関に要求しており、公表義務は行政機関の長に対し、当該行政機関が保有する個人情報ファイルに関する個人情報ファイル簿を作成し、公表する義務を課す。

これら個人情報の行政機関による取扱いについて、本法では、保有の制限（3条）、利用目的の明示（4条）、正確性の確保（5条）、安全確保の措置（6条）、従事者の義務（7条）、利用及び提供の制限（8条）、更に保有個人情報の提供を受ける者に対する措置要求（9条）が規定されている。

保有の制限については、個人情報の保有にあたって、①利用目的を明確にしなければならない、②利用目的の達成に必要な範囲を超えて個人情報を保有してはならない、の2点を主旨とする。

利用目的の明示については、本人から直接書面で個人情報を取得するときに原則として、利用目的を明示しなければならないことを原則とする主旨である。

正確性の確保は、利用目的の達成に必要な範囲内で、保有している個人情報が過去又は現在の事実と合致するように努めなければならな

---

[52] 岡村・前掲注（3）p. 314.

第1節　個人情報保護関連法制

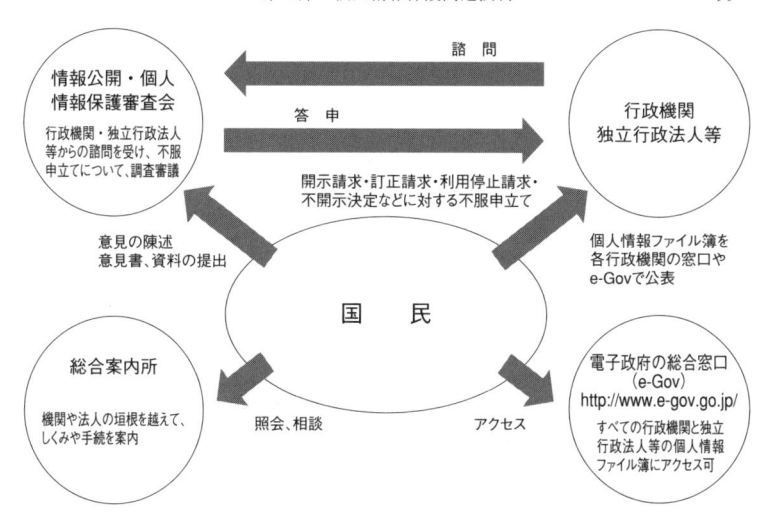

```
                              諮　問
   情報公開・個人  ←─────────────
   情報保護審査会      答　申
   行政機関・独立行政法人  ─────────────→   行政機関
   等からの諮問を受け、不服                      独立行政法人等
   申立てについて、調査審議
                  開示請求・訂正請求・利用停止請求・
                  不開示決定などに対する不服申立て

   意見の陳述                                  個人情報ファイル簿を
   意見書、資料の提出                           各行政機関の窓口や
                                              e-Govで公表
                       国　民

   総合案内所                                   電子政府の総合窓口
                                              (e-Gov)
   機関や法人の垣根を越えて、                    http://www.e-gov.go.jp/
   しくみや手続を案内      照会、相談   アクセス   すべての行政機関と独立
                                              行政法人等の個人情報
                                              ファイル簿にアクセス可
```

図11　行政機関個人情報保護法における本人関与の仕組み

出所：総務省パンフレット「国の個人情報保護の仕組み」p. 5 を一部修正

いことを主旨とする。

　安全確保の措置は保有している個人情報の漏えいなどの防止のために必要な措置を講じなければならないことを主旨とする。

　従事者の義務は、従事者が業務に関して知りえた個人情報の内容を、みだりに他人に知らせたり、不当な目的に利用したりしてはならないことを主旨とする。

　利用及び提供の制限は、利用目的以外の目的のために、保有している個人情報を利用・提供してはならないとの原則を主旨とする。

　本法における本人関与制度は、開示請求、訂正請求、利用停止請求と不服申立制度からなる。本法の開示請求制度（12～26条）では、誰でも、国の行政機関や独立行政法人等に対して、当該機関が保有している自分の個人情報について開示請求が行える（未成年者・成年被後見人の法定代理人による代理請求可能）。なお、請求に際しては、本人確認書類の提示又は提出が必要となり、原則として1件あたり300円の手数料が必要となる。国の行政機関や独立行政法人等は、不開示情

報を除いて，開示されることになっている[53]。

訂正請求制度（27〜35条）は，誰でも，開示を受けた個人情報について，内容が事実でないと思うときに，国の行政機関や独立行政法人等に対して訂正を請求できる制度である。この場合，手数料は無料であり，国の行政機関や独立行政法人等は，請求に理由ありと認めるときは，利用目的の達成に必要な範囲内で訂正を行うことになっている。

利用停止請求制度（36〜41条）は，誰でも，開示を受けた個人情報について，不適法な取得，利用又は提供が行われていると思うときに，国の行政機関や独立行政法人等に対して利用の停止等を請求することができる制度である。この場合も手数料は無料であり，国の行政機関や独立行政法人等は，請求に理由ありと認めるときは，適正な取扱いを確保するために必要な限度で利用の停止等を行うことになっている。

不服申立制度（42〜44条）は，不開示などの決定に不服がある場合，決定を行った国の行政機関や独立行政法人等に対して不服申立てを行うことができる制度を指す。不服申立てを受けた国の行政機関や独立行政法人等は，情報公開・個人情報保護審査会に諮問し，同審査会が，第三者的な立場から，不服申立てについて調査審議を行うことになっている。

本法には罰則規定が存在する。53条では，個人の秘密が記録された電子計算機処理の個人情報ファイルを正当な理由なく提供する行為に対して2年以下の懲役又は100万円以下の罰金が科せられる。国家公務員法の守秘義務違反に刑を加重したものであるとされる[54]。他にも不正な利益を図る目的での保有個人情報の提供，盗用に対しては，1年以下の懲役又は50万円以下の罰金が科され（54条），当該行政機関職員が職務用途以外の目的で職権を濫用して，個人の秘密を収集する行為に対しては，1年以下の懲役又は50万円以下の罰金が科せられる（55条）。これらは国外犯も処罰（56条）される他，偽り等不正手段で開示決定に基づく保有個人情報の開示を受けた者にも10万円以下の過

---

53 http://www.soumu.go.jp/gyoukan/kanri/a_05_f.htm（2006.10.30確認）
54 岡村・前掲注（3）p. 343.

表7　2005年度における行政機関，独立行政法人等における個人情報関連の処分状況

(単位：件，％)

	行政機関			独立行政法人等		
	計	開示・訂正・利用停止決定（全部又は一部）	不開示・不訂正・不利用停止決定	計	開示・訂正・利用停止決定（全部又は一部）	不開示・不訂正・不利用停止決定
開示	63,896 (100)	63,258 (99.0)	638 (1.0)	4,522 (100)	4,474 (98.9)	48 (1.1)
訂正	6 (100)	1 (16.7)	5 (83.3)	4 (100)	1 (25)	3 (75)
利用停止	3 (100)	0 (0)	3 (100)	3 (100)	0 (0)	3 (100)

出所：総務省「平成17年度における行政機関及び独立行政法人等の個人情報保護法の施行の状況について（概要）」(2006.9.22), p. 4

料に処する罰則がある（57条）。

　本法の2005年度の施行状況について，総務省が2006年9月22日に発表した「平成17年度における行政機関及び独立行政法人等の個人情報保護法の施行の状況について（概要）」の資料から整理する。まず，2006年3月31日現在で行政機関が保有する個人情報ファイルは，8万624件，独立行政法人等が保有するそれは1万8794件である[55]。このうち，平成17年度に利用目的以外の目的のために利用・提供されたことのある個人情報ファイルは，行政機関が法令に基づいて行ったものが2218件であり，独立行政法人等が行ったケースは246件である，一方，社会公共の利益になる場合や本人の同意がある場合に目的外利用・提供された個人情報ファイルは，行政機関が650件，独立行政法人等が355件である[56]。開示，訂正，利用停止の各請求があったもの

55　総務省・第1章注（3）資料 p. 2．
56　総務省・第1章注（3）資料 p. 2．

は，行政機関分が開示請求6万4618件，訂正請求7件，利用停止請求が5件であり，独立行政機関等分が開示請求5092件，訂正請求6件，利用停止請求が4件であった[57]。上記の開示，訂正，利用停止の各請求の処分決定状況は表7の通りである。

上記処分に対して，不服申立てがなされた件数としては，行政機関分については開示79件，訂正1件，利用停止では0件であり，独立行政法人等においては，開示8件，訂正3件，利用停止では2件に対して不服申立てがなされている[58]。また，平成17年度には行政機関個人情報保護法に関して1件（社会保険庁不開示決定処分取消請求事件）の訴訟が提起されている。

第2項　特定の個人情報に関する不正利用対策法制
――迷惑メールに関する法規制――

次に，個人情報のうちメールアドレスについては，その不正利用，特に受信者がその受信を望まない広告電子メール（所謂迷惑メール，スパムメール）への対応として，2002年7月に「特定電子メールの送信の適正化等に関する法律」が施行された。電子メールは双方向型通信であり，時間的制約がなく，誰でも情報の送受信の主体となりうる（プライベートメディア性）。また，情報送信については，インターネットのボーダレス性により，地理的制約が除去され，また近時の定額制インターネット接続サービスの一般化に伴う通信コストの劇的な低下から経済的制約も少なくなっており，反復的継続性をもった情報送信が容易に行えるようになっている。その一方，迷惑メールの受信者側には(1)知らない人から不快なメールが一方的に送信されてくるにもかかわらず受信に対して課金される，(2)出会い系サイトの利用などが児童買春の温床になりやすい等の問題が，電気通信事業者側には(3)大量の電子メール処理による設備増強や，迷惑メールの受信等に関す

57　総務省・第1章注（3）資料p.3．尚，独立行政法人等のうち，国立大学法人が全体の95.4％に当たる4859件を占め，そのうち，東京大学が4666件である。
58　総務省・第1章注（3）資料p.4．

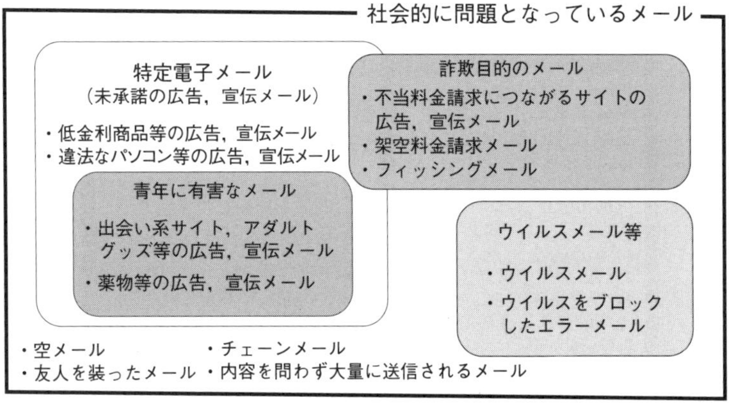

第1節　個人情報保護関連法制

```
┌─ 社会的に問題となっているメール ─────────────┐
│ ┌─────────────────┐ ┌─────────────────┐ │
│ │  特定電子メール   │ │  詐欺目的のメール  │ │
│ │ (未承諾の広告,宣伝メール) │ │・不当料金請求につながるサイトの│ │
│ │・低金利商品等の広告,宣伝メール│ │  広告,宣伝メール │ │
│ │・違法なパソコン等の広告,宣伝メール│ │・架空料金請求メール│ │
│ │                 │ │・フィッシングメール│ │
│ │ ┌───────────┐ │ └─────────────────┘ │
│ │ │青年に有害なメール│ │ ┌─────────────────┐ │
│ │ │・出会い系サイト,アダルト│ │ │ ウイルスメール等 │ │
│ │ │  グッズ等の広告,宣伝メール│ │・ウイルスメール │ │
│ │ │・薬物等の広告,宣伝メール│ │・ウイルスをブロック│ │
│ │ └───────────┘ │ │  したエラーメール│ │
│ └─────────────────┘ └─────────────────┘ │
│・空メール　　　　　・チェーンメール              │
│・友人を装ったメール・内容を問わず大量に送信されるメール │
└────────────────────────────────────┘
```

図12　社会的に問題となっているメールの概念

出所：総務省『迷惑メールへの対応の在り方に対する研究会最終報告書』p. 2

る利用者からの苦情対応によるコスト負担が問題となっている[59]。

以上の迷惑メール被害の特質に対応する「特定電子メールの送信の適正化に関する法律」では，「一時に多数の者に対してされる特定電子メールの送信等による電子メールの送受信上の支障を防止する必要性が生じていることにかんがみ，特定電子メールの送信の適正化のための措置等を定めることにより，電子メールの利用についての良好な環境の整備を図り，もって高度情報通信社会の健全な発展に寄与すること」を目的（1条）とし，図13のような特定電子メール[60]の送信に

---

[59] 総務省・迷惑メールへの対応の在り方に対する研究会『迷惑メールへの対応の在り方に対する研究会　中間とりまとめ』(2004.12), p. 3.

[60] 特定電子メールの送信の適正化に関する法律2条2号によれば，特定電子メールとは，下記イ～ハの者に対し，メール送信者（営利を目的とする団体及び営業を営む場合における個人に限る。）が自己又は他人の営業につき広告又は宣伝を行うための手段として送信をする電子メールのことを指す。

イ，あらかじめ，その送信をするように求める旨又は送信をすることに同意する旨をその送信者に対し通知した者（当該通知の後，その送信をしないように求める旨を当該送信者に対し通知した者を除く。）

ロ，その広告又は宣伝に係る営業を営む者と取引関係にある者

ハ，その他政令で定める者

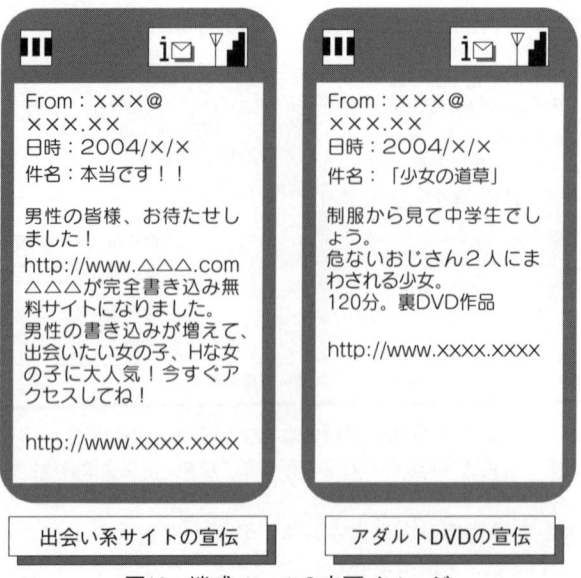

図13 迷惑メールの文面イメージ

出所:総務省『迷惑メールへの対応の在り方に対する研究会 中間とりまとめ』p. 3

対して,(1)表示義務(3条),(2)受信拒否通知者への特定電子メールの再送信禁止(4条),(3)電子メールアドレス自動生成プログラムにより作成した架空電子メールアドレスに対する電子メール送信の禁止(5条),(4)送信者情報の偽装禁止(6条)の各制限規定を定める。

本法の実効性担保措置としては、まず、総務大臣による措置命令制度(6条)が存在し、3条~5条の制限を遵守しない送信者に対して、電子メールの送受信上の支障を防止するため必要があると認めるときは、総務大臣が当該送信者に対し、電子メールの送信の方法の改善に関し必要な措置をとるべきことを命ずることができる(7条)。8条では、特定電子メールの送受信がされた場合の当該メールの受信者、及び5条の規定に反する架空電子メールアドレスを宛て先とした電子メールの送信があった場合にプロバイダー(電子メール通信提供役務者)は、総務大臣に対して、適当な措置をとるべきことを申し出るこ

とができる。総務大臣は当該申出があった場合，必要な調査を行い，その結果に基づき必要があると認めるとき法律に基づく措置その他適当な措置をとらなければならない（8条3項）また，特定電子メールの送信者は特定電子メールの送信についての苦情，問合せ等については，誠意をもって，これを処理しなければならない（9条）。電気通信事業者は，一時に多数の架空電子メールアドレスをその宛て先とする電子メールの送信がされた場合において自己の電子メール通信役務の円滑な提供に支障を生ずるおそれがあると認められるとき，その他電子メールの送受信上の支障を防止するため電子メール通信役務の提供を拒むことについて正当な理由があると認められる場合には，当該支障を防止するために必要な範囲内において，当該支障を生じさせるおそれのある電子メールの送信をする者に対し，電子メール通信役務の提供を拒むことができる（11条）。

罰則規定については，送信者情報の偽装禁止（6条）の規定と総務大臣の措置命令[61]（7条）に違反した場合，1年以下の懲役，もしくは100万円以下の罰金に処せられる（32条）。なお，本法制定時は総務大臣の措置命令に従わない場合に50万円以下の罰金が科される形態であった（旧18条）。

本法はその後の迷惑メール送信行為の悪質・巧妙化に対応すべく，2005年5月13日に改正法が成立し，2005年11月1日より改正法が施行された。本改正では，(1)特定電子メールの定義範囲の拡大，(2)架空電子メールアドレス宛のメール送信を禁止する範囲の拡大と罰則規定の見直し，(3)送信者情報を偽装した電子メール送信の禁止と罰則規定整備，(4)電気通信事業者による電気通信役務提供の提供拒否事由の拡大等が行われた。また，本改正と相前後して，本法の規定に違反するメール送信その他の電子メール送受信上の支障を生じさせるおそれの

---

61 2006年12月時点での総務大臣による措置命令発動は総務省HP上での公開分だけで2003年11月11日（命令先事業者名非公開 http://www.soumu.go.jp/s-news/2003/031113_2.html），2004年4月15日，株式会社エス・アイ・ワールド（東京都 http://www.soumu.go.jp/s-news/2004/040416_2.html），2005年9月（対象事業者名未公表）の3回を数える。

> **表示義務**
>
> 特定電子メール（広告メール）の送信にあたり，送信者に次の事項の表示を義務づけ（第3条）
> ① 特定電子メールである旨（⇒「未承諾広告※」）
> ② 送信者の氏名又は名称，住所
> ③ 送信に用いた電子メールアドレス
> ④ 受信拒否の通知を受けるための電子メールアドレス　等
>
> **オプトアウト**
>
> 受信拒否の通知をした者に対する特定電子メールの再送信を禁止（第4条）
>
> **その他**
>
> ・自動生成プログラムを用いて作成した架空電子メールアドレスに宛てて，電子メールを送信することを禁止（第5条）
> ・電気通信事業者は，一時に多数の架空電子メールアドレスに宛てた電子メールが送信された場合には，その電気通信役務の提供を拒むことができる（第10条）
>
> **罰則**
>
> ・送信者が第3～5条に違反した場合，総務大臣の措置（是正）命令（第6条）
> ・措置命令に従わないとき，50万円以下の罰金（第18条）

図14　特定電子メールの送信の適正化等に関する法律（制定時）の概要
出所：総務省『迷惑メールへの対応の在り方に対する研究会　中間とりまとめ』
　　　p. 4

ある大量送信行為を理由として利用停止措置を受けた加入者に関する情報の交換を可能とするため，「電気通信事業における個人情報保護に関するガイドライン」[62]（平成17年総務省告示第1176号）が改訂され，2005年10月17日から適用された。

次に迷惑メールについては，特定商取引法においても対応がなされた。特定商取引法では，取引の公正と消費者保護の見地からの広告規制として，通信販売，連鎖販売取引，業務提供誘引販売広告に関する広告について，法規制がなされた。通信販売を例にとると，販売業者（役務提供事業者）が指定商品・権利の販売条件又は指定役務の提供条件について電子メール等の電磁的方法で広告を行う場合に以下の項目を表示する義務がある。

① 販売業者又は役務提供事業者のメールアドレス（特定商取引法11条1項5号・省令8条1項9号）

---

[62] http://www.soumu.go.jp/joho_tsusin/d_syohi/pdf/051018_1.pdf（2006. 10. 22 確認）

② 相手方の請求に基づかず,その承諾も得ていない電磁的方法による広告である旨（特定商取引法11条1項5号・省令8条1項10号）
③ 相手方が当該広告に係る販売業者又は役務提供事業者から電磁的方法による広告の提供を受けることを希望しない旨の意思を表示するための方法（特定商取引法11条2項・省令10条の4）

相手方の請求に基づかないで,かつ,その承諾を得ないで電磁的方法により広告をするときには,広告の用に供される電磁的記録の本文の最前部に「〈事業者〉」との表示に続けて,(1)販売業者又は役務提供事業者の氏名又は名称,(2)相手方が電磁的方法による広告の提供を受けることを希望しない旨を通知するための電子メールアドレスを表示しなければならない。また,特定商取引法12条の3では広告メールの受取りを拒否した人への広告メールの再送信が禁止されている。迷惑メール規制についての特定商取引法,特定電子メール法の差異は表8の通りである。

迷惑メール送信行為について,特定商取引法違反で行政処分がなされた例としては2003年10月7日に株式会社リメイン（東京都）,及び有限会社アクセス・コントロールに対してなされたのが最初である。両社は,それぞれ,いわゆる出会い系サイトをインターネット上に開設し,その利用を勧誘するため,電子メールを不特定多数の消費者の携帯電話宛てに一方的に送信。電子メール上及びリンク先のサイト上での広告表示が,迷惑メール等を規制する特定商取引法に違反していた。具体的には,メール上で,「未承諾広告※」との表示を行わなかったり,携帯電話各社のフィルタリング機能を免れるため,「末承諾広告※」,「※未詳諾広告※」,「未__承__諾__広__告※」のように不適切に表示していたばかりか,メール本文中で事業者名を表示しなかったり,受信拒否を受け付けるための事業者のメールアドレスの不表示等により,消費者が受信拒否の連絡をできないようにしていた[63]。

迷惑メール事業者に業務停止命令が出された初めてのケースとして

---

63 http://www.meti.go.jp/policy/consumer/release/remain.pdf（2006.10.25確認）

表8 迷惑メール規制に関する特定商取引法と特定電子メール法（制定時）の異同

	特定商取引法	特定電子メール法
法目的	取引の公正及び消費者保護の観点から広告規制	電子メールの送受信上の支障の防止の観点から送信規制
規制対象メール	通信販売等の商業広告メール（指定商品等に限る）	一時に多数送信される広告宣伝メール（SMS等を除く）
規制対象者	販売業者及び役務提供事業者等（広告代行業者は除く）	送信者（委託をした者は除く）
規制内容		
表示義務（共通事項）	・件名欄に「未承諾広告※」 ・販売業者等のメールアドレス，住所等 ・受信拒否の方法	・件名欄に「未承諾広告※」 ・送信者のメールアドレス，住所等 ・受信拒否の方法
（個別事項）	・取引条件等	・経路情報
再送信禁止	○	○
架空メール対策	—	・架空メールアドレスによる送信禁止 ・電気通信役務の提供の拒否
Webサイト規制	・虚偽誇大広告の禁止 ・意に反して契約の申込みをさせようとする行為の禁止	—
主務大臣	経済産業大臣及び事業所管大臣	総務大臣

出所：通信販売の新たな課題に関する研究会『迷惑メール対策の今後の方向性について』p. 5

は，2005年6月14日に有限会社エス・ケー・アイ及び有限会社アジアン・オアシス（いずれも京都市）に対し，3ヵ月の業務停止命令が下された例がある。両社は，その運営するサイトの広告を電子メールで不特定多数の者に送っていたところ，当該メールが，特定商取引法における表示義務を遵守しておらず，件名の最前部に「未承諾広告※」の表示，メール本文の最前部に「＜事業者＞」の表示，事業者名称，受信拒否通知を受けるメールアドレス及び受信者のメールアドレスを通知することによって広告メールの提供が停止される旨の表示が欠落していた。また，2社が運営するサイト及びサイトに係る広告メール

に,事業者の連絡先(住所,電話番号,事業者名,責任者名,電子メールアドレス)の表示が欠落しており,これらの点が特定商取引法第11条第1項及び第2項違反に問われた[64]。

直近の例では,2006年3月31日に出会い系サイト「ミセス」を運営する個人事業者が,同サイトの広告メールについて,①件名欄の最前部における「未承諾広告※」の表示,②メール本文の最前部における「＜事業者＞」,③事業者名,④広告メールの受信拒否を通知するメールアドレス,⑤受信拒否を通知することによって広告メールの提供が停止される旨の表示を欠落させていた点,当該事業者が運営するサイトには,同条第1項の規定に違反して事業者の連絡先の表示(事業者名,住所,電話番号)を表示していなかった点,また,同サイトの入会画面で,利用者の個人情報の漏えいがない安全なサイトであると表示し,サイト上に,第三者認証機関によってサイト運営主体の実在性が認証され,かつSSL暗号化通信による情報保護について対策を講じている事を証明する著名な認証表示(マーク)を無許可で使用していた点を総合して,特定商取引法上の通信販売に係る広告表示義務違反及び虚偽広告を認定し,1ヵ月の業務停止処分が下された例[65]がある。

なお,判例レベルでは迷惑メールの大量送信行為に対して,プロバイダが所有,管理する電気通信設備の機能低下をもたらしたことを重視して,当該電気通信設備の所有権侵害を構成して,仮処分命令を認容したケースとして,横浜地決平成13年10月29日(判例時報1765号18頁,メディア判例百選216頁)がある。また,同じく迷惑メールの大量送信行為に対して,送信者―プロバイダ間の特定接続サービス契約の契約違反による債務不履行を構成して,プロバイダの請求を全部認容した事例として,東京地判平成15年3月25日(判例時報1831号132頁,

---

64 http://www.meti.go.jp/policy/consumer/houshikkou/meiwakuohushikkou-doc.pdf (2006.10.25確認)
65 http://www.meti.go.jp/policy/consumer/press/060331arai-t.pdf (2006.10.25確認)

メディア判例百選218頁)がある。

わが国の迷惑メール等に対する法規制の今後のあり方については,オプト・イン方式の導入,発信者情報請求権制度,消費者団体訴訟制度,利益剥奪請求権の必要性等が挙げられている[66]が,本書では他に譲り,これ以上言及しない。

第3項　プロバイダ責任制限法における発信者情報開示請求制度

ネットワーク上の情報流通により,プライバシーが実際に侵害された場合に被害者による主体的な問題解決に資する制度として,現行法制上では,特定電気通信役務提供者の損害賠償責任の制限及び発信者情報の開示に関する法律(以下,プロバイダ責任制限法)の発信者情報開示請求制度が存在する。プロバイダ責任制限法は,「特定電気通信による情報の流通によって権利の侵害があった場合について,特定電気通信役務提供者(プロバイダ,サーバの管理・運営者等。以下「プロバイダ等」という。)の損害賠償責任の制限及び発信者情報の開示を請求する権利」[67]について定めている。本法では,「不特定の者によって受信されることを目的とする電気通信の送信(公衆によって直接受信されることを目的とするものを除く。)」を「特定電気通信」と定義し,「特定電気通信設備を用いて他人の通信を媒介し,その他特定電気通信設備を他人の通信の用に供する者」を「特定電気通信役務提供者」と定義する[68]。

本法はプロバイダ等の損害賠償責任の制限と発信者情報の開示請求の2点を定める。前者は特定電気通信による情報の流通により他人の

66　宗田貴行『迷惑メール規制法概説』(レクシス・ネクシスジャパン,2006) p. 177以下等。

67　総務省「特定電気通信役務提供者の損害賠償責任の制限及び発信者情報の開示に関する法律の概要」http://www.soumu.go.jp/joho_tsusin/top/denki_h.html (2006. 10. 24確認)

68　総務省「特定電気通信役務提供者の損害賠償責任の制限及び発信者情報の開示に関する法律のあらまし」http://www.soumu.go.jp/joho_tsusin/top/pdf/houritu.pdf (2006. 10. 24確認)

権利が侵害された場合に，関係プロバイダ等が，これによって生じた損害について，賠償の責めに任じないとする制度である。3条1項では，特定電気通信による情報の流通により他人の権利が侵害されたときは，当該特定電気通信の用に供される特定電気通信設備を用いる特定電気通信役務提供者（以下「関係役務提供者」という。）は，これによって生じた損害について，権利を侵害した情報の不特定の者に対する送信を防止する措置を講ずることが技術的に可能な場合であって，次のいずれかに該当するときでなければ，賠償の責めに任じないと規定する。

① 当該特定電気通信による情報の流通によって他人の権利が侵害されていることを知っていたとき。

② 当該特定電気通信による情報の流通を知っていた場合であって，当該特定電気通信による情報の流通によって他人の権利が侵害されていることを知ることができたと認めるに足りる相当の理由があるとき。

3条2項では特定電気通信役務提供者が，特定電気通信による情報の送信を防止する措置を講じた場合に，当該措置により送信を防止された情報の発信者に生じた損害について，当該措置が当該情報の不特定の者に対する送信を防止するために必要な限度で行われたものである場合で，次のいずれかに該当する場合，賠償責任を負わないと規定する。

① 当該特定電気通信による情報の流通によって他人の権利が不当に侵害されていると信じるに足りる相当の理由があったとき。

② 特定電気通信による情報の流通によって自己の権利を侵害されたとする者から，当該特定電気通信役務提供者に対し侵害情報の送信を防止する措置（以下「送信防止措置」という。）を講ずるよう申出があった場合に，当該侵害情報の発信者に対し当該送信防止措置を講ずることに同意するかどうかを照会した場合において，当該発信者が当該照会を受けた日から7日を経過しても当該発信者から当該送信防止措置を講ずることに同意しない旨の申出がな

かったとき。

一方、プロバイダ責任制限法では発信者情報開示制度が規定されている。4条1項では、特定電気通信による情報の流通によって自己の権利を侵害されたとする者は、侵害情報の流通によって当該開示の請求をする者の権利が侵害されたことが明らかであり、かつ、発信者情報の開示を受けるべき正当な理由があるときに限り、当該特定電気通信の用に供される特定電気通信設備を用いる特定電気通信役務提供者(以下「開示関係役務提供者」という。)が保有する当該権利の侵害に係る発信者情報の開示を請求することができるとする。尚、4条1項の適用により発信者情報の開示を受けた者は、当該発信者情報をみだりに用いて、不当に当該発信者の名誉又は生活の平穏を害する行為をしてはならない(4条3項)。

また、4条2項では開示関係役務提供者は、開示の請求を受けた場合、開示するかどうかについて当該発信者の意見を聴かなければならないものとし、当該開示の請求に応じないことにより当該開示の請求をした者に生じた損害については、故意又は重大な過失がある場合でなければ、賠償責任を負わない。

上記発信者情報開示制度が実際のネットワーク上への個人データ流出に適用された事件として有名なものに東京地判平成15年9月12日がある。本件は、コンピュータ・プログラム「Win MX」を用いた方法で有名エステ会社のウェブサイトから5万件超の個人情報が流出し、インターネットを経由した情報の流通により自己のプライバシー権を侵害された旨主張する原告らが、当該情報の流通にあたり発信者側の通信設備とインターネットとの間の通信を媒介したISP事業者である被告に対し、プロバイダ責任制限法4条1項に基づき、上記発信者の氏名及び住所の開示を求めた事案である。発信者情報開示を認めた初めての判決として知られる。本判決では、Win MXによる電子ファイル送信をプロバイダ責任制限法4条1項の特定電気通信に該当するかについて、Win MXユーザー所有のコンピュータの共有フォルダ内に記録されたファイルがファイル交換によりWin MXの他

ユーザーのコンピュータに受信される一連の情報流通過程全体を「不特定の者によって受信されることを目的とする」特定電気通信（プロバイダ責任制限法2条1項）に該当するとしてこれを肯定した。また，電子メールのような1対1の通信が特定電気通信に含まれない点への関係について，Win MXによる情報拡散では実際の受信時点での受信者としての視点から見た場合に1対1通信であるように見えるだけであり，実態は1対n通信であるとした。また，特定電気通信の要件として特定電気通信役務提供者が当該通信の始点の位置にあることを要するかという点について，プロバイダ責任制限法は発信者—特定電気通信役務提供者間の通信，特定電気通信役務提供者—受信者間の通信の一連の情報流通を区切って，各段階で特定電気通信の該当性を判断することを予定していないとした[69]。控訴審の東京高裁平成16年5月26日（判例タイムズ1152号131頁，メディア判例百選232頁）もこれを支持している。

その他，本法の発信者情報開示制度を適用して，発信者情報開示事件として提訴された事案としては，インターネット掲示板に権利侵害発言が書き込まれたケースを扱ったものとして，東京地判平成15年3月31日（眼科医事件），東京地判平成15年4月24日（羽田タートルサービス第1事件），東京地判平成15年9月17日（羽田タートルサービス第2事件），東京地判平成16年5月26日（TBC vs. ソネット事件）等がある。また，ファイル交換ソフトによる複製と不特定者への公開について，送信可能化権侵害が問題となり，発信者情報開示が請求された事案として東京地判平成17年6月24日，及び東京地判平成18年9月25日がある。これらはレコードを圧縮・複製して作成した電子ファイルについてWinMX（ファイル交換共有ソフト）を利用してインターネット上で自動的に送信しうる状態にした行為が，レコード会社の送信可能化権の侵害にあたるとして，当該行為をした者のコンピュータとインターネットとの通信を媒介したプロバイダに対する発信者情報開示

---

69 情報ネットワーク法学会，テレコムサービス協会編『インターネット上の誹謗中傷と責任』（商事法務，2005）pp. 85-87.

請求（プロバイダ責任制限法4条1項）を容認した事例である。

第4項　個別の法律における個人情報保護関連規定

上記では，現行の個人情報保護関連法制について，データ主体による自主的問題解決という近時の消費者像を基礎として，特に本人の関与と実効性担保を中心に概観した。以下では，各個別法に見られる個人情報保護に関連した規定について概観する。

現在の市場経済社会において，信用取引は，大きな役割を果たしている。このため，信用記録の保護は，民間部門における個人情報保護の中でも特に重要視され，早くから法的対策がとられている。現在，明文化されている規定としては，割賦販売法39条，貸金業規制法30条2項において信用情報の目的外利用が禁止されている。しかし，これらは，努力義務規定であり，違反者に対する罰則規定が存在せず，実効性に問題がある。また，2001年6月の刑法改正では，近時のカード犯罪の増加に対応して，支払用カード電磁的記録不正作出準備罪（刑法163条の4）が新設され，支払用カードを不正に作出する目的で真正なカードに記録された情報を取得する行為に対して，刑法上の保護が図られることになった。本罪は，（個人）情報の窃取に対する刑法上の保護を明文化した点でその意義は大きい。ただし，あくまでカード犯罪の増加に対応して設置された目的犯規定であるため，偽造カードの作成目的の存在が立証されない限り，カードに記録されたデータを窃取しても，刑事責任を問うことができない等保護の範囲は限定されている[70]。

また，求職者の個人情報保護対策としては，1999年に「労働者派遣事業の適正な運営の確保及び派遣労働者の就業条件の整備等に関する法律」，及び「職業安定法」が改正された。これは，①1996年10月のILOの「労働者個人情報の保護実施要綱」の採択，及び97年6月の

70　詳細は，西田典之「カード犯罪と刑法改正」ジュリスト No. 1209（2001）pp. 16-22参照。尚，ジュリスト No. 1209では，「カード犯罪の現状と法改正」の特集（pp. 10-28）が組まれている。

「民間職業仲介事業所条約」が採択された点，②人材派遣業が拡大するにつれ，大手派遣業者の派遣者登録名簿が流出し，インターネット上で売買される事件が続発し，これに対して行政措置を講ずることができなかった点が契機となっている。改正労働者派遣法では，個人情報の適正管理・派遣労働者の秘密保持を事業許可の要件とし，派遣業者の登録者名簿の漏えいに対応している。また，改正職業安定法では，紹介事業者の個人情報の守秘義務違反を処罰対象とした。

職業上の秘密保持義務に関する規定には，様々なものがある。最決昭和53年5月31日（刑集32巻3号457頁・判例時報887号17頁，判例タイムズ363号96頁）では，国家公務員法109条12号，同100条1項にいう「秘密」を「非公知の事実であって，実質的にもそれを秘密として保護するに値すると認められるもの」と解している。これら職務上知りえた秘密の保持を求める守秘義務規定は，一般に公開されている個人情報の保護を保護法益としているという観点から見れば，こうした守秘義務規定は，一種の個人情報保護関連法としての機能を持つことになる。

民間部門について見れば，通信事業従事者を対象として電気通信事業法4条，30条3項1号，有線電気通信法9条・14条，電波法59条・109条・109条の2などがある。刑法134条の秘密漏示罪は，医師，薬剤師，医薬品販売業者，助産婦，弁護士，弁護人，公証人，宗教，祈祷若しくは祭祀の職にあるもの又はこれらの職にあった者が，正当な理由なく業務上取り扱ったことについて知りえた人の秘密を漏らしてはならないとしている。また，特定資格を有する者には，弁護士法23条，司法書士法24条，公認会計士法27条・49条の2・52条，税理士法38条・54条・59条2項，弁理士法30条・77条・80条，行政書士法12条・19条の3，社会保険労務士法21条・27条の2・32条の2第1項2号，海事代理士法19条・29条などで秘密保持義務が課せられている。

第5項　個人情報の不正利用行為等に対する法規制

実際に個人情報の不正利用行為があった場合にその法的責任を問うために用いられる規定について，現行の法体系上は，以下のようなも

のがある。

　刑事法の分野では，前述の支払用カード電磁的記録不正作出準備罪（刑法163条の4）の他に，個人データが蓄積されている記憶媒体を破壊する行為に対して，器物損壊罪（同261条）が問題となるほか，ハードディスク等の記憶装置が損壊したことにより，業務が妨害された場合，電子計算機損壊等業務妨害罪（同234条の2）の適用が問題となる。また，従来の犯罪類型で応用しうるものとしては，企業が保有する顧客データを会社のフロッピーディスクにダウンロードしたり，会社の備品である用紙にプリントアウトしたりして，持ち去る行為は，窃盗罪（同235条），又は業務上横領罪（同253条）が問題となる。また，企業内で顧客情報の管理者の地位にある者が自社の顧客名簿等を不正に名簿業者に売却した場合，背任罪（同247条）が適用される可能性がある。

　なお，近時のネットワーク上への個人データ流出ではファイル交換ソフトのウィルス感染による流出が目立っているが，ウィルス作成に対応する規定として「犯罪の国際化及び組織化並びに情報処理の高度化に対処するための刑法等の一部を改正する法律案」が提案されている。本法案は，159通常国会で最初に提案されたが，継続審査を繰り返し，162通常国会で一旦廃案となり，163特別国会で再提出され，166通常国会終了後，閉会中審査となっている。本改正案は(1)「国際的な組織犯罪の防止に関する国際連合条約」の締結に伴う，組織的な犯罪の共謀等の行為についての処罰規定，犯罪収益規制に関する規定等の国内整備，(2)組織的に実行される悪質かつ執拗な強制執行妨害事犯等に適切に対処することを目的とした強制執行を妨害する行為等についての処罰規定の整備，(3)「サイバー犯罪に関する条約」の締結に伴う国内法整備と情報処理の高度化に伴う犯罪に適切に対処することの3点を目的として提案されている。コンピュータウィルスの作成に関する事項では，19章の2が「不正指令電磁的記録に関する罪」として新設され，168条の2を「不正指令電磁的記録作成等」とし，コンピュータウィルスの作成・提供・供用について，3年以下の懲役・50

万円以下の罰金としている。また，168条の3では「不正指令電磁的記録取得等」としてコンピュータウィルスプログラムの取得・保管について2年以下の懲役・30万円以下の罰金とすることを提案している。

本改正案では電磁的記録に係る記録媒体に関する証拠収集手続等の整備を目的とした刑事訴訟法の改正も提案されている。主な内容としては，(1)電磁的記録に係る記録媒体の差押えの執行方法の整備，(2)記録命令付差押え，(3)電気通信回線で接続している記録媒体からの複写，(4)通信履歴の電磁的記録の保全要請がある[71]。(1)は電磁的記録に係る記録媒体の差押えに代えて，電磁的記録を他の記録媒体に複写等して，差し押さえることを可能とする。(2)は電磁的記録の保管者等に命じて，必要な電磁的記録を他の記録媒体に記録させて，差し押さえることを可能とする（裁判官の許可）。(3)については電子計算機の差押えにあたり，ネットワークで接続している記録媒体であって，当該電子計算機で処理すべき電磁的記録を保管するために使用されていると認めるに足りる状況にあるものから，その電磁的記録を電子計算機等に複写して，差し押さえることを可能とする（裁判官の許可）。最後に(4)については捜査機関が，プロバイダ等に対し，業務上記録している通信履歴（通信内容は含まれない）のうち特定のものを，一定期間消去しないよう求めることを可能としている。

次に民事法の分野では，個人情報を漏えいした当事者・事業者は，上記刑事法上の罰則の他に別途民法上の不法行為責任を負う（民法709条）。不法行為アプローチについては，後述する。

経済法の分野では，不正競争防止法により，顧客名簿等が①非公知性要件，②秘密管理性要件，③経済上の有用性要件，④秘密としての合理性要件の4要件[72]を満たす場合，当該顧客名簿等は，営業秘密として法的保護の対象となり，不正取得は違法とされている。他社保有

---

[71] 法務省刑事局「犯罪の国際化及び組織化並びに情報処理の高度化に対処するための刑法等の一部を改正する法律案の概要」http://www.moj.go.jp/HOUAN/KYOUBOUZAI/refer05.pdf (2006.10.20確認)

[72] 小野昌延『不正競争防止法概説』（有斐閣，1994）pp. 193-207.

の顧客データについても①不正に取得した場合（不正競争防止法2条1項4号），②情報提供者が不正に入手した情報である場合に，その事実を知っていた場合及び知らないことにつき重過失があった場合（同2条1項5号），③入手した情報が，守秘義務のある内部情報の流出であることが明白な場合（同2条1項8号）は違法行為となり，これらの不正手段で顧客情報が不正取得された場合，情報を窃取された事業者は，①当該情報の使用差止，②営業秘密の侵害に起因する損害に対する賠償，③営業秘密の侵害によって害された営業上の信用の回復請求等を行うことができる。

第6項　地方自治体の個人情報保護条例

一方，地方公共団体に目を転じてみると，地方公共団体では，ドイツ・ヘッセン州のデータ保護法（1969年）制定の4年後の1973年6月に徳島市で「電子計算機処理に係る個人情報の保護に関する条例」が施行されたのを皮切りにいわゆる「電算条例」が岩手県柴波町「電子計算組織の利用に関する条例」（1976年3月），仙台市「電子計算組織の運営に関する条例」（1976年10月），東京都江東区「電子計算組織処理に係る個人情報の保護に関する条例」（1976年10月）等，次々と制定された。これらは，電子計算機による個人データ処理のみを保護の対象としており，マニュアル処理情報を保護対象としていなかったため，実効性に乏しかった。

1980年のOECD 8原則の採択により，わが国でも個人情報の法的保護に政府が取り組み始めた動きを受けて，地方自治体レベルでも個人情報保護条例制定への動きが加速した。1980年12月には，福岡県春日市で市民が市議会に「市政情報公開条例及び個人情報保護条例の制定に関する請願」を提出し，1981年6月に市議会が同請願を採択し，1984年1月に条例案要綱が答申され，1984年7月に市議会で条例案が可決され，同10月より施行された。

2006年4月1日時点での地方公共団体での個人情報保護関連条例の制定状況は，表9の通り，都道府県レベルにおいては，全47都道府県

が個人情報保護条例を制定済みであり、その他の自治体でも、全ての自治体にあたる1843団体が、個人情報保護条例を制定済みである。また、情報セキュリティ・ポリシーを策定している地方公共団体は都道府県レベルでは全47都道府県、その他の自治体でも全体の96.2%である1773団体が情報セキュリティー・ポリシーを策定している[73]。

各地方自治体の個人情報保護条例の規定内容の概況は表10の通りであるが、対応は、おおよそ以下の3つのパターンに分類できる。第1の東京都型は、従来から民間部門による自主規制を重視し、条例では、制裁条項を設けず、ガイドライン策定のための指針[75]を定めるにとどめ、支援型行政指導による対応を行う類型であった。個人情報保護法施行後の東京都個人情報保護条例では、第27条で事業者は、個人情報の保護の重要性に鑑み、事業の実施にあたっては、その取扱いに適正を期し、個人の権利利益を侵害することのないよう努めなければならないと事業者の責務を定める。また、知事その他の執行機関は、事業者の個人情報の取扱について、苦情があった場合の処理のために必要があると認めるときは、事業者その他の関係者に対して、説明又は資料の提出を求めることができる（29条の3）。また、知事その他の執行機関は、上記の説明又は資料の提出の結果、事業者が行う個人情報の取扱いが不適正であると認めるときは、必要な限度において、当該事業者に対して、個人情報の適正な取扱いについて助言することができる（29条の4第1項）。助言に対する改善が見られない場合、29条の4第2項により、当該事業者に対して、当該取扱いの是正を勧告することができる。さらに、知事その他の執行機関は、必要に応じて勧告に係る事実に関する情報を都民に提供することができるとする（29条

---

73 http://www.soumu.go.jp/s-news/2006/060517_1.html（2006.12.20確認）
74 http://www.soumu.go.jp/s-news/2006/pdf/060517_1_1.pdf（2006.11.1確認）
75 指針の対象は、顧客情報、会員情報、信用情報など民間企業が企業活動を行う上で取り扱う個人情報すべてを対象としており、家庭や心身など個人に関する情報の一部でも収集されている場合は、他の情報との情報統合により、個人特定が可能な場合もその対象に含み、個人情報の利用制限、個人情報の適正管理、自己情報の開示、及び従業員の意識啓発の体制整備を求めている。

表 9 個人情報保護条例、情報セキュリティポリシーの地域別制定状況

	個人情報保護条例制定状況			情報セキュリティポリシー策定状況		
	制定済み団体数	全団体数	制定率	策定済み団体数	全団体数	策定率
北海道	180	180	100.0%	177	180	98.3%
青森県	40	40	100.0%	39	40	97.5%
岩手県	35	35	100.0%	35	35	100.0%
宮城県	36	36	100.0%	36	36	100.0%
秋田県	25	25	100.0%	23	25	92.0%
山形県	35	35	100.0%	31	35	88.6%
福島県	61	61	100.0%	60	61	98.4%
茨城県	44	44	100.0%	41	44	93.2%
栃木県	33	33	100.0%	30	33	90.9%
群馬県	39	39	100.0%	39	39	100.0%
埼玉県	71	71	100.0%	71	71	100.0%
千葉県	56	56	100.0%	54	56	96.4%
東京都	62	62	100.0%	55	62	88.7%
神奈川県	35	35	100.0%	35	35	100.0%
新潟県	35	35	100.0%	35	35	100.0%
富山県	15	15	100.0%	15	15	100.0%
石川県	19	19	100.0%	19	19	100.0%
福井県	17	17	100.0%	17	17	100.0%
山梨県	29	29	100.0%	29	29	100.0%
長野県	81	81	100.0%	80	81	98.8%
岐阜県	42	42	100.0%	42	42	100.0%
静岡県	42	42	100.0%	42	42	100.0%
愛知県	63	63	100.0%	63	63	100.0%

第1節　個人情報保護関連法制

三重県	29	29	100.0%	三重県	28	29	96.6%
滋賀県	26	26	100.0%	滋賀県	26	26	100.0%
京都府	28	28	100.0%	京都府	27	28	96.4%
大阪府	43	43	100.0%	大阪府	43	43	100.0%
兵庫県	41	41	100.0%	兵庫県	40	41	97.6%
奈良県	39	39	100.0%	奈良県	39	39	100.0%
和歌山県	30	30	100.0%	和歌山県	30	30	100.0%
鳥取県	19	19	100.0%	鳥取県	16	19	84.2%
島根県	21	21	100.0%	島根県	19	21	90.5%
岡山県	29	29	100.0%	岡山県	26	29	89.7%
広島県	23	23	100.0%	広島県	23	23	100.0%
山口県	22	22	100.0%	山口県	21	22	95.5%
徳島県	24	24	100.0%	徳島県	21	24	87.5%
香川県	17	17	100.0%	香川県	16	17	94.1%
愛媛県	20	20	100.0%	愛媛県	20	20	100.0%
高知県	35	35	100.0%	高知県	28	35	80.0%
福岡県	69	69	100.0%	福岡県	69	69	100.0%
佐賀県	23	23	100.0%	佐賀県	18	23	78.3%
長崎県	23	23	100.0%	長崎県	23	23	100.0%
熊本県	48	48	100.0%	熊本県	43	48	89.6%
大分県	18	18	100.0%	大分県	17	18	94.4%
宮崎県	31	31	100.0%	宮崎県	31	31	100.0%
鹿児島県	49	49	100.0%	鹿児島県	49	49	100.0%
沖縄県	41	41	100.0%	沖縄県	32	41	78.0%
計	1,843	1,843	100.0%	計	1,773	1,843	96.2%

出所：総務省報道資料「地方公共団体における個人情報保護条例の制定状況等」74

表10　2006年4月1日現在の個人情報保護条例の規定内容

主な規定項目		規定団体数（全制定団体数に占める割合：%）			
		平成18年4月1日現在		平成17年4月1日現在	
対象部門	公的部門のみを対象	492(21.6%)		720(27.3%)	
	公的部門及び民間部門を対象	1,787(78.6%)		1,915(72.7%)	
処理形態の範囲	電子計算機処理のみを対象	84(3.7%)		301(11.4%)	
	マニュアル処理も対象	2,172(95.5%)		2,334(88.6%)	
対象種類	個人に関する情報のみ対象	1,931(84.9%)		2,236(84.9%)	
	法人等に関する情報も対象	344(15.1%)		399(15.1%)	
個人情報システムの設置・変更に関する規制	審議会への意見聴取・審査	535(23.5%)	2,133 (93.8%)	602(22.8%)	2,374 (90.1%)
	首長への報告・届出・登録	1,735(76.3%)		1,877(71.2%)	
	記録項目等の登録簿の作成・公益	1,907(83.8%)		2,015(76.5%)	
収集・記録規制	目的による規制	2,152(94.6%)	2,262 (99.4%)	2,463(93.5%)	2,617 (99.3%)
	方法による規制	2,183(96.0%)		2,400(91.1%)	
	情報の種類による規制	2,163(95.1%)		2,501(94.9%)	
利用・提供規制	内部利用規制	2,185(96.0%)	2,251 (99.0%)	2,444(92.8%)	2,599 (98.6%)
	外部提供規制	2,206(97.0%)		2,544(96.5%)	
	他の機関とのオンライン禁止	5(0.2%)	2,014 (88.5%)	8(0.3%)	2,305 (87.5%)
	他の機関とのオンライン制限	2,009(88.3%)		2,297(87.2%)	
維持管理に関する規制	正確性・最新性の確保	2,179(95.8%)	2,244 (98.6%)	2,491(94.5%)	2,587 (98.2%)
	改ざん、漏えい等の防止	2,212(97.2%)		2,549(96.7%)	
	不要情報の廃棄措置	2,000(87.9%)		2,236(84.9%)	
自己情報の開示・訂正等	開示の請求等	2,244(98.6%)		2,599(98.6%)	
	訂正の請求等	2,239(98.4%)		2,593(98.4%)	
	利用中止の請求等	2,011(88.4%)		2,063(78.3%)	
運用状況, 個人情報の処理状況, 記録項目等の公表		2,003(88.0%)		2,248(85.3%)	
外部委託等の規制	受託業務者等の責務	2,079(91.4%)	2,213 (97.3%)	2,290(86.9%)	2,544 (96.5%)
	契約等によるデータ保護の確保措置	1,750(76.9%)		2,010(76.3%)	
個人情報処理に係る職員の責務	個人情報処理事務従事職員	2,098(92.2%)	2,178 (95.7%)	2,394(90.9%)	2,487 (94.4%)
	附属機関の委員等	1,751(77.0%)		1,844(70.0%)	
罰則	当該団体職員を対象	1,366(60.0%)	1,419 (62.4%)	1,030(39.1%)	1,093 (41.5%)
	受託業者・従業員を対象	1,341(59.0%)		1,044(39.6%)	
附属機関の設置		2,114(92.9%)		2,324(88.2%)	
申出等への措置	苦情処理	1,720(75.6%)	2,161 (95.0%)	1,745(66.2%)	2,322 (88.1%)
	不服申立手続	2,102(92.4%)		2,234(84.8%)	
条例制定団体数		2,275 団体		2,635 団体	

出所：内閣府『平成17年度個人情報の保護に関する法律施行状況の概要』（2006.6）p.30

の4第3項)。ただし，別途,「事業者が保有する個人情報の適正な取扱いに関する指針」を定め，第2の神奈川県型は，登録制を特徴としており，知事，議会，公営企業管理者，病院事業管理者，教育委員会，選挙管理委員会，人事委員会，監査委員，公安委員会，警察本部長，労働委員会，収用委員会，海区漁業調整委員会及び内水面漁場管理委員会の所謂，実施機関の個人情報取扱関連事務と県内でと個人情報の取扱いに係わる事業者を登録（神奈川県個人情報保護条例7条，49条，50条）し，登録簿を住民の閲覧に供する事により，企業による個人情報の取扱を住民自らの手で監視させている点が特徴的である[76]。

　第3の大阪府型は，個人情報保護条例と規制条例による2本立てのプライバシー保護制度を採っている。大阪府個人情報保護条例の特徴は，実施機関[77]に特に慎重な取扱いを行う責任を課す情報を「思想，信仰，信条，その他心身に関する基本的な個人情報（7条5項1号)」と「社会的差別の原因となるおそれのある個人情報（同2号)」に分けて規定している点である。事業者については，47条1項において，個人情報の保護の重要性を認識し，個人情報の取扱いにあたっては，個人の権利利益を侵害することのないよう必要な措置を講ずるとともに，個人情報の保護に関する府の施策に協力する責務を有するとした。また，上記7条5項1号，同2号に規定された種類の個人情報については，民間事業者は個人の権利利益を侵害することのないよう特に慎重に取り扱う責務を有すると定める（大阪府個人情報保護条例47条2項1号・同2号）。大阪府個人情報保護条例では，個人情報保護法と同様，助言，勧告の制度がある。助言については，知事は，事業者が自

---

[76] 登録を受けた事業者に個人情報の取扱において，不適正な点の存在が疑われるような場合，知事は，当該事業者に説明，及び，資料の提出を求める事ができ，事業者の個人情報の取扱に著しく不適正な点が認められた場合は，是正を勧告できる。事業者が説明，または資料提出を拒否した場合，知事は，その事実を公表できる。
[77] 大阪府個人情報保護条例2条2号では実施機関は知事，教育委員会，選挙管理委員会，人事委員会，監査委員，公安委員会，労働委員会，収用委員会，海区漁業調整委員会，内水面漁場管理委員会，水道企業管理者，警察本部長及び府が設立した地方独立行政法人をいう。

表11 個人情報保護条例に基づく対策の実施状況

	(1)管理体制の整備		(2)教育・研修の実施の有無	(3)監査・点検の実施の有無	(4)住民等への周知		
	統括責任者指定あり	部署責任者指定あり			ネット・パンフによる周知	説明会等開催による周知	「過剰反応」に関する周知
都道府県(47団体)	6	17	44	14	40	24	10
市区町村(1,834団体)	449	669	914	181	792	108	40
一部事務組合(385団体)	109	107	134	20	59	8	3
計2,275団体	564	793	1092	215	891	140	53
	24.79%	34.86%	48.00%	9.45%	39.16%	6.15%	2.33%

出所:内閣府『平成17年度個人情報の保護に関する法律施行状況の概要』(2006.6) p.32

主的に個人情報の保護のための適切な措置を講ずるよう,事業者に対し指導及び助言を行うものとするとされ(49条1項),知事は,あらかじめ,審議会の意見を聴いた上で,事業者が個人情報を取り扱う際に準拠すべき指針を作成し,かつ,これを公表するものとすると規定する(49条2項)。また,知事は,事業者が個人情報を不適正に取り扱っている疑いがあると認めるときは,当該事業者に対し,事実を明らかにするために必要な限度において,説明又は資料の提出を求めることができる(50条)。勧告については,知事は,事業者が個人情報を著しく不適正に取り扱っていると認めるときは,審議会の意見を聴いた上で,当該事業者に対し,その取扱いを是正するよう勧告することができる(51条)。知事は,事業者が50条の規定による説明又は資料提出の要求に正当な理由なく応じなかったとき又は51条の規定による勧告に従わなかったときは,あらかじめ,審議会の意見を聴いた上で,その事実を公表することができる(52条)。また,知事は,事業者が行う個人情報の取扱いについて苦情相談があったときは,適切かつ迅速にこれを処理するよう努めなければならない(53条)。

表12では個人情報保護条例のうち,民間事業者を対象とした規定の対応状況を示した。事業者の責務を規定する条例は70%前後で推移しているが,自治体独自の監視措置体制を有する条例は30%台にとど

表12 個人情報保護条例の民間事業者への対応状況

主な規定項目		規定団体数（全制定団体数に占める割合：%）			
		平成18年4月1日現在		平成17年4月1日現在	
事業者の責務	一般的責務又は努力規定（※2）	1,616 (71.0%)	1,720 (75.6%)	1,752 (66.5%)	1,859 (70.6%)
	地方公共団体の施策への協力（※3）	1,447 (63.6%)		1,635 (62.0%)	
条例適用上の注意（※4）		124 (5.5%)		145 (5.5%)	
事業者に対する規制	自主的規制の指導・助言（※5）	692 (30.4%)	694 (30.5%)	722 (27.4%)	726 (27.6%)
	指針の作成（※6）	101 (4.4%)		100 (3.8%)	
	登録届出制度（※7）	7 (0.3%)		7 (0.3%)	
地方公共団体の監視体制	資料提出・調査・立入（※8）	638 (28.0%)	754 (33.1%)	681 (25.8%)	815 (30.9%)
	指導・勧告（※9）	729 (32.0%)		779 (29.6%)	
	公表（※10）	646 (28.4%)		687 (26.1%)	
苦情処理, 苦情相談窓口の設置（※11）		581 (25.5%)		578 (21.9%)	
条例制定団体数		2,275 団体		2,635 団体	

※1 条例の運用状況，電子計算機システムによる個人情報の処理状況，電子計算機システムの記録項目等についての公表の規定があること。

※2 事業者に対し，個人情報保護の必要性を認識し，個人情報に係る人格的利益の侵害を防止する措置を講ずることを求めるなど，抽象的な責務又は努力要請の規定があること。

※3 地方公共団体が講ずる保護対策に協力する責務を事業者が有する旨の規定があること。

※4 事業者の営業の自由等との関連を考慮し，不当に事業者の権利と自由を侵害することがないよう，保護条例の取扱いに当たって注意を促す規定があること。

※5 事業者に対し，その責務を遂行させるために必要な措置を指導・奨励する規定があること。

※6 事業者が講ずるべき保護対策の指針を地方公共団体が作成する旨の規定があること。

※7 事業者の個人情報の保有状況，取扱方法等の概要等を地方公共団体が備える登録簿に登録し，これを住民に公開する旨の規定があること。

※8 事業者がその責務規定等に違反するおそれがある場合等に，事業者に対し地方公共団体が行う資料提供・調査・立入調査等への協力を要請する旨の規定があること。

※9 事業者がその責務規定等に違反していると認められる場合等に，当該行為の是正，中止等について指導・勧告を行うことができる旨の規定があること。

※10 事業者が資料提供・調査・立入調査等の協力要請や指導・勧告に従わない場合に，当該事業者名やその経緯を公表できる旨の規定があること。

※11 事業者の活動に起因する個人情報に係る人格的利益の侵害に関する住民の苦情に対応するため，地方公共団体内に苦情相談窓口を置くなどの規定があること。

出所：内閣府『平成17年度個人情報の保護に関する法律施行状況の概要』（2006.6）p.31

まっている現状がわかる。また，表11では個人情報保護条例に基づく自治体の各種対策の実施状況を示した。本書のコンセプトとして，データ主体が独自のイニシアティブを発揮して眼前のトラブルを解決する自立的データ主体像を重視する点からすれば，特に市町村レベルにおいて，住民への周知がネットやパンフレット媒体に多く依存し，直接説明会等を行う自治体が少ない点は問題である。

第2節　民間部門における対応

わが国では，従来，公的部門を対象とした個人情報保護法は存在するものの，民間部門は，法規制の適用対象外となっており，各個別法により，一定領域で個人情報保護がなされるに過ぎない状況が続いてきた。そのため，個人情報の収集・利用が，公的部門・民間部門を問わず広範囲に行われている今日，民間部門を保護対象外として放置すべきではないと指摘され，自主規制による対応がなされてきた。民間部門をも対象とした現行個人情報保護法が施行された今日も個人情報保護に関する自主的取組みや個人情報保護に対応したサービスが広く展開されている。

民間部門における自主規制は1988年には，民間部門で扱われる個人情報保護にも適切な検討を加え，必要な保護措置を講ずることを求める閣議決定がなされ，同年，財団法人日本情報処理開発協会（JIPDEC）により，「民間部門における個人情報保護のためのガイドライン」が策定されたことに始まる。

1989年6月，行政機関の保有する電子計算機処理に係る個人情報保護に関する法律の公布を受けて，通産省（当時）は，情報化対策委員会個人情報保護部会報告として「民間部門における電子計算機処理に係る個人情報の保護について」の指針を策定し，その後，EU指令の採択を受け，1997年3月，「民間部門における電子計算機処理に係る個人情報の保護に関するガイドライン」を公表した。

このガイドラインは，1989年6月にOECD理事会勧告に言う8原

則に則って作成された旧ガイドラインに比して，次の特徴を持つ。①社会的差別の要因となる「特定の機微な情報」[78]の列挙，及びこれらに該当する個人情報の収集，利用，提供の原則禁止の明示（7条），②個人情報の収集，利用，提供を行う要件の明確化[79]（8，9，11，12，14，15条），③個人情報の開示・訂正・削除権の明文化，及び権利行使に対する企業側の対応規定の明定（8，20，21条），④情報管理者の情報適正管理責任の明確化（18，19，22，23条），⑤ガイドラインの法的位置づけの明確化（通産省告示），事業者団体ガイドラインの策定促進，各事業者による個人情報保護のためのコンプライアンス・プログラムの策定支援，及び促進目的の明確化（1条）を定めている。このガイドラインは，個人情報の高レベルでの保護を域外各国への個人情報流通の要件としている1995年7月のEU指令に対応して策定されている。

　一方，郵政省（当時）は，電気通信業界を対象として，「電気通信サービスにおけるプライバシー保護に関する研究会」を開催し，1998年12月，「電気通信事業における個人情報保護に関するガイドライン」を告示した。

　電子商取引実証推進協議会（ECOM）プライバシー問題WG[81]では，1998年3月，通産省ガイドラインを範とする「民間部門における電子商取引に係る個人情報の保護に関するガイドライン」（ver.1.0）を策定した[82]。本ガイドラインは10章25条からなる。本ガイドラインでは，8章において，自己情報に関する情報主体の権利が規定され，20条で「情報主体から自己の情報について開示を求められた場合は，原則と

78　人種，民族，門地，本籍，信教，政治的見解及び労働組合への加盟，保健医療，性生活が挙がっている。
79　情報主体に対する文書による通知など。
80　http://www5.cao.go.jp/seikatsu/kojin/gaidorainkentou.html（2006.9.12確認）
81　2006年9月時点で，同WGは，次世代電子商取引協議会EC安全・安心グループ個人情報保護WGと改称されている。
82　2006年9月時点では本ガイドラインver1.0の原文は，アルファ版のものがhttp://www.ecom.jp/qecom/の「電子商取引における個人情報の保護に関する中間報告書」（1998年5月）より閲覧できる。（2006.9.21確認）

表13 国が制定している個人情報保護ガイドラインの例（2006.4.30現在）

分野		所管省庁	ガイドラインの名称	制定時期
医療	一般	厚生労働省	(1)医療・介護関係事業者における個人情報の適切な取扱いのためのガイドライン（局長通達） (2)健康保険組合等における個人情報の適切な取扱いのためのガイドライン（局長通達）	平成16年12月24日
			(3)医療情報システムの安全管理に関するガイドライン（局長通達） (4)国民健康保険組合における個人情報の適切な取扱いのためのガイドライン（局長通達）	平成16年12月27日 平成17年3月31日 平成17年4月1日
	研究	文部科学省 厚生労働省 経済産業省	(1)ヒトゲノム・遺伝子解析研究に関する物理指針（告示） (2)疫学研究に関する物理指針（告示） (3)遺伝子治療臨床研究に関する指針（告示） (4)臨床研究に関する物理指針（告示）	平成16年12月28日
金融・信用	金融	金融庁	(1)金融分野における個人情報保護に関するガイドライン（告示） (2)金融分野における個人情報保護に関するガイドラインの安全管理指導等についての実務指針（告示）	平成16年12月6日 平成17年1月6日
	信用	経済産業省	経済産業分野のうち信用分野における個人情報保護ガイドライン（告示）	平成16年12月17日
情報通信	電気通信	総務省	電気通信事業における個人情報医療に関するガイドライン（告示）	平成16年5月31日
	放送	総務省	放送受信者等の個人情報の保護に関する指針（告示）	平成16年5月31日
事業全般		経済産業省	個人情報の保護に関する法案についての経済産業分野を対象とするガイドライン（告示）	平成16年10月22日
			経済産業分野のうち個人遺伝情報を用いた事業分野における個人情報保護ガイドライン（告示）	平成16年12月17日
雇用管理	一般	厚生労働省	雇用管理に関する個人情報の適正な取扱いを確保するために事業者が講ずべき措置に関する指針（告示）	平成16年7月1日
			雇用管理に関する個人情報のうち健康情報を取り扱うに当たっての留意事項について（局長通達）	平成16年10月29日
	船員	国土交通省	船員の雇用管理に関する個人情報の適正な取扱いを確保するために事業者が講ずべき措置に関する指針（告示）	平成16年5月29日
警察		警察庁	国家公安委員会が所管する事業を行う者等が講ずべき個人情報の保護のための措置に関する指針（告示）	平成16年10月29日
			警察共済組合が講ずべき個人情報の保護のための措置に関する指針について（局長通達）	平成17年3月29日
法務		法務省	法務省が所管する事業における事業者等が取り扱う個人情報の保護に関するガイドライン（告示）	平成16年10月29日
			債権管理回収業分野における個人情報の保護に関するガイドライン（課長通知）	平成16年12月15日
外務		外務省	外務省が所管する事業を行う事業者等が取り扱う個人情報の保護に関するガイドライン（告示）	平成17年3月25日
財務		財務省	財務省所管分野における事業者に対する個人情報の保護に関する指針（告示）	平成16年11月25日
教育		文部科学省	学校における生徒等に関する個人情報の適正な取扱いを確保するために事業者が講ずべき措置に関する指針（告示）	平成16年11月11日
福祉		厚生労働省	福祉関係事業者における個人情報の適切な取扱いのためのガイドライン（局長通達）	平成16年11月30日
職業紹介等		厚生労働省	職業紹介事業者，労働者の募集を行う者，募集受託者，労働者供給事業者等が均等待遇，労働条件等の明示，求職者等の個人情報の取扱い，職業紹介事業者の責務，募集内容の均整な表示等に関して適切に対処するための指針（告示）	平成16年11月4日
労働者派遣		厚生労働省	派遣元事業主が講ずべき措置に関する指針（告示）	平成16年11月4日
労働組合		厚生労働省	個人情報の適正な取扱いを確保するために労働組合が講ずべき措置に関する指針（告示）	平成17年3月25日
企業年金		厚生労働省	企業年金等に関する個人情報の取扱いについて（局長通達）	平成16年10月1日
国土交通		国土交通省	国土交通省所管分野における個人情報保護に関するガイドライン（告示）	平成16年12月2日
			不動産流通業における個人情報保護法の適用の考え方（課長通知）	平成17年1月14日
農林水産		農林水産省	個人情報の適正な取扱いを確保するために農林水産分野における事業者が講ずべき措置に関するガイドライン	平成16年11月9日
合計21分野				

出所：内閣府HP「個人情報の保護に関するガイドラインについて」80

して合理的な期間内にこれに応ずる。また開示の結果，誤った情報があった場合で，訂正又は削除を求められた場合には，原則として合理的な期間内にこれに応ずるとともに，訂正又は削除を行った場合には，可能な範囲内で当該個人情報の受領者に対して通知を行うもの」と定めている。また，21条では，自己情報の利用又は提供の拒否権として，「既に保有している個人情報について，情報主体から自己の情報についての利用又は第三者への提供を拒まれた場合は，これに応ずるもの」[83]としている。

本ガイドラインの最大の特徴は，学校等におけるパソコン教育の実情をかんがみ，子どものインターネット利用の普及も視野に入れた点にある。子どもたちは，収集される個人情報がどのように利用されるか十分認識できないことや，家族の情報について安易に入力してしまうことが考えられることから，何らかの措置を講ずるべきであるとの観点からである[84]。本ガイドラインの24条においては，「子どもから個人情報を収集する場合には，子どもが理解できる平易な表現で収集及び利用の目的を明示するものとする。また，子どもに個人情報の入力を求める場合は，保護者の了解を得るように促す」ことを要求している。また，25条においては，「保護者から，その子どもから収集した個人情報について開示を求められた場合はこれに応ずる。また，開示の結果，誤った情報があった場合で，訂正又は削除を求められた場合には，これに応ずる」ものとされている。

本書で想定する個人データ管理の視点からは，17条において，「個人情報への不当なアクセス又は個人情報の紛失，破壊，改ざん，漏えい等の危険に対して，技術面及び組織面において合理的な安全対策を講ずる」ことを要求し，18条では，「個人情報の収集，利用及び提供に従事する者は，法令の規定又は管理者が定めた規程若しくは指示した事項に従い，個人情報の秘密の保持に十分な注意を払いつつその業

---

83 ただし，管理者若しくは個人情報の開示の対象となる第三者等の法令に基づく権限の行使又は義務の履行のために必要な場合については，この限りでない。
84 ECOM・前掲注（82）サイトを参照。

務を行うもの」としている。

　22条では,事業者は,「ガイドラインの内容を理解し実践する能力のある者を内部から1名以上指名し,個人情報の管理者としての業務を行わせるもの」としている。この「個人情報の管理者は,このガイドラインに定められた事項を理解し,及び遵守するとともに,従事者にこれを理解させ,及び遵守させるための教育訓練,内部規程の整備,安全対策の実施並びに実践遵守計画(コンプライアンス・プログラム)の策定及び周知徹底等の措置を実施する責任を負う」(23条)ものとしている。

　個人情報の外部委託処理に関しては,19条で「十分な個人情報の保護水準を提供する者を選定し,契約等の法律行為により,管理者の指示の遵守,個人情報に関する秘密の保持,再提供の禁止及び事故時の責任分担等を担保するとともに,当該契約書等の書面又は電磁的記録を個人情報の保持期間にわたり保存する」ことを求めている。

　本ガイドラインは,策定後の環境変化(①個人情報保護法案の国会提案,②EC環境の変化[85],③JIS Q 15001規格への対応)に対応するためのver.2.0への改訂作業[86]が行われたが,個人情報保護法の旧法案が国会で廃案になったことにより,2003年3月に改定案ver1.5として登場した[87]。その後,2003年9月にver2.0〈α版〉が登場し,2004年3月,正式版としてのECOM個人情報ガイドラインVer2.0がリリースされた[88]。

　その後,ECOM「民間部門における電子商取引における個人情報

85　プライバシー・ポリシー,マーク制度の普及,クリックアンドモルタルや,モバイル化等がこうした環境変化の例として挙げられる。

86　電子商取引推進協議会個人情報保護WG『ECで取り扱われる個人情報に関する調査報告書(ver4.0)―ECOM個人情報保護ガイドライン改訂とプライバシーマークタスクホース活動報告―』電子商取引推進協議会(2002).

87　電子商取引推進協議会『ECで取り扱われる個人情報に関する調査報告書』(2003.3) pp. 42-75.

88　電子商取引推進協議会『ECで取り扱われる個人情報に関する調査報告書2003』(2004.3) pp. 159-192.

の保護に関するガイドライン」は2005年1月にVer3.0[89]がリリースされた。次いでECOMがそれまでの「電子商取引推進協議会」から2005年4月1日に「次世代電子商取引推進協議会」に組織変更され,2006年1月にはVer4.0[90]がリリースされている。Ver3.0では,特に個人情報保護方針と法定公表事項の表示,閲覧履歴自動取得技術の取扱いの表示,機微な情報の取扱の表示,漏えい発生時の対応の表示,監査責任者の設置,事業者が公表すべき事項のサンプル等がサポートされた[91]。

1999年3月20日には,日本工業規格である「個人情報保護に関するコンプライアンス・プログラムの要求事項(JIS Q 15001)が制定された[92]。JIS Q 15001の目的は,国家統一規格として個人情報保護の基準を定め,消費者一般には個人情報保護の重要性をより広く認識させ,高度情報通信社会の健全な発展と消費者保護を図り,事業者には個人情報保護のためのコンプライアンス・プログラムの明確な要求基準を提示することで事業者の自主的取組を推進し,自社の個人情報保護対策が国家規格に則ったものであるという正統性を付与することにある[93]。

JIS Q 15001は個人情報保護法の施行を受け,2006年に改定され,JIS Q 15001:2006 個人情報保護マネジメントシステム要求事項として新たなスタートを切った。

JIS Q 15001をベースに財団法人日本情報処理開発協会(JIPDEC),及び財団法人日本データ通信協会によるマーク制度が1998年から運用されている(日本データ通信協会の個人情報保護マーク制度は2005年10月

---

89 全文は http://www.ecom.jp/home/privacy_gl/GuideLineV3.pdf からダウンロード可能である。
90 全文は http://www.ecom.or.jp/report/guideline_ver4.pdf からダウンロード可能である。
91 電子商取引推進協議会『ECにおける個人情報保護に関する活動報告書』(2005.3) pp. 1-3。
92 JIS(日本工業規格)とは工業標準化法17条を根拠に制定される「工業標準」,つまり工業標準化法2条列記の事項を全国的に統一化するための基準である。
93 新保・前掲注(2)pp. 355-356.

まで実施)。JIPDEC によるプライバシーマーク制度 (http://privacymark.jp/) とは、「事業者の個人情報の取扱いが個人情報保護 JIS に適合していることを評価・認定し、その証として"プライバシーマーク"と称するロゴの使用を許諾する制度」[94]である。本制度は、通産省個人情報保護ガイドラインの導入促進と個人情報保護意識の向上を図る具体的な制度の創設の必要性にかんがみ、1998年4月1日から運営されている。事業者に対して、消費者からの個人情報保護に関する信頼獲得へのインセンティブを与え、一方、消費者には、事業者の個人情報取扱の適正さを判断しうる材料を提供し、消費者の意識を向上させることで、事業者、消費者の自主的な取組みによって自己責任原則を確立し、自由な情報流通を確保しつつも個人情報保護の実効性を高めることが目的である[95][96]。1999年3月の JIS Q 15001規格の制定に伴い、マーク付与の審査基準を、それまでの「民間部門における電子計算機処理に係る個人情報の保護に関するガイドライン」から JIS Q 15001規格へと変更し、申請時に提出されたコンプライアンス・プログラムがその要求事項(①個人情報保護方針の策定、②個人情報保護組織の整備、③教育・研修規定の整備と実施計画、④監査規定の整備と実施計画、⑤消費者相談窓口の設置、⑥適正管理措置、⑦外部委託の際の保護に関する契約、⑧見直しに関する措置)を満たしているかに関する審査が書類、及び現場検査で審査される。

2006年の JIS Q 15001改定後の、プライバシーマーク付与申請資格は、国内に活動拠点を持つ民間事業者[97]であって、少なくとも次の条件を満たしていることが必要であるが、民間の事業者以外(自治体

---

94 関本貢「JIPDEC のプライバシーマーク制度について」『国際シンポジウム 個人情報をめぐる内外の最新動向講演資料』通商産業省・財団法人日本情報処理開発協会、2000.10.23, pp. 164

95 関本＝JIPDEC・前掲注 (89) 資料 p. 165.

96 新保・前掲注 (2) p.354.

97 マーク付与の単位については、2005年4月の個人情報保護法完全施行前までは一定の要件の下に事業部門単位での申請が認められていたが、個人情報保護法完全施行以後は、国内の殆どの事業者がこの法律に法人として適合する義務を負うことから、事業者の一部門を認定する措置は終了している。

等）であっても，下記条件を満たせば申請は可能である。

① 「個人情報保護マネジメントシステム―要求事項（JIS Q 15001: 2006）」に準拠した個人情報保護マネジメントシステム（PMS）を定めていること。
② 個人情報保護マネジメントシステム（PMS）に基づき実施可能な体制が整備されて個人情報の適切な取扱いが行なわれていること。
③ 個人情報マネジメントシステム（PMS）が2006年版 JIS に対応していることを，2006年版 JIS が公表された後，事業者自らが点検済であること。

審査は，受理された申請書類の記載内容等に関して，個人情報保護マネジメントシステム（PMS）等の個人情報保護の行動指針を定めた規程類の整備状況，それらの規程類に準じた体制整備状況の視点からなされ，下記の事項が特に重視される[98]。

① 個人情報の管理者が指名され，個人情報保護についての社内の責任，役割分担が明確である等，個人情報を適切に取り扱う体制が整備されていること。
② 申請までに年1回以上，個人情報保護マネジメントシステム（PMS）の周知徹底の措置（教育，研修等）を実施していること。
③ 申請までに1回以上，事業者内部の個人情報の保護の状況を監査していること。
④ 当該者に係る個人情報保護に関する相談窓口が常設され，かつそれが消費者に明示されていること。
⑤ 当該者が有する個人情報について，外部からの侵入又は内部からの漏えいが発生しないよう適正な安全措置を講じていること。
⑥ 企業外部への個人情報の提供，取扱いの委託を行う際には，責任分担や守秘に係る契約を締結する等，個人情報について適切な保護が講じられるよう措置していること。

---

98 http://privacymark.jp/appl/process2006jis.html#2（2006.12.15確認）

JIPDECのプライバシーマークは，日本情報処理開発協会（JIPDEC）が付与機関となって運用されている。付与機関たるJIPDECは，プライバシーマーク付与に係る申請の受付・審査，マーク付与の認定，運用状況の調査等を行うほか，付与指定機関（後述）の指定，及び消費者からの相談受付等の役割を担っている。一般的には，事業者は，JIPDECに対して，プライバシーマークの申請を行う。

しかし，一部業種においては，「指定機関」制度が設けられている。プライバシーマーク付与指定機関とは，個人情報を取扱う民間事業者を会員とする事業者団体のうち，以下の条件を満たす事業者団体を，指定機関等として指定する制度である。

【条件】
① 通商産業省の「民間部門における電子計算機処理に係る個人情報の保護に関するガイドライン」（平成9年3月4日通商産業省告示98号，以下「ガイドライン」という。）に基づき業界ガイドラインを作成し，会員を指導してCPの普及・促進を図ること等，個人情報の取扱いについて適切な措置を講じていること。
② プライバシーマーク付与の事業を主たる業務として実施する担当者を置く等，プライバシーマーク付与に係る審査及び運用を適切に行うことができる体制を整備していること。
③ 個人情報保護に関して積極的に取り組んでいること。

上記の条件を満たし，付与機関によって指定された民間事業者団体であるプライバシーマーク付与指定機関（指定機関）は，会員からのプライバシーマーク付与に係る申請の受付・審査と付与可否の認定等，付与機関と協調して以下の業務を行う。2006年6月現在では，表15に挙げた団体が指定されている。

【業務】
① 会員各社からのプライバシーマーク付与の申請の受付
② プライバシーマーク付与の申請の審査
③ 付与の可否の決定

④ プライバシーマーク付与の認定を受けた会員の指導,監督
⑤ 個人情報保護の推進のための環境整備
  (A) 当該業界の模範となる個人情報保護のための「業界ガイドライン」の策定
  (B) 業界ガイドラインに基づくコンプライアンス・プログラムの策定
  (C) 会員各社に対するコンプライアンス・プログラム策定の支援,指導

JIPDECのプライバシーマーク取得事業者の事故状況は,2004年度が51社計53件,2005年度については,168社計190件の報告が見られ,1998年度からの累計では278社計312件となっている[99]。2004–2005年度においては,上記欠格基準によるレベル5による認定取消し処分を受けた事業者はないが,2000年6月28日には,制度創設以来初のマーク使用認定取消事業者が出現した。取消事由は,情報処理サービス会社「メイケイ」が厚生省(当時)から依頼を受けた患者調査票の処理を契約に反して,下請業者に行わせ,下請先で調査票が紛失したというものである。また,2006年8月には認定取消しに次いで重い「文書による改善要請」処分がインテック社に対して決定され,9月4日に通知された[100]。

JIPDECのプライバシーマーク制度は2006年12月15日現在で6,266社がマークの使用認定を受けている[101]。

なお,プライバシーマークの欠格事項の要件は,以下のとおりである。

① 申請の日前3か月以内にプライバシーマーク付与認定の申請又は運営要領第12条第1項の再審査の請求について第11条第1項に

---

99 http://privacymark.jp/ref/H17JikoHoukoku20060714.pdf(2006.12.15確認)
100 http://www.jisa.or.jp/privacy/pr/060908.html(2006.12.15確認)
  http://privacymark.jp/pr/jisa-intech-20060908.html(2006.12.15確認)
101 http://privacymark.jp/list/clist(2006.12.15確認)

表15　JIPDEC プライバシーマーク制度付与認定指定機関一覧（2006年6月21日現在）

指定機関コード	名称	所在地	連絡先	対象事業者
B	社団法人 情報サービス産業協会	〒135-8073 東京都江東区青海2-45 タイム24ビル17階	TEL：03-5500-2165～6 FAX：03-5500-2670 担当：審査業務部 URL：http://www.jisa.or.jp	JISA 正会員 （法人会員）
C	社団法人 日本マーケティング・リサーチ協会	〒112-0004 東京都文京区後楽1-1-5 第1馬上ビル	TEL：03-3813-3577 FAX：03-3813-3596 URL：http://www.jmra-net.or.jp/	JMRA 正会員
D	社団法人 全国学習塾協会	〒171-0031 東京都豊島区目白3-5-11	TEL：03-5996-8511 FAX：03-5996-9585 担当：審査専門部会 URL：http://www.jja.or.jp/	JJA 正会員
E	財団法人 医療情報システム開発センター	〒113-0024 東京都文京区西片1-17-8 KSビル3F	TEL：03-5805-8207 FAX：03-5805-8211 URL：http://www.medis.or.jp/	医療・保健事業を営む事業者
F	社団法人 全日本冠婚葬祭互助協会	〒105-0001 東京都港区虎ノ門3-6-2 第2秋山ビル7F	TEL：03-3433-4415 FAX：03-3435-0880 担当：審査室 URL：http://www.zengokyo.or.jp/	正会員及び施行会社等
G	社団法人 東京グラフィックサービス工業会	〒103-0001 東京都中央区日本橋小伝馬町7-16 ニッケイビル7F	TEL：03-3667-3771 FAX：03-3249-0377 担当：審査業務部 URL：	(社)東京グラフィックサービス工業会正会員
H	社団法人 日本情報システム・ユーザー協会	〒103-0001 東京都中央区日本橋堀留町1-10-11 井門堀留ビル4F	TEL：03-3249-4103 FAX：03-5645-8493 担当：セキュリティセンター URL：http://www.juas.or.jp/	JUAS 会員
I	くまもとテクノ産業財団	〒861-2202 熊本県上益城郡益城町田原2081-10	TEL：096-289-5522 FAX：096-289-5212 URL：http://www.kmt-ti.or.jp	下記地域に本社が所在する事業者：福岡県, 佐賀県, 長崎県, 熊本県, 大分県, 宮崎県, 鹿児島県
J	社団法人 中部産業連盟	〒461-8580 愛知県名古屋市東区白壁3-12-13	TEL：052-931-7701 FAX：052-931-7702 担当：プライバシーマーク審査センター URL：http://www.chusanren.or.jp	下記地域に本社が所在する事業者：愛知県, 岐阜県, 三重県, 富山県, 石川県
K	財団法人 関西情報・産業活性化センター	〒530-0001 大阪府大阪市北区梅田1-3-1-800 大阪駅前第1ビル8F	TEL：06-6346-2545 FAX：06-6346-2662 担当：プライバシーマーク審査グループ URL：http://www.kiis.or.jp	下記地域に本社が所在する事業者：大阪府, 京都府, 福井県, 滋賀県, 兵庫県, 奈良県, 和歌山県
L	財団法人 日本データ通信協会	〒170-8585 東京都豊島区巣鴨2丁目11番1号 巣鴨室町ビル7階	TEL：03-9608-0305 FAX：03-3910-8088 担当：Pマーク推進室 URL：http://www.dekyo.or.jp	(社)日本データ通信協会会員及び通信関連団体（以下の6団体）の会員 (社)電気通信事業者協会 (社)テレコムサービス協会 (社)日本インターネットプロバイダー協会 (社)日本ケーブルテレビ連盟 (社)電信電話工事業協会 (社)情報通信設備協会

プライバシーマーク HP102

102　http://privacymark.jp/list/dlist（2006.12.15確認）

規定する否認決定を受けた事業者。
② 申請の日前1年以内に第22条第1項の規定によるプライバシーマーク付与認定の取消し又は第36条第2項の規定によるプライバシーマーク使用契約の解除を受けた事業者。
③ 個人情報の取扱いにおいて発生した個人情報の外部への漏洩その他情報主体の権利利益の侵害により、この要領に基づき別に定める基準により判断された申請を不可とする期間を経過していない事業者。
④ 申請に係る事業の拠点を本邦内に有していない事業者。
⑤ 役員(法人でない団体で代表者又は管理人の定めのあるものの代表者又は管理人を含む。以下この項において同じ。)のうちに、次のいずれかに該当する者がいる事業者。
　イ 禁錮以上の刑に処せられ、その執行を終わり、又は執行を受けることがなくなった日から2年を経過しない者
　ロ 個人情報の保護に関する法律の規定により刑に処せられ、その執行を終わり、又は執行を受けることがなくなった日から2年を経過しない者

マーク付与事業者に個人情報流出等の事故が発生した場合、上記欠格条項に該当するか否かは下記の手順で判断される[103]。

① 発生した事象とその原因の組合せによる欠格性基準値の設定
　発生した事象(漏えい、紛失、破壊、改ざん、不正取得、目的外利用・提供、不正使用、開示・訂正・削除に応じない、利用・提供の拒否に応じない)と原因類型(CPの不適切な運用、内部犯行、外的要因)の組合せで基準値(1～5の5段階)が設定される。事象が複数ある場合は基準値の高い方を適用する。尚、欠格性が高いほど基準値は大きくなる。

② その事象による影響を加味した基準値の補正
　発生した事象による個人等への影響(被害発生、社会的影響、制度

---

[103] http://privacymark.jp/pr/20060331kekkaku.html (2006.12.15確認)

の信頼性失墜等)ごとに加算すべき基準値（2，1，0，−1の4段階）が設定される。影響が複数にまたがっている場合は複数分の基準値が補正される。

影響の判断は事象の発生又は発見された時点とするが、それ以降に変化が生じた場合は改めて判断する。

③　事故後の対応状況による基準値の補正

発生した事象への対処（事前，事後を含む）の状況により，上記①と②で設定した基準値は以下のように補正される。

−1：他者が利用する前に回収できた，暗号化等不正使用防止措置済み

＋1：同様な事象を繰り返し発生させている。

そして，上記①〜③の基準に基づいて設定した基準値に基づき，欠格レベルが決定され，設定された欠格レベルごとに異なる対応が行われる（表16）。

事業者によるプライバシー保護対策の支援制度としては，かつて，2001年1月より社団法人情報サービス産業協会による「プライバシーマーク付与申請事業者助成金」制度が存在していた。これは、JIPDECにプライバシーマークの付与申請を行う事業者の内，情報サービス産業に属し[105]，資本金5000万円以上3億円以下であるか、従業員規模で100人以上300人以下のいずれかの条件を充足し，かつプライバシーマークの申請が受理された事業者を対象として，情報サービス

104　http://privacymark.jp/pr/20060331kekkaku.html（2006.12.15確認）なお、本基準では、レベル5に該当する具体例として、(1)事業者が組織的に個人情報保護法に違反する個人情報の取扱いを行った場合、(2)安全管理措置の不備により大量の個人情報を流失させて社会不安を生じさせた場合が挙げられている。また、レベル4に該当する例としては、(1)「個人情報入り鞄の引ったくり事故」、「電車内における個人情報入り鞄の置引」等の事故が短期間のうちに多数発生した場合、(2)社員が長期にわたって個人信用情報機関から情報を不正取得し社外に漏えいしたことにより、情報主体に悪質貸付による金銭的被害が生じた場合、(3)他者から持ち込まれた顧客リストが自社のものと一致したことから、顧客情報が流出している可能性があることが判明した場合が挙げられている。

105　本制度は，情報サービス産業協会の会員，もしくはその100％子会社を対象としていた。

第 2 節　民間部門における対応

表16　プライバシーマークの欠格レベルとその対応

欠格レベル	欠格レベルごとの対応		
	認定事業者	申請中事業者	申請検討中事業者
5以上	認定取消し	否認決定	1年間の申請不可
4	勧告・要請文書発行	6ヶ月の審査中止	6ヶ月の申請不可
3	厳重注意文書発行	3ヶ月の審査中止	3ヶ月の申請不可
2	注意文書発行	1ヶ月の審査中止	1ヶ月の申請不可
1	処分なし	審査続行	申請可

出所：プライバシーマーク HP「プライバシーマーク制度における欠格性の判断基準の設定と運用について」[104]

産業協会が当該申請事業者に対し，プライバシーマークの申請・登録に要する費用（申請手数料・現地調査料の請求額合計40万円）のうち，20万円を支給する制度であったが，現在，助成金の申請受付は行われていない。今日では，プライバシーマーク取得費用を融資するローン商品を販売している金融機関が存在するようである。個人情報保護法では，小規模事業者の経済的負担に考慮し，小規模事業者を法的義務主体である個人情報取扱事業者から除外している[106]。しかし，消費者保護の見地からは，これら小規模事業者による個人情報を利用した消費者被害が引き起こされてきた経緯があり，制度の実効性担保の観点からは，小規模事業者の経済的負担軽減の問題は，プライバシーマーク取得事業者に対する補助金制度の充実，もしくは税制改革により，プライバシーマーク取得事業者等一定の条件を満たした事業者に対して，法人税減税を行ういわばプライバシー保護減税制度を導入し，事業者により積極的なインセンティブを付与する制度の導入が望ましい。市場原理をより効果的に働かせる観点から，制度としては，早期に対策を行えば行うほど多額のインセンティブが事業者に配分される

106　個人情報の保護に関する法律施行令（政令第507号）2条によれば，個人情報データベースを構成する個人情報が過去6ヵ月以内に5000件以内の事業者が個人情報取扱事業者の対象から除外される。

システムの導入が必要である。

また，プライバシーマークの取得自体は，事業者個別の判断に任されており，自社の都合でその使用を中止することは自由である。2006年12月15日現在では，170件のプライバシーマークの使用中止事業者がある[107]。

財団法人日本データ通信協会の個人情報保護マーク制度は，インターネットの普及等により，個人情報の流通，蓄積が加速される一方で，その不正な利用，漏えい，改ざん等のおそれが高まりとナンバーディスプレイなどの発信者情報通知サービスの利用に伴い蓄積された電話番号が2次利用される懸念が指摘されていることにかんがみ，適正な個人情報保護措置を講じている事業者の登録を行い，その旨をマーク表示できるようにすることにより，事業者及び利用者の個人情報保護意識の向上を図ることを目的に1998（平成10）年4月30日から2005年10月まで実施された。

登録対象となったのは，「電気通信事業者」及び「発信者情報通知サービス（ナンバーディスプレイなど）の事業用利用者」であり，その範囲は，JIPDECのプライバシーマーク制度よりはかなり限定的であった。事業者に個人情報を取扱う業務の目的，個人情報の取扱いの概要，収集先，提供先，個人情報保護措置の概要などを登録し，登録センターでは，登録を受けた事業者に対し登録証と個人情報保護マークを交付した。登録を受けた事業者は，封筒や名刺，広告等にマークを使用したり，ホームページにマークを表示したりすることができる点は，JIPDECのプライバシーマーク制度と同様であった。日本データ通信協会の個人情報保護マーク登録制度は前述のように2005年10月で終了し，現在は日本情報処理開発協会のプライバシーマーク制度に合流し，2006年6月より，日本データ通信協会はプライバシーマーク指定機関としての認証業務を開始している[108]。

同様のシールプログラムは他にTRUSTe（トラストイー）シールプ

---

107 http://privacymark.jp/list/slist（2006.12.15確認）
108 http://www.dekyo.or.jp/enkaku.htm（2006.9.12確認）

ログラム (http://www.truste.or.jp/) も存在する。TRUSTe プログラムは,「第三者審査機関が審査・認証を行うことにより,個人情報を扱うウェブサイトが利用者に対する 信用度・信頼度を向上するために設けられた「個人情報保護第三者認証シールプログラム」であり,1997年アメリカで誕生した[109]。米国本部 (http://www.truste.org/) はカリフォルニア州に置かれる。日本では2006年6月に設立された「有限責任中間法人日本プライバシー認証機構(旧名称:有限責任中間法人TRUSTe認証機構,東京都千代田区永田町)」が,米国「TRUSTe」から,日本国内における唯一の認証団体として活動している。日本国内でTRUSTeの認証を取得するには,日本プライバシー認証機構の審査が必要である[110]。TRUSTe プログラムの特徴は,OECD 8原則に準拠し,現行個人情報保護法に対応した,自己宣誓(プライバシーステートメント)形式のウェブサイトを認証する「ウェブ・プライバシープログラム」がスタンダードプログラムとしておかれ,その他に米国 HIPAA (Health Insurance Portability and Accountability Act:医療保険の相互運用性と説明責任に関する法律) に準拠した医療機関を対象とした "eHealth Privacy Seal Program",米国 COPPA (The Children's Online Privacy Protection Act:児童オンラインプライバシー保護法) に準拠し,13才未満の児童を対象とし,本人の個人情報を収集するウェブサイトを対象とする "KIDS Privacy Seal Program" がラインアップされていることである。本プログラムでは子の個人情報収集に対して,親の同意を得ることを必須としている[111]。

新たな民間部門における個人情報保護関連制度としては,個人情報保護に関連した専門知識を有する人材に資格を認定する資格試験,個人情報漏えい責任賠償保険等がある。

まず,個人情報保護に関する民間資格試験には,文部科学大臣許可

---

[109] http://www.truste.or.jp/ (2006. 10. 24確認)
[110] http://www.truste.or.jp/info/organization.php (2006. 10. 24確認)
[111] http://www.truste.or.jp/main/seals.php (2006. 10. 24確認)

による財団法人である全日本情報学習振興協会[112]が実施する個人情報保護法検定試験,個人情報保護士認定試験がある。個人情報保護法検定試験は国籍・年齢等に関係なく受験でき,課題Ⅰ『個人情報保護法の背景』と課題Ⅱ『個人情報保護法の理解』に関する試験が実施される。課題Ⅰでは「個人情報保護法成立の経緯と取組み」と「個人情報に関連する事件・事故」の2分野を中心に構成されており,主に施行にいたる背景,国際的な流れ,これまでの事件・事故の事例と,その原因や背景について出題される。一方,課題Ⅱでは主に個人情報保護法と関連法規の体系的知識と個人情報保護法の条文を正しく理解し,企業,団体が実際に個人情報を取り扱っていく上で必要とされる取扱いルールなど,法規の理解と実務に関する知識が試される[113]。試験時間は課題Ⅰ,課題Ⅱを合わせて90分間であり,合格基準は課題Ⅰ,課題Ⅱの合計300点満点のうち,240点(80%)以上が合格とされる。合格者は,認定証書とあわせて有効期限2年の認定カードが発行される。2年間の有効期限が設けられた根拠は法改正等の状況変化への対応を考慮したためである。有効期限後は所定の手続きを経て更新(有料)することができるとされる。また,合格者は個人情報保護法検定の合格マークを協会ホームページよりダウンロードし,利用することを許可される。個人情報保護法検定合格マークにも認定カードと同様,2年間の利用期限が設定されている[114]。

　個人情報保護士認定試験は,個人情報の保有・管理者側の責任が個人情報保護法により法的に明確にされ,個人情報の漏洩事故・事件が企業(あるいは団体)の有する個人情報の扱いが,情報セキュリティ管理とあわせ,経営に関わる重要課題となったことに鑑み,個人情報保護法に従い,個人情報の概念,考え方,制約,利用制限,情報の安全確保,リスク,保護対策などを体系的に理解し,実際の企業(事業)活動に支障なく管理,運営,活用を行える知識・能力を有するエ

112　http://www.joho-gakushu.or.jp/ (2006.12.15確認)
113　http://www.joho-gakushu.or.jp/unite.html (2006.12.15確認)
114　http://www.joho-gakushu.or.jp/pipl/content.html (2006.12.15確認)

キスパートを認定する目的で実施されている[115]。

受験資格は，国籍・年齢を問わず誰でも受験でき，試験分野は課題Ⅰ『個人情報保護の総論』と課題Ⅱ『個人情報保護の対策』に大別される。課題Ⅰは，「個人情報保護法の背景」と「個人情報保護法の理解」の2分野からなり，主に法律に対する理解と知識を試す試験で40問が出題される。課題Ⅰの配点は200点である。一方，課題Ⅱでは，企業・団体において必要とされる個人情報保護に関する実務に関する知識が試される。問題数は60問で配点は300点である。試験時間は，課題Ⅰ，課題Ⅱの合計で120分であり，合格基準は課題Ⅰ，課題Ⅱでそれぞれ80％の合計400点以上を得る必要がある。合格者に対しては，個人情報保護法検定と同様に認定証と有効期限2年間の認定カード，及び個人情報保護士のロゴマークを使用することができる[116]。

個人情報保護法検定試験と個人情報保護士認定試験の関係については，（個人情報保護法スペシャリスト認定）個人情報保護法検定が個人情報保護士認定試験の課題Ⅰに指定されており，個人情報保護法検定試験の合格者は個人情報保護士認定試験の課題Ⅰの解答が免除される。ただし，個人情報保護士認定試験の合格者が同時に個人情報保護法検定試験合格者として自動的に認定されるわけではない[117]。

個人情報保護法認定試験，個人情報保護士認定試験のいずれかの試験の合格者は全日本情報学習振興協会が実施する個人情報保護コンサルタント認定講習会を受講，修了することにより，全日本情報学習振興協会より個人情報保護コンサルタントの認定を受けることができる[118]。個人情報保護コンサルタント認定講習会は予備講習会と本講習会からなり，本講習会は予備講習会修了試験合格者のみが受講できる。2006年度の場合，予備講習会は2日間の日程からなり，講義，グループ討議，グループ発表を2日間繰り返したあと，修了試験が実施

---

115 http://www.joho-gakushu.or.jp/piip/piip.html（2006.12.15確認）
116 http://www.joho-gakushu.or.jp/piip/content.html（2006.12.15確認）
117 http://www.joho-gakushu.or.jp/pipl/recommend.html（2006.12.15確認）
118 http://www.joho-gakushu.or.jp/pipl/consul.html（2006.12.15確認）

される。受講料は2万4000円である。本講習会は3日間の日程からなり，各種規定の整備や非開示契約・誓約書，業務委託契約書等の作成，Pマーク・ISMS取得までの流れや方法等，そして受講者によるコンサルタントとしてのプレゼンテーションと講演実習からなる。受講料は7万5000円である[119]。両講習会の修了認定を得た者は協会より個人情報保護コンサルタントの認定を得る。認定料は3万円である。

その他にも情報セキュリティ検定や金融機関職員を対象とした金融個人情報保護オフィサー試験[120]等が実施されている。

次に個人情報漏えい賠償責任保険制度については，日本商工会議所は会員企業を対象として，個人情報（会員企業の役員に関する情報を除く個人に関する情報で，当該情報に含まれる氏名，生年月日その他の記述等により特定の個人を識別することができる情報[121]で記録形式は電子データ，紙ベースを問わない）が外部攻撃，過失，委託先での個人情報漏洩，内部犯罪等全ての原因で，加入者の業務遂行の過程における個人情報の管理または管理の委託に伴って発生した個人情報漏えいに起因して，保険期間中に日本国内において加入者及びその役員に対して損害賠償請求がなされたことにより，加入者及びその役員が法律上の損害賠償責任を負担することによって被る損害に対して保険金を支払う個人情報漏えい賠償責任保険制度[122]を導入している。本保険制度の特徴は，(1)補償対象となる漏えい情報の範囲として，使用人等の故意による漏えいに加え，紙データ・死者情報・従業員情報・クレジットカード番号等の漏えいも対象となる，(2)契約初年度の保険期間開始日前に情報漏えいの発生を加入者企業が知っている場合等を除き，

---

119 http://www.joho-gakushu.or.jp/pipl/consul.html（2006.12.15確認）
120 http://jcoa.khk.co.jp/（2006.9.12確認）
121 死者・従業員の情報を含む日本国内に所在する，または所在した個人情報。
122 本保険は三井住友海上火災保険を事務幹事会社とし，あいおい損害保険，朝日火災海上保険，共栄火災海上保険，現代海上火災保険，スミセイ損害保険，セコム損害保険，損害保険ジャパン，大同火災海上保険，東京海上日動火災保険，ニッセイ同和損害保険，日本興亜損害保険，ニューインディア保険，富士火災海上保険の各社を引き受け会社とする。http://www.jcci.or.jp/sangyo/rouei-hoken/index.html（2006.12.15確認）

原則として個人情報漏えいの時期を問わず補償の対象となることである。また，個人情報の漏えいリスクならびに個人情報保護対策に関する質問に加入者企業が回答することで，総合評価と管理対策に関する詳細コメントを提供する「個人情報管理リスク評価報告書」サービスも提供される[123]。

本保険制度では，まず，賠償損害として，加入者の業務遂行の過程における個人情報の管理または管理の委託に伴って発生した個人情報漏えいに起因して，保険期間中に日本国内において加入者およびその役員に対して損害賠償請求がなされたことにより，加入者及びその役員が法律上の損害賠償責任を負担することによって被る損害，第2に費用損害として，個人情報が漏えいし，加入者が個人情報漏えいを保険期間中に保険会社へ通知した翌日から180日間経過するまでに，事故解決のために自ら支出した法律相談，コンサルティング，自己対応，広告宣伝活動，見舞金・見舞い品の各費用に対して保険金が支払われる。ただし，費用損害については，個人情報の漏えいが次の事由のいずれかによって明らかになった場合に限られる。

① 加入者が文書形式で行う公的機関に対する届出または報告等
② 加入者が行う新聞，テレビ，雑誌，インターネットまたはこれらに準じる媒体による会見，報道，発表，広告等

また，加入者が個人情報の管理を受け，加入者が当該個人情報を漏えいさせた場合に委託者が上記賠償損害，費用損害に関して支出した損害費用について，保険期間中に当該委託者が加入者に対して行った求償についても求償損害としてカバーされている[124]。

また，AIU保険会社では，未発覚の保険開始以前に発生した個人情報漏えいも補償対象としたタイプ[125]や19床以下のクリニック・診

---

123 http://www.jcci.or.jp/sangyo/rouei-hoken/index.html（2006.12.15確認）
124 http://www.jcci.or.jp/sangyo/rouei-hoken/taishou.html#a01（2007.2.20確認）
125 http://www.aiu.co.jp/business/product/liability/kojin_joho/tokucyo.htm
（2006.12.15確認）

療所[126]を対象とした保険商品を発売している。これらの保険商品は，事業者からの個人情報流出を原因とする損害賠償の補償を対象としており，データ主体を保険契約者とするものは商品化されていない。

以上のような民間部門における個別の個人情報保護関連制度の存在の他にも情報セキュリティ産業の拡大も無視することはできない。IT専門調査会社であるIDC Japan社による2006年7月11日発表の推計予測[127]によれば，日本国内のセキュリティ市場は2003年以降，高い成長率を維持している。本推計予測を個別に見ると，セキュリティソフトウェア市場については，2005年の成長率は前年比21.9％の1324億円の市場規模を誇り，2005～2010年の年間平均成長率は11.2％に達すると予測されている。これと同様にセキュリティアプライアンス市場においても2005年の成長率は前年比28.0％増の260億円の市場規模に達し，2005～2010年の年間平均成長率は15.2％と予測されている。さらに，セキュリティサービス市場については，2005年には前年比15.2％増の4172億円の市場規模に達し，2005～2010年の年間平均成長率は16.6％に達すると予測されている。同報告によれば，今後は中小企業のセキュリティ対策に需要の中心が移行すると予測されている。民間部門における各事業者の取組や個別のデータ保護に対して技術面を中心とした支援を行う情報セキュリティ産業の存在と発展は不可欠である。

第3節　わが国の個人データ保護政策の問題点

前節までで整理してきたように，わが国の個人情報保護政策は，法規制アプローチによる政策として個人情報保護法の基本法部分を概念的中核として，民間部門，公的部門に対応した個人情報保護法が存在

---

[126] http://www.aiu.co.jp/business/product/liability/kojin_joho 2 /tokucyo.htm（2006. 12. 15確認）

[127] IDC Japan　2006年7月11日発表プレスリリース。
http://www.idcjapan.co.jp/Press/Current/20060711Apr.html（2006. 11. 1確認）

し，メールアドレスのような特定情報の不正利用について，特定電子メールの送信の適正化等に関する法律で対応し，本人による問題解決をサポートするためにプロバイダ責任制限法による発信者情報開示制度が設けられている。また，各個別法における限定分野での個人情報保護に関する規定，ならびに各地方自治体の条例が存在する。また，民間部門でも個人情報保護法に対応した各種規格やガイドラインの整備を基軸として，それに対応する形で策定されている民間の各種業界団体による自主規制と各事業者による自主的取組みが行われている。また，このような事業者の活動をサポートする情報セキュリティサービス産業もその市場規模を拡大している。このような自主対応は，国会や行政が能動的に行動しなくても，国境を越えて一定の政策効果が期待できる[128]。これを裏付ける事実として，JIPDECのプライバシーマーク制度とBBB-Onlineマークとの相互認証が2001年7月よりスタートするなど，確実にそのレベルはアップしてきている[129]。しかし，わが国の個人情報保護政策の最大の問題点はインターネット上のデジタル情報が持つ即時流通性に対応していない点である。

現在，わが国でとられている個人情報保護政策は，個人情報保護法などの法規制アプローチにしても，民間部門の自主規制にしても問題発生に対する予防措置を重視している。しかし，いくら予防的措置を充実させても，実際に個人データがインターネット上に流出，あるいは漏えいしてしまう危険性は排除できない。実際に個人データのインターネット上への流出・漏えい被害が起こった場合に喫緊の課題となるのが，速やかな被害拡散の防止である点については，論を待たない。個人データのインターネット上への流出・統合によるプライバシー侵害が発生した場合，被害者の救済方法としては，①インターネット上での個人データ収集の事前差止，②原状回復，③金銭賠償が考えられ

---

128 岡田仁志「サイバー社会のプライバシー」国際公共政策研究（大阪大学）Vol. 3. No. 2，(1999) p. 289.

129 岡田・前掲注 (128) 論文は，罰則を伴う法律や政令等の強制力を伴う政策の選択には，国会と行政が積極的に行動しない限り，実現は不可能であるとしている。

る。しかし，①の事前差止については，インターネット上でのプライバシー侵害の場合，どの情報とどの情報が統合されて，プライバシー侵害を惹起するかは，予測困難であり，権利侵害の態様も不定で類型化が困難であり，その請求は困難である[130]。②の原状回復に関しては，一旦，個人データが流出してしまうと，回収は不可能であり，結局，③の金銭賠償によるところとなる。しかし，インターネット上に流出した個人データによって，どのデータとどのデータが結合されて，どの程度の2次被害が発生しうるかという予測はこれもまた困難である。ISP (Internet Service Provider) の責任を追及するにしても，特定電気通信役務提供者の損害賠償責任の制限及び発信者情報の開示に関する法律3条においては，「特定電気通信による情報の流通により他人の権利が侵害されたときは，(中略)これによって生じた損害については，権利を侵害した情報の不特定の者に対する送信を防止することが技術的に可能な場合であって」，①ISPが当該特定電気通信による情報の流通によって他人の権利が侵害されていることを知っていた場合，②ISPが当該特定電気通信による情報の流通を知っていた場合で，当該特定電気通信による情報流通によって他人の権利が侵害されていることを知ることができたと認められる相当の理由がある場合以外は，免責される。情報統合のように合法的な手段で各データを統合し，プライバシー侵害が発生した場合，本法によれば，ISPの責任を問うことはできない。このように，個人データのインターネット上への流出によるプライバシー侵害が発生した場合，これまで，多く用いられてきた不法行為構成による解決を目指そうとしても，①誰がどのレベルで責任を負うかについて，流出した個人データの現状を把握できない以上，具体的にどのような損害が発生する可能性があり，誰の行為によって損害が発生したのかを確定することが，困難である。②「宴のあと」事件判決で示された(1)私生活性，(2)秘匿性，(3)非公知

---

130 藤波進「Cookies——その特質とプライバシー保護——」多賀谷一照＝松本恒雄編集代表『情報ネットワークの法律実務』(第一法規，1999) p. 4356.

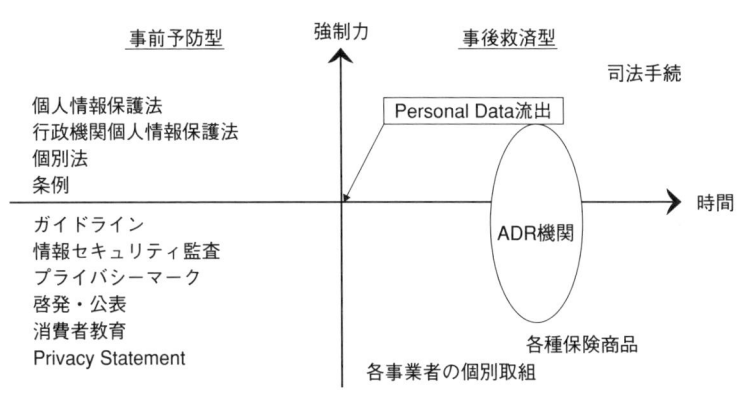

第3節 わが国の個人データ保護政策の問題点

```
事前予防型          強制力          事後救済型
                     │                              司法手続
個人情報保護法        │  ┌──────────────┐
行政機関個人情報保護法 │  │Personal Data流出│
個別法               │  └──────┬───────┘
条例                 │         ↓        ╱───╲
─────────────────────┼─────────╱─────╲──────────→ 時間
ガイドライン          │        │ ADR機関│
情報セキュリティ監査   │        ╲───────╱
プライバシーマーク     │
啓発・公表            │                 各種保険商品
消費者教育            │  各事業者の個別取組
Privacy Statement     │
```

図15　わが国の個人情報保護関連各制度の時系列別・部門別分類

性の3要件を満たす必要があり，場合によって保護が否定される[131]。これらの立証には，多大な時間的・金銭的コストを要する。そのため，提訴者に立証責任を負担させている現在の不法行為構成の枠組では，速やかな被害拡散の防止と言う観点からのユーザー保護は実現困難である。この点については，次章において，後述する。

図15はこれまでに整理した公的部門，民間部門を含めたわが国の個人情報保護関連各制度の強制力と各制度がサポートする時間帯の関係を示したものである。縦軸は各制度の強制力，横軸が時間の経過を示し，縦軸と横軸の交点が個人データ流出発生の瞬間を示す。図からわかるように，わが国では個人情報保護法制や民間レベルの自主規制等の主な個人情報保護関連制度が事前規制（予防）型制度に集中している。これらの事前規制型個人情報保護関連諸制度と実際にプライバシー侵害が発生した場合の司法手続による事後救済が実施されるまでには長いタイムラグが存在する。

一方で，個人データ流出発生の瞬間から司法手続による救済までの時間帯については，公的部門，民間部門のそれぞれが実施する諸制度は，それらがサポートする時間帯の面で有機的な連携を保っていると

---

[131] 吉野夏巳「民間における基本的個人情報の保護」クレジット研究 No. 22（1999）p. 142.

は言えず，個人データ流出時の①当該流出データ流出によるプライバシー侵害への発展防止策，②発生したプライバシー侵害の2次拡散防止策が不十分であるために各政策プログラム間の有機的連携が十分に機能せず，手続が断絶した形となっている。そして，事前規制型個人情報保護関連諸制度と司法手続による事後救済間に存在するタイムラグを埋めることができない。

次に，プライバシー侵害の民事法的救済を図る上での法解釈理論におけるフレームワークについて検討する。

第3章　従来型の法解釈理論による救済とその限界

　前章で述べたように，現在，わが国でとられている個人情報保護政策は，公的部門・民間部門の双方において侵害発生に対する予防措置を重視している。しかし，現状では，いくら個人データの流出予防対策を強化しても，個人データがインターネット上に流出・漏えいしてしまう危険性を完全に排除することはできない。実際に個人データのインターネット上への流出・漏えい被害が起こった場合に喫緊の課題となるのが，速やかな被害拡散の防止である。本章では，法解釈理論の側面から，従来型のプライバシー侵害の民事法的救済手法として不法行為構成と契約法アプローチについて概観し，個人データがインターネット上に流出するものであることを前提として，実際のプライバシー侵害に発展させないための方策の指針として，"Property Rights Approach"導入の有効性について検討する。

第1節　不法行為構成による保護の限界

　本節では，まず，プライバシー侵害の救済手法として，現在のメインフレームワークとして定着している不法行為法アプローチについて，先行研究に基づいてその展開を整理し，次に現在の情報ネットワーク社会における不法行為法的アプローチによる保護の限界について考察する。

第1項　不法行為法上の権利としてのプライバシー権

　プライバシー権は，米国における発生当初から，私法上，特に不法行為法上の権利として発展してきた。プライバシー権の生成過程に関する先行諸研究[1]によれば，米国において，プライバシー権の生成は，

概ね,以下の流れでなされてきたとされる。つまり,19世紀末から20世紀初頭にかけてすでに米国では,新聞がビジネス化・大衆化し,その結果,読者の好奇心を引き,売上を伸ばすことだけを目的として,個人の私生活の暴露に終始するイエロージャーナリズムが蔓延した。このような状況下にあって,1880年,コーリー判事は,著書『不法行為法論』[2] において,法的権利としてのプライバシー権の可能性を「ひとりで居させてもらう (to be let alone)」との表現で暗に示したのに続いて,1890年には,ウォーレンとブランダイスが,論文「プライバシーの権利」[3] において,コーリー判事の提唱した「ひとりで居させてもらう (to be let alone) 権利」をプライバシー権として,その侵害を不法行為法上の概念として定義付けた。続いて1902年のロバーソン事件判決[4]では,実際の裁判でプライバシー権が初めて問題となった。肖像の無断使用により,周囲から冷やかしと嘲りを受け,心身に苦痛と被害を受けたとして,原告の肖像が掲載された広告物の発行・頒布の差止めと損害賠償を請求した同訴訟では,ウォーレンとブランダイスが提唱したプライバシー権は,先例不足と今後の同種の訴訟の増加,公的部門と私的部門との区別困難,出版の自由への過度の制約等への懸念から否定された。しかし,翌1903年には,ニューヨーク州において,制定法により,プライバシーの権利が認められ,個人,企業,法人による生存人物の氏名・肖像・写真を本人の書面による同意を得ずに商業目的で使用することを軽罪とし,同時に損害賠償責任を認めた[5]。1905年のペイプジック事件判決[6]では,プライバシーの権利がジョージア州憲法上の幸福追求権を根拠とした不法行為

---

1 新保・前掲第2章注 (2) pp. 9-48, 岡村久道=新保史生『電子ネットワークと個人情報保護』(経済産業調査会, 2002) pp. 35-46.

2 THOMAS M. COOLEY, "A TREATISE ON THE LAW OF TORTS (2nd. ed. 1888)", p. 29.

3 S. D. Warren & L. D. Brandeis, The Right to Privacy, 4 HARVARD LAW REVIEW. 195 (1890).

4 Roberson v. Rochester Folding Box Co. 171 N. Y. 538, 64 N. E. 442 (1902).

5 現在の New York Civil Right Law §50-51.

6 Pavesich v. New England Life Insurance Co. 122 Ga. 190, 50S. E. 68 (1905).

法上の権利として判例上,初めて承認された。1931年のメルビン事件判決以降,アメリカでは,プライバシー権侵害を救済する判決が多数出現し,事案の多様性も手伝って,統一的な理論を導き出すことが困難であるほどの百家争鳴の状況が呈されることになった。このような中,1960年プロッサーは,論文「プライバシー」[7]において,プライバシー権に関する判例の整理によりプライバシー侵害行為の態様と保護法益の分類を行っている。この分析によって,プロッサーは,プライバシー侵害を単一の不法行為ではなく,4種類の不法行為の複合体であり,それらがコーリー判事の提唱する「ひとりで居させてもらう」という表現に集約されることを説いた。プロッサーの導き出した4種類のプライバシー侵害行為は,以下の態様に分類できる。

① 私生活への侵入(Intrusion)
② 私事の公開(Public Disclosure of Private Facts)
③ 誤認を生ずる表現(事実)の公表(False Light in the Public Eye)
④ 私事の営利的利用(Appropriation)

これら4種類の侵害行為は,「ひとりで居させてもらう」権利への干渉という点を除いて共通する点がないとプロッサーは主張している。このプロッサーの4類型は,第2次不法行為リステイトメント[8]では,プライバシー侵害の4類型として,以下の通り,踏襲されている。

① 他人の独居状態に対する不当な侵入
② 他人の氏名または肖像の盗用
③ 他人の私事の不当な公表
④ 他人に対し謝った印象を与えるという不当な立場に他人をおくような公表行為

一方,わが国では,1935年に末延三次博士の論文「英米法における秘密の保護」によって,プライバシーの権利がはじめて紹介されたと

---

[7] William L. Prosser, Privacy, 48 CALIFORNIA LAW REVIEW 383 (1960).
[8] Restatement (Second) of Torts §§652A–652L.

される[9]。その後、第2次大戦下の抑圧状態が、終戦とともに一挙に解放され、表現の自由が著しい発達を遂げた。それと同時にマスメディア・科学技術も著しく発達したため、個人の人格領域がマスメディアの対象とされるようになった。そこで、表現の自由の尊重と基本的人権の擁護のバランスを調整する必要が生じたのである[10]。1960年代に入って、わが国においてもプライバシー権論が本格的に論じられるようになった。1962年には、戒能通孝・伊藤正己編『プライヴァシー研究』（日本評論社）が、1963年には、伊藤正己『プライバシーの権利』（岩波書店）が出版されている。判例レベルでは、1964年に、大阪証券労組保安阻止デモ事件の大阪高判昭和39年5月30日判例時報381号17頁において、「国民の私生活の自由が国家権力に対して保障されていることを知ることができる。ここからプライバシーの権利を導き出すことができるであろうが、もとより無制限なものではない。公共の福祉のために必要であると認められるときに相当な制限を受けることは、憲法第13条の規定に照らしても明らかである。」として、憲法13条が対国家権力との関係でプライバシー権を保障していることを認めた。また、その4ヵ月後の『宴のあと』事件判決（東京地判昭和39年9月28日判例時報385号12頁）によって、プライバシーの語は急速に認知されることになった。

三島由紀夫の小説『宴のあと』では、衆議院議員（前外務大臣）「野口雄賢」が東京都知事選挙に立候補し、料亭「雪後庵」の女将で野口の妻「福沢かづ」の協力により、選挙戦を戦う。野口は、知事選の有力候補者であったが、妻・かづの経歴・行状に関する誹謗文書がばら撒かれたこと、選挙資金の行き詰まり等から結局、落選する。『宴のあと』の作品には、野口が妻・かづに暴力を振るう詳細なシーンや寝室での行為、心理の描写、また妻・かづが選挙後に料亭を再開するために野口の政敵から資金援助を得るシーンが描写されている。『宴のあと』のこうした記述によって、実際に元外務大臣であり、1959年の

9　岡村＝新保・前掲注（1）p. 49.
10　竹田・前掲第1章注（16）pp. 2-3.

第1節　不法行為構成による保護の限界

東京都知事選で落選した原告有田八郎氏が、そのプライバシーを侵害されたとして、著者三島由紀夫と出版元の新潮社を被告とした本訴訟が提起された[11]。本判決は、プライバシーの権利を「私生活をみだりに公開されないという法的保障ないし権利」として承認し、プライバシー侵害による不法行為の成立要件を次の通り、挙げた。

① 公開された内容が私生活の事実またはそれらしく受けとられるおそれのある事柄であること
② 一般人の感受性を基準として、当該私人の立場に立った場合公開を欲しないであろうと認められること
③ 一般の人々に未だ知られていない事柄であること

『宴のあと』事件判決の後、わが国においても、米国と同様、プライバシーの権利に関して、私人間の不法行為構成をとった判例が集積され、発展することになった。情報処理技術の進歩による公的部門・民間部門における個人情報が蓄積されるに伴い、憲法学において、プライバシー権が従来の「私生活をみだりに公開されない法的保障・権利」とする概念から「自己に関する情報の開示範囲選択権」である自己情報コントロール権（情報プライバシー権）として主張されるようになるにつれ、不法行為法の分野においても、自己情報コントロール権概念を踏まえた主張がされるようになった。つまり、保護の対象が拡大され、「他人に知られたくない情報の他人によるコントロールを違法とする段階から自己の情報一般の他人によるコントロールを違法

---

11 『宴のあと』事件と同様に小説の描写により、モデルとなった実在人物のプライバシー侵害が問題となった事例として、『名も無き道を』事件・東京地判平成7年5月19日判例時報1550号49頁、『捜査一課長』事件・大阪高判平成9年10月8日判例時報1631号80頁、『石に泳ぐ魚』事件・東京地判平成11年6月22日判例時報1691号91頁、控訴審、東京高判平成13年2月15日判例時報1741号68頁等がある。『宴のあと』事件判決以前は、類似の事案は、プライバシー侵害ではなく、主に名誉毀損として争われていた。例えば、帝銀事件被疑者の私事を暴く内容の新聞記事に対する損害賠償が問題となった、東京地判昭和25年7月13日下民集1巻7号1088頁や団体交渉の席上で被解雇者の前科歴の公表について扱った佐賀地唐津支決昭和27年2月6日下民集3巻2号151頁等。

とする方向への転換」[12]がなされるばかりか,公開を欲しない情報が公開された場合に損害賠償,公開差止,個人情報を保有する相手方への情報開示請求と訂正・抹消請求権までを認めることにつながるとする学説・判例も見られるようになっている[13][14]。

第2項 情報ネットワーク社会の進展と不法行為構成によるプライバシー保護の限界

前項で整理したように,不法行為法アプローチはプライバシー権の生成当初から,その救済手法のフレームワークとして発展し,現在も,プライバシー侵害の救済手法のメインフレームワークとして,所与のものとされている。個人データのインターネット上への流出・漏えいによるプライバシー侵害が発生した場合,事業者は,不法行為責任と信義則に基づく契約上の善管注意義務違反による債務不履行に基づく損害賠償責任を負い,両者は請求権競合となる[15]。しかし,情報ネットワーク社会の進展によって,今日では,不法行為アプローチのみによっているだけでは解決できない問題が発生しているのが現状である。

不法行為構成によるプライバシー保護の限界点として,(1)要件面の限界,(2)効果面での限界を検討する。

(1) 要件面での限界

前述のようにプライバシー権を「私生活をみだりに公開されない法的保障ないし権利」とする伝統的なプライバシー権概念によれば,プ

---

12 松本・前掲第1章注(24)論文 pp. 119-120.
13 松本・前掲第1章注(24)論文 pp. 119-120.
14 台湾元日本兵「逃亡」事件に関する東京地判昭和59年10月30日判例時報1137号29頁,及び同控訴審東京高判昭和63年3月24日判例時報1268号15頁。もっとも,これらの判例は,訂正請求権の根拠をプライバシー権に求めるか,それ以外の人格権を根拠とするかについて,言及していない。学説上は,自己情報の閲覧・訂正・削除請求権を肯定する価値は認めているものの,竹田・前掲第1章注(16) pp. 164-166等に見られるように民事法上の古典的プライバシー概念と統一した形で理解せず,プライバシー権を人格権の一つとして保障し,自己情報の閲覧・訂正・削除請求権をプライバシー権から外して,別途検討する見解も有力である。
15 竹田=小西・前掲第1章注(15)論文 p. 208.

第1節　不法行為構成による保護の限界　　117

ライバシー権侵害の態様として第三者による「公開」行為が重要であるとされる。この「公開」の要件は，侵害者が得た情報の第三者への伝達という狭義の「公開」のみに限定せず，本人以外の者に知られることと解する見解や「公開」は「侵害」に置き換えた方がよいとする見解[16]等に見られるように，徐々に拡張され，現在は，「プライバシーの権利によって保護される利益の性質と侵害行為の態様や価値との関連において判定されるべき」[17]とされており，第三者への公開は違法性を高める要素に過ぎない。

　一方，近時のプライバシー権の有力な考え方である自己情報コントロール権概念によれば，個人情報の収集，管理，利用，開示・提供は本人の意思に基づくことが基本とされ，閲覧請求権，訂正・削除要求権，利用・伝播統制権が認められる。これによれば，公表行為がなくとも，本人の同意を経ずに情報を収集すること自体がプライバシー権侵害を構成するとされる[18]。しかし，ここで問題となるのは，「情報」と「コントロール」の意義，そして究極的には，自己情報コントロール権説で保護される保護法益の実体が何かという点である。自己情報コントロール権概念によれば，既存の人格権との区別（例えばプライバシー権侵害と名誉毀損との区別）も曖昧なものとなるとの危惧がある[19]。そこで，個人情報の閲覧，訂正・抹消請求権をプライバシー権から外して，プライバシー権概念は，伝統的プライバシー権概念として明確化し[20]，情報コントロール権概念の持つ積極的側面は，憲法13条を根拠とした別の抽象的権利として構成する見解もある。このようにプライバシー権の定義について，伝統的なプライバシー権説，情報プライバシー権説のどちらに立っても，基本的個人情報が伝統的概念

16　松本・前掲第1章注（24）論文 p. 119, 幾代通『不法行為』（筑摩書房，1977）p. 93.
17　松本・前掲第1章注（24）論文 p. 124.
18　吉野・前掲第2章注（131）論文 p. 139.
19　阪本昌成「メイリング・リストの作成・販売およびダイレクト・メイルの法的規制」神山＝堀部＝阪本＝松本編・前掲第1章注（24）所収, p. 9.
20　竹田・前掲第1章注（16）p. 166.

によれば「私生活上の事実」に,情報プライバシー権説によれば「情報」に該当するのか,そしてプライバシー権の保護範囲に含まれるのかという困難な問題に直面することになる[21]。

この点,全ての情報をプライバシー権の保護対象にすることも考えられるが,これには,保護対象を拡大すればするほど,人格権概念からの乖離が進み,その実体が不明確になるほか,不法行為の成立に必要な違法性の認定には,個人情報の有する価値自体を個別に評価することになるとの批判がある[22]。また,氏名・電話番号・住所については,個人を識別する符丁であり,他者に了知されることによる不利益は考えられないとの理由で私生活上の事実に含めない学説[23]や,センシティブな個人データとそうでないデータとの分類を行う考え方も可能であるが,そもそもセンシティブかどうかを判定することは,個人のプライバシー意識の差異の問題も絡んで,困難である[24]。また,個人識別の符丁に過ぎないとされる基本的情報でも,情報統合により,センシティブな情報とマージされれば,深刻なプライバシー侵害を引き起こす場合もある。つまり,基本的個人情報であるというだけで一刀両断的に保護を否定することは妥当ではないし,逆に保護範囲を拡大すれば,その実体が不明確となってしまうという問題が生じる[25]。不法行為の成立に際しては,権利侵害ではなく,加害行為における違法性の有無が問題となる点を考慮して,情報の定義自体ではなく,侵害された個人情報の価値と侵害行為の態様との相関関係でプライバシー侵害の有無を判断する,つまり①個人情報の価値が低い場合は侵害態様の不法性が高い場合に,②侵害行為の不法性が低い場合に個人情報の価値が高ければ,それぞれプライバシー侵害を認めるべきだとする見解も存在する[26]。

---

21 吉野・前掲第2章注(131)論文 p. 140.
22 吉野・前掲第2章注(131)論文 p. 140.
23 松本・前掲第1章注(24)論文 p. 122.
24 松本・前掲第1章注(24)論文 p. 122.
25 吉野・前掲第2章注(131)論文 p. 141.
26 吉野・前掲第2章注(131)論文 p. 141.

第1節 不法行為構成による保護の限界

　プライバシー侵害被害者の具体的な救済方法としては，①インターネット上での個人データ収集の事前差止，②原状回復，③金銭賠償が考えられる。①の事前差止については，「石に泳ぐ魚」事件の最判平成14年9月24日において，最高裁判例上，初めてプライバシーの語が盛り込まれ，プライバシー権を名誉権と同様の排他性を有する人格権として差止めが認められた。しかし，権利侵害者とその侵害態様を明らかにしやすい従来型のプライバシー侵害とは異なり，インターネット上でのデータ・プライバシー侵害の場合，どの情報とどの情報が統合されて，プライバシー侵害を惹起するかは，予測困難であり，権利侵害の態様も不定で類型化が困難であり，その請求は困難である[27]。②の原状回復に関しては，一旦，個人データが流出してしまうと，その回収は不可能であり，結局，③の金銭賠償によるところとなる。しかし，インターネット上に流出した個人データによって，どのデータとどのデータが結合されて，どの程度の2次被害が発生しうるかという予測はこれもまた困難である。ISP（Internet Service Provider）の責任を追及するにしても，プロバイダ責任制限法3条においては，「特定電気通信による情報の流通により他人の権利が侵害されたときは，（中略）これによって生じた損害については，権利を侵害した情報の不特定の者に対する送信を防止することが技術的に可能な場合であって」，①ISPが当該特定電気通信による情報の流通によって他人の権利が侵害されていることを知っていた場合，②ISPが当該特定電気通信による情報の流通を知っていた場合で，当該特定電気通信による情報流通によって他人の権利が侵害されていることを知ることができたと認められる相当の理由がある場合以外は，免責される。情報統合のように合法的な手段で各データを統合し，プライバシー侵害が発生した場合，本法によれば，ISPの責任を問うことはできない。

　このように，個人データのインターネット上への流出によるプライバシー侵害が発生した場合，これまで，多く用いられてきた不法行為

27　藤波・前掲第2章注（130）論文 p. 4356.

構成による解決を目指そうとしても、①誰がどのレベルで責任を負うかについて、流出した個人データの現状を把握できない以上、具体的にどのような損害が発生する可能性があり、誰の行為によって損害が発生したのかを確定することが、困難である。②「宴のあと」事件判決で示された(1)私生活性、(2)秘匿性、(3)非公知性の3要件を満たす必要があり、場合によって保護が否定される[28]。これらの立証には、多大な時間的・金銭的コストを要する。そのため、提訴者に立証責任を負担させている現在の不法行為構成の枠組では、速やかな被害拡散の防止という観点からのユーザー保護は実現困難である。上述したように、たとえ現行法で犯人を検挙しえたとしても、一旦流出した個人データの利用による個人の私的生活の平穏を阻害する行為を防止することは現行の枠組みでは、デジタルデータの即時性、ボーダレス性、加工可能性から見た場合困難である。

(2) 手続・効果面での限界

不法行為構成により、プライバシー侵害の救済を得ようとした場合、訴訟手続・執行手続を通じて、不法行為に基づく損害賠償請求債権を実現するというステップを踏まなければならない。しかし、第1章でも触れた通り、ネットワーク上に流出した個人データによって引き起こされるプライバシー侵害とその救済を考える際には、以下の特徴を検討する必要がある。

① 1件当たりの損害額が低額である。
② 救済に長い時間が必要である。
③ 損害の程度・原因・加害者の特定とこれらの因果関係を被害者自身が立証することが困難である[29]。
④ 審理段階で2次的プライバシー侵害が発生する危険性がある。

---

28 吉野・前掲第2章注(131)論文 pp. 139-143.
29 インターネット上での知的財産権保護もファイル交換ソフトウェアの普及により、個人データと同種の情報拡散による権利侵害問題を抱えている。中山信弘「財産的情報における保護制度の現状と将来」『岩波講座 現代の法10』p. 275では知的財産権保護を不法行為構成のみによっていたのでは、差止が認められない点、及び損害額立証の面で困難が伴い、保護が不十分になってしまう点を指摘している。

第1節　不法行為構成による保護の限界

　以上の①～④のうち，①・②について見る。①については，まず，プライバシー侵害の救済手法の主流となっている不法行為構成による救済について，裁判所が認めた認定額の状況を見てみる。竹田によれば，プライバシー侵害を原因とする不法行為損害賠償請求訴訟事件のうち，私生活への侵入，他人に知られたくない私生活上の事実，情報の侵害の成立を認めた30件の事案を見てみると，請求額50～2000万円に対し，認容額は2（1.7％）～500万円（83％）の範囲で認容されている[30]。請求額の83％が認容額とされた事案もあるが，全体的な傾向としては，73％にあたる22件が請求額の20％以下しか認容されていない。1999年に京都府宇治市が乳幼児検診システムを開発するために，その開発業務を民間業者に委託したところ，再々委託先のアルバイト従業員が宇治市が管理する住民基本台帳データを不正にコピーしてこれを名簿販売業者に販売し，同業者が転売するなどしたことに関して，住民らが，上記データの流出により精神的苦痛を被ったとして，宇治市に対し，国家賠償法1条又は民法715条（使用者責任）に基づき，損害賠償金（慰謝料及び弁護士費用）の支払を求めた事案において，大阪高判平成13年12月25日は，原告1人あたり1万5千円の損害賠償を認容している。わが国では，交通事故の増加に対して，損害賠償の認容額が高額化している傾向はあるものの，人格権侵害に対する賠償額は依然として低額にとどまっている[31]。この点，北方ジャーナル事件最高裁判決（最大判昭和61年6月11日民集40巻4号872頁）の大橋裁判官補足意見は，「わが国において名誉既存に対する損害賠償は，それが認容される場合においても，しばしば名目的な低額に失するとの非難を受けているのが実情と考えられるのであるが，これが，本来表現の自由の保障の範囲外とも言うべき言論の横行を許す結果となっているのであって，この点は関係者の深く思いを致すべきところと考えられる」としている。

　また，財産的損害賠償についても，③の侵害と損害の相当因果関係

30　竹田・前掲第1章注（16）p. 215-218.
31　竹田・前掲第1章注（16）p.218.

の立証が困難である点が障壁となり，小額の弁護士費用[32]のみが認められている例が大半である[33]。

これに対し，事業者の個人データ入手に要する費用は非常に安価である。現在の名簿マーケットでの名簿の価格を見てみると，1ページあたり70円前後[34]となっており，1人あたりの個人データ入手に要するコストは，非常に低廉である。その一方で，プライバシー侵害被害の救済を求めるために司法手続を利用する場合，裁判所に納付する訴訟手数料・被告に対する訴状送達費用の他，弁護士費用（着手金・成功報酬）[35]，敗訴時の訴訟費用等かなりのコストを要することになる[36]。つまり，経済的に恵まれた富裕層に属する人々は，優秀な弁護士に依頼して，自己の権利保護を達成することもまだ期待できる余地があるが，そうでない場合，侵害された権利の救済を求めることは，著しく困難である。

次に②に関しては，裁判の遅さの問題は，時代，国を問わず，司法

---

32 最高一小判昭和44年2月27日民集23巻2号441頁では，「不法行為者の被害者が自己の権利擁護のため訴を提起することを余儀なくされ，訴訟追行を弁護士に委任した場合には，その弁護士費用は，事案の難易，請求額，認容された額，その他諸般の事情を斟酌して相当と認められた範囲内のものにかぎり，右不法行為と相当因果関係に立つ損害というべきである」と判示している。

33 竹田・前掲第1章注(16) pp. 219-220.

34 例えば，名簿業者日本コマーシャル（東京都中央区）における名簿1頁あたりのコピー料金は，100頁まで70円，101～300頁まで60円，300頁以上は50円である。http://www.japancm.com/kakusyu-hp/qa.htm （2006.7.10確認）

35 弁護士費用は，勝訴の場合でも請求認容額の10-20%しか相手方から回収できないことが多く，このことが，訴訟手続の利用を敬遠させる一因となっているとして，『司法制度改革審議会意見書』（2001.6.12) p. 28では，一定の要件の下に弁護士報酬の一部を訴訟に必要な費用と認めて敗訴者に負担させる制度の導入を提言している。

36 この点については，前掲注(33) 資料 p. 28においても低額化を行う必要性が示され，司法制度改革推進本部司法アクセス検討会において，国会への法案提出を目指して検討が進められ，(1)簡易裁判所で取り扱うことのできる民事訴訟事件の範囲拡大，(2)訴えの提起の手数料等の低額化，(3)訴訟費用額確定手続の簡素化，(4)弁護士に対する報酬等の訴訟費用組み入れと相手方からの回収を可能とする制度の創設等を主な内容とする「民事訴訟費用等に関する法律の一部を改正する法律案」として159通常国会に提出されたが，161臨時国会で審議未了となっている。小林久起＝近藤昌昭『司法制度改革概説8　民訴費用法　仲裁法』（商事法務，2005) p. 3以下。

制度について指摘され続けてきた。今日でもほとんど全ての国の司法制度はこの問題を解決できていない。というのも，裁判は当事者双方の主張に真摯に耳を傾け，法的紛争を最終的に解決する場として，証拠に基づいて事実を認定し，法的に判断するいわば，正確性，厳密性に重点が置かれた手続がその本質として定められている。故に，裁判手続による紛争解決はその性質上一定の時間を要する宿命を抱えている[37]。

近時の司法改革の動きを受けて，訴訟の迅速な解決に向けて，裁判所の積極的な取り組みがなされている。最高裁判所事務総局『裁判の迅速化に係る検証に関する報告書』によれば，民事事件第一審の平均審理期間は2004年現在8.2ヵ月である[38]。最高裁判所の調査によれば，これを欧米諸国と比べると，表17のように民事訴訟事件は，ドイツ，フランス等の大陸法国よりはやや長く，アメリカ，イギリスよりは短い傾向がある。また，刑事訴訟事件についても，国際的に見て遜色のない水準にあるといってよい。

この点，法曹関係者による訴訟期間短縮のための努力が各方面で進んでいる。裁判が遅れる原因の最も大きな原因は現行の当事者主義に基づく訴訟手続の下で，当事者の準備に時間が掛かるという点であるとされる[39]。この点，平成8年の民事訴訟法改正では当事者の事前準備，期日間準備等の活性化と進行についての裁判所の後見的機能強化により，証拠調べの集中実施が主眼とされ，これにより争いがあり，判決に至るケースであっても通常の民事事件で1年程度での解決が期待されている[40]。

しかし，特に長期間を要している事件については，さらに検討することが必要である。当事者主義のもとで，現在のような実体的な真実の解明を求める審理，判決を続けていくとすれば，迅速化にも一定の

---

[37] 最高裁判所web資料「21世紀の司法制度を考える」
http://www.courts.go.jp/about/kaikaku/sihou_21_2.html（2006.12.10確認）
[38] 最高裁判所事務総局『裁判の迅速化に係る検証に関する報告書』(2005.7.19) p.19.
[39] http://www.courts.go.jp/about/kaikaku/sihou_21_2.html（2006.12.15確認）
[40] http://www.courts.go.jp/about/kaikaku/sihou_21_2.html（2006.12.15確認）

表17 わが国と主要国との民事第一審訴訟審理期間の比較（1997年段階）

	アメリカ	イギリス	ドイツ	フランス	日本
訴訟新受件数	15,670,573	2,338,145	2,109,251	1,114,344	422,708
平均審理期間	8.0 （連邦地裁・中位数）	41.0 （高等法院）	636.0 （地裁）	9.1 （大審）	10 （地裁・平均） 4.27 （地裁・中位数）
判決率 （地裁レベル）	3.3 （州・92年）	26.7 （高等法院）	28.3 （地裁）	74.3 （大審・95年）	29.1
控訴率 （地裁レベル）	16.8 （連邦地裁）	19.8 （高等法院）	57.8 （地裁）	18.3 （大審・95年）	21.1
取消率（高裁）	14.6	32.1	48.3	23.9（95年）	23

出所：最高裁判所 web 資料「21世紀の司法制度を考える」[41]

限界があることは否定し難いが，法制度の面では，証拠収集手続，証拠方法等に関する証拠法を含む手続法の見直しが必要とされるであろうし，法曹人口の拡大，弁護士業務の態勢強化，裁判所の態勢の充実（裁判官，書記官，裁判所調査官の充実）等の人的基盤，物的基盤の整備が必要である。

これらの点について，裁判の迅速化に関する法律（平成15年法律第107号）が制定された。本法は，「司法を通じて権利利益が適切に実現されることその他の求められる役割を司法が十全に果たすために公正かつ適正で充実した手続の下で裁判が迅速に行われることが不可欠であること，内外の社会経済情勢等の変化に伴い，裁判がより迅速に行われることについての国民の要請にこたえることが緊要となっていること等にかんがみ，裁判の迅速化に関し，その趣旨，国の責務その他の基本となる事項を定めることにより，第1審の訴訟手続をはじめとする裁判所における手続全体の一層の迅速化を図り，もって国民の期待にこたえる司法制度の実現に資すること」を目的とする（1条）。

その上で，2条1項は，裁判の迅速化について，第1審の訴訟手続

---

[41] http://www.courts.go.jp/about/kaikaku/img_08.html （2006.12.15確認）

第1節 不法行為構成による保護の限界

については2年以内のできるだけ短い期間内にこれを終局させ，その他の裁判所における手続についてもそれぞれの手続に応じてできるだけ短い期間内にこれを終局させることを目標として，充実した手続を実施すること並びにこれを支える制度及び体制の整備を図ることにより行われるものとする」とした。また，2項では「裁判の迅速化に係る前項の制度及び体制の整備は，訴訟手続その他の裁判所における手続の整備，法曹人口の大幅な増加，裁判所及び検察庁の人的体制の充実，国民にとって利用しやすい弁護士の体制の整備等により行われるものとする」とした。次いで，3項では「裁判の迅速化に当たっては，当事者の正当な権利利益が害されないよう，手続が公正かつ適正に実施されることが確保されなければならない」とした。その上で，国に対しては，裁判の迅速化を推進するため必要な施策を策定・実施する責務を負わせ（3条），政府は，3条の施策を実施するため必要な法制上又は財政上の措置その他の措置を講じなければならないとした（4条）。一方，日本弁護士連合会に対しては，「弁護士の使命及び職務の重要性にかんがみ，裁判の迅速化に関し，国民による弁護士の利用を容易にするための弁護士の態勢の整備その他の弁護士の体制の整備に努める」よう求めた（5条）。次に裁判所に対しては，受訴裁判所その他の裁判所における手続を実施する者は，充実した手続を実施することにより，可能な限り裁判の迅速化に係る目標を実現するよう努めることを求めた（6条）。また，当事者に対しては，7条1項において，当事者，代理人，弁護人その他の裁判所における手続において手続上の行為を行う者は，可能な限り裁判の迅速化に係る目標が実現できるよう，手続上の権利は，誠実にこれを行使しなければならないとした。また，8条1項により，最高裁判所は，裁判の迅速化を推進するため必要な事項を明らかにするため，裁判の迅速化に係る総合的かつ多角的な検証を行い，その結果を，2年ごとに，国民に明らかにするため公表することになっている。

しかし，インターネットの持つ即時性に即して言えば，裁判所，及び関係者の努力により達成しえた8.2ヵ月の審理期間や訴訟迅速化に

関する法律の制定によってさえも、オンライン・プライバシー侵害被害者の権利保護を十分に図ることはできない。訴訟手続とネットワーク上での情報流通では時間に対する尺度が全く異なるからである。

「迅速性」を重視すれば、民事手続上は、訴額60万円以下の事案については、簡易裁判所において、1回の期日で判決を得られる少額訴訟手続や仮処分手続も設けられているが、利用できる証拠等の面でいずれもインターネットの即時性をカバーする形での被害の拡散防止と被害者の権利保護を十分に達成しうるとは言えない。

第2節　契約アプローチによる個人データの保護

第1項　契約アプローチの位置づけ

現在、わが国では、上述したようにプライバシー侵害の救済としては、前節で述べたように不法行為法による解決アプローチが多く用いられている。しかし、不法行為アプローチには、個人情報がプライバシー権の保護対象になるか否かの点で要件上の限界が存在し、費用と時間がかかる反面、①賠償額も低額しか認容されない、②立証責任、時効面で柔軟性に欠けると言う難点がある。こうした不法行為アプローチの限界に対応するための第2のアプローチとして考えられるのが、契約関係に基づいた債務不履行責任を問う契約アプローチである。

民法学上、プライバシー保護における契約アプローチは「情報主体と情報提供者間において何らかの契約が存在する場合、(中略)情報提供者の同意の範囲を超えて、情報提供者が第三者に対して情報提供した場合は債務不履行責任を構成する」[42]事と考えられている。ある契約が締結された場合、債務者は債権者に当該契約の目的とされた給付義務の他に信義則に基づく付随義務(又は独立した保護義務)を負う。契約アプローチは、この付随義務に着目し、契約の目的となった範囲外の第三者に情報主体に無断で情報提供がなされた場合、付随義

42　吉野・前掲第2章注 (131) 論文 p. 144.

務に反した債務不履行責任を問うとするものである[43]。例えば，クレジット契約において，信用供与契約時に信用情報が登録される旨を目的，登録機関名，登録情報内容，及び当該情報を参照する可能性がある範囲を提示した上で契約締結がなされたにもかかわらず，登録機関の加盟外企業や信用管理外目的で第三者に当該情報を提供した場合等が契約アプローチで想定される代表例である[44]。本アプローチでは，データ主体による同意の有無の1点が要件となり，不法行為アプローチによる保護で必要となる(1)私生活性，(2)秘匿性，(3)非公知性の3要件は不要となる。また，データ主体の同意を要件とする契約アプローチでは，当事者間の合意内容や契約の性質によって，情報の第三者提供行為がプライバシー侵害とされるか否かが決まる。そのため，データ主体の多様化したプライバシー保護意識に柔軟に対応できるメリットも存在する[45][46]。

第2項　米国における Contractual Approach の展開

米国では，ネットワーク上での消費者のプライバシー保護政策に，すでにこの契約アプローチ（Contractual Approach）が政策の基本的なフレームワークとして採用されている。例えば，商務省国家情報通信局（"The National Telecommunications and Information Administration of the U.S. Department of Commerce"）により，消費者が情報通信サービスを利用する過程，及び情報通信サービスの利用の結果発生した個人情報の収集，利用，及び流通に関して事業者と消費者間での契約が行われるようにするための契約モデルが策定されている。米国の Contractual Approach では，事業者がマーケットからの評価を重視することで，プライバシー侵害企業であるとのレッテルを貼られないために個人データ保護に十分注意を払い，消費者も個人デー

43　吉野・前掲第2章注（131）論文 p. 144.
44　東京地判昭和56年11月9日判例タイムズ467号124頁，大阪地判平成2年7月23日判例時報1362号97頁。
45　吉野・前掲第2章注（131）論文 pp. 144-146.
46　吉野・前掲第1章注（33）論文 pp. 148-150.

タ保護に関心を有することを前提に個人データ保護を重要な契約事項と位置づけている[47]。

米国の Contractual Approach では,「告知」と「公正さ」の 2 原則を重視している。「告知」の原則は以下の 5 項目に関する情報をユーザーに適切に与えることを要求する。

① 情報の使用目的
② 当該情報の秘匿性,一体性,質を維持するために講じられる手段
③ 当該情報を提供する,または提供しないことによってユーザーが受ける影響
④ 契約が守られなかった場合の救済のための権利

その上で,個人情報利用者は,その利用が公共の利益が切迫して要求する場合以外は,ユーザー個人が理解している情報の利用方法に反して,情報を利用してはならないとする「公正」原則を掲げている[48]。米国でネットワーク上での消費者のプライバシー保護政策として契約アプローチが重用されている背景としては,政府による保護規制よりも Contractual Approach による市場的決定に委ねた方が効果的であると考えられているためである。Contractual Model の下では,消費者は,取引企業のプライバシー・ポリシーの動向を監視し,不服があれば,当該企業との取引関係からの脱退をちらつかせながら,当該企業のプライバシー政策動向に影響力を行使することが可能である[49]。Contractual Approach の実効性を高めるためには,消費者が率先して,プライバシー問題に関心を持ち,日々事業者のプライバシー・ポリシーの動向を見極め,登録された個人データが他の目的に利用された場合,登録情報の抹消を求めるオプトアウトの実施が期待

---

47 Gregory Shaffer, Globalization and Social Protection: The Impact of EU and International Rules in the Ratcheting Up of U. S. Privacy Standards, "*The Yale Journal of International Law*", Vol. 25, No. 1 (2000), p. 31.

48 平野晋＝牧野和夫『[判例]国際インターネット法』(プロスパー企画,1998) p. 134.

49 Shaffer, *Op. cit.*, pp. 32-33.

される。この点，FTC や "The National Consumers League" 等は，プライバシー問題に関する子供用の教育サイトをインターネット上で展開するなど積極的な消費者教育活動を展開している[50]。

しかし，Contractual Approach は，事業者と消費者間のプライバシー問題に関する認識に非対称性が存在するという課題を抱えている。事業者は，日々，大量の消費者の個人データを継続的に管理・利用することで，各消費者の全体像を把握している。その一方，消費者は，多くの事業者と ad hoc な取引を行うため，消費者が個人レベルで取引を行う全ての事業者のプライバシー・ポリシーの動向をつぶさに監視することは困難であり，消費者の注意はしばしば，行き届かなくなりがちである。また，個人レベルで各事業者のプライバシー・ポリシーを収集・分析するにはかなりのコストがかかる。そして，こうしたコストの総計はしばしば，消費者のプライバシーに関する利益の価値を上回ることになる。このため，富裕層・高学歴層の人間と貧困層や教育レベルが低い階層の人間とでは権利保護の程度に大きな差が生じることになる[51]。

この問題に対して，米国では，プライバシー擁護団体（Privacy Advocates）が消費者のサポート的役割を果たしている。上述のように多くの消費者は ad hoc に事業者と取引を行うため，事業者のプライバシー・ポリシーの動向を継続的に監視することは困難である。しかし，Privacy Advocates は，事業者のプライバシー・ポリシーの動向を長期にわたって，継続的に観察し，消費者にとって不利益な方向にプライバシー・ポリシーが変更された場合に不買運動，議会へのロビー活動，提訴等の手段を用いて，事業者のプライバシー・ポリシーの水準を維持あるいは向上させる役割を果たしている。EU データ保護指令（1998年10月発効）では，EU 加盟国に EU 指令と同水準の個人データ保護水準を達成しない国々への個人データ移転，及び共有を禁止している。米国政府は，EU 指令の保護水準を満たしていなかっ

---

50 http://www.ftc.gov/privacy/index.html （2006.11.2確認）
51 Shaffer, *Op. cit.*, p. 33.

たため、EUが一定の条件を満たしたと判断した場合にEU指令規定の保護水準を満たしていない国にも例外的に個人データの移転を認めるEU指令25条5項のセーフハーバー条項の適用を求めて、外交交渉を行い、2000年5月31日、合意に達している。この交渉に際して、米国のPrivacy Advocatesは、商務省により厳格な保護水準を策定するように働きかけた他、FTCや他の団体とも連携して、企業に自社が宣言したプライバシー・ポリシーを忠実に遵守するように圧力をかけるなど積極的な役割を果たしている。また、米国のPrivacy Advocatesは他国のプライバシー擁護団体とも積極的な連携を行うなど国際的な活動を行っている。例えば、アメリカで主導的な地位にあるプライバシー擁護団体である"The Electronic Privacy Information Center"(EPIC)は、イギリスに拠点をもつ"Privacy International"と連携して、①更なるプライバシー保護の充実を議会に働きかけ、②商務省ガイドラインへのコメントの発表、③アメリカ企業の行動を追跡(以上、EPIC担当)、④アメリカに拠点を置く多国籍企業のデータ移転を監視("Privacy International"担当)する等の活動を行い、EU指令の実行性を高める役割を果たしている[52]。

一方、Privacy Service Providerの果たす役割も大きい。Alan Westin教授によって設立されたプライバシーシンクタンクである"The Center for Social and Legal Research"は、"Privacy and American Business"プログラム[53]を展開し、企業に国内外のプライバシー保護法制の動向について、個別にアドバイスや、企業や事業者団体を対象としてプライバシー保護問題を扱うConferenceの定期的な開催、あるいは"Privacy and American Business"と題される雑誌を発行するなど積極的な活動を見せている。"The Electronic Frontier Foundation"[54]は、IT企業と共同でインターネットWebサイト

---

52 Shaffer, *Ibid*, at 64-65.
53 http://www.pandab.org/ (2006.11.2確認)
54 http://www.eff.org/ (2006.11.2確認)

のプライバシー保護を評価するTRUSTe[55]プログラムを立ち上げている。Alan Westin教授は，"Better Business Bureau Online" (BBB Online) に対して，シールプログラムに基づいたコンサルティング・サービスを提供している。

第3項　わが国における契約アプローチの限界

わが国においても企業のWebサイトにプライバシー・ポリシーが掲示されるようになる他，プライバシーマーク制度も運用される等，契約アプローチ確立への動きが高まっている。しかし，契約制度は，契約当事者間にのみその法的拘束力が生じる相対的効力が前提とされ，契約の効力は相対的で当事者間にしか及ばない。故に契約関係外の第三者による侵害には結局，不法行為構成による解決に拠ることになり，解決の迅速性という利点が縮減する。以上から契約アプローチも解決の即時性という観点からは決定的な解決手法とはならない。また，個人データ流出問題に限定されないが，ネット上での個人データ流出によるプライバシー侵害の問題を消費者問題の一種と考えれば，消費者問題一般において，事業者──消費者間の交渉力格差問題は現在でも依然存在する。わが国の企業が掲示するプライバシー・ポリシーでは，個人データを提供する，または提供しないことによってユーザーが受ける影響や事業者側で契約違反のデータ取扱いがなされた場合のユーザーの救済について，どのような権利が保障されるのかという点についての具体的な明示が全くなされていない。

ソフトウェアのライセンス契約や保険契約等の例からもわかるように近年の消費者契約では各消費者の意向を尊重した個別的な内容の契約を結ぶことは少なく，通常は約款等による符号契約の形態が採られるのが通常である。事業者は，経営破綻時の収集済個人データの取扱方針や，契約違反がなされた場合の具体的な救済措置のような自己に都合の悪い事項については宣言をためらう傾向にある。そのため，プ

---

[55] http://www.truste.org（2006.11.2確認）

ライバシー・ポリシーのみに依拠した事業者主導による契約アプローチでは，企業-消費者間に存在する交渉力格差は解消されず，①契約違反時に具体的な救済措置が明示されない，②情報プライバシー権を消費者に放棄させる，あるいは個人データを提供しなければ，インターネット上のサービスを利用できなくなる等のようにユーザー側に一方的に不利な符号契約をデータ主体が飲まざるをえなくなる。また，たとえユーザーがこうした符号契約を変更させようと事業者と交渉することを決意したとしても，当該交渉には，時間・弁護士費用等金銭面の「取引費用」が多額に発生する。そのため，当該交渉は，結局，資金力の面で余裕がある事業者側に有利である，あるいは同じユーザー間でも金銭的に裕福な富裕層に属するユーザーのプライバシー権は保護され，貧困層のそれは保護されないという不公平が生じる[56]。

わが国では，前述のように，保険方式による保護方式のビジネスモデル化と評価機関の設置を検討する研究が始められ[57]，ようやく個人情報の漏洩に関する損害を保障する保険商品が商品化されたものの，現状では事業者側に生じた損害の保障という位置づけである。Privacy Service Provider によるコンサルティング・サービスもどちらかといえば，事業者の個人情報保護対策としてのマーク取得に傾注している現状にある。また，プライバシー擁護団体もわが国では，組織化された存在とは言えない[58]。

ある規範が規制として有効に機能するためには，規範を強制する側のコミュニティに規制される側のコストを負担する者が参加していることが必要である。しかし，現状では，自主規制を行う事業者側は収集済データの使用に際して生じる関連コストやリスクを負担していない。結果として，こうしたコストやリスクはデータ主体である消費者

---

56 平野・前掲第3章注 (50) p. 135.
57 辰巳丈夫＝山根信二＝白田英彰「ネットビジネス業者の「プライバシー保護対策」評価の提案」『情報処理学会第62回全国大会』(2001) 8 F-4, pp. 111-116.
58 橋本誠志「ネットワーク社会における消費者保護の制度的枠組み――オンライン・プライバシー保護を中心に」同志社政策科学研究（同志社大学）Vol. 3, No. 1, (2002) pp. 81-86.

が負担しているのが現状である[59]。米国の様にプライバシー擁護団体が組織化されていないわが国では，プライバシーコストを負担する消費者の代弁者すら存在しない。そのような環境下でわが国の契約アプローチの実効性は，米国に比してより薄いものに終わってしまうことが懸念される。

---

[59] Lawrence Lessig, *Code and other Laws of Cyberspace*, Basic Books, 1999（山形浩生＝柏木亮二訳『インターネットの合法・違法・プライバシー』翔泳社，2001）p. 288.

第 4 章　問題解決への視点
―― Property Rights Approach の導入と適用 ――

　前章までで検討したようにプライバシー権は，わが国においても不法行為や差止請求等の方法で，民事訴訟によってその侵害の救済を受けることができる状態にある。個人情報保護法施行を受け，民間事業者の個人情報保護に向けた取組みがもはや特別な事象ではなくなり，主務官庁が所管業界を対象としたガイドラインの整備を進め，プライバシー・ポリシーが約款としての機能を徐々に持ち始めている点も確かである。また，現時点では，迷惑メール規制のように個人情報のうち，具体的な特定項目を対象とした罰則規定付の保護法制についても整備されつつある。

　司法手続は，個人の法益を保護するという重要な機能を有する反面，国家の強制力により，人に対して強制的に何らかの利益を付与したり，不利益を課したりする手続であるから，自ずと慎重な審理が要求される。つまり，司法手続はその本質として紛争の解決に一定の時間を必要とすることを宿命づけられている。審理時間の短縮と手続の厳密性の確保はトレードオフの関係にあるが，人権保障という司法の最大の役割からは両者の両立が必要となる。ところが，瞬時にデータが全世界中をかけめぐり，データの複製が増殖してゆく情報ネットワークの世界においては，デジタル化情報流通の即時性がこのトレードオフを司法関係者の努力では克服できない程度に拡大させてしまう。つまり，慎重な審理という人権保護のために司法手続が持つ最大の特長が，個人の権利保護機能を十分に発揮できない結果となってしまうことが今後予想される。このギャップはいくら司法関係者が努力をしても，完全に消し去ることは不可能である。極論すれば，被害者が司法手続あるいは ADR による解決のどちらが最適かを意思決定するために法律相談に向かう間にも，流出データの拡散は進んでしまうのである。

先に整理したように，公的部門，民間部門を含めたわが国の個人情報保護関連各制度の強制力と各制度がサポートする時間帯の関係については，主な個人情報保護関連制度が事前規制（予防）型制度に集中している。これらの事前規制型個人情報保護関連諸制度と実際にプライバシー侵害が発生した場合の司法手続による事後救済が実施されるまでには長いタイムラグが存在する。

一方で，個人データ流出発生の瞬間から司法手続による救済までの時間帯については，公的部門，民間部門のそれぞれが実施する諸制度は，時間の側面からみれば，有機的な連携を保っているとは言えない。そのため，デジタルデータの即時流通性との関連で司法手続が持つ本質的限界を縮小することができていない。つまり，時間的側面から見れば，豊富に用意された個人情報保護プログラム間関係は，各プログラム内で断絶しており，有機的連携を発揮する布陣となっていない。

一方，流出した個人データの事業者による自主回収は，個人データ流出が発生した事業者がアクセスログ等から関係プロバイダに協力を求め，流出データにアクセスした者が特定できた場合に，当該データの削除を「お願い」するといういわば人海戦術が行われるにとどまっている。これでは，スムーズな司法手続による救済へと移行できない従来型の救済アプローチは，十分な効果をあげることができないし，複次的なプライバシー侵害に発展しかねない危険性の回避には何の役にも立たない。本問題解決のためには，現行個人情報保護関連諸制度を有機的に連携させる役割を果たすための新たなプログラムを導入する必要がある。それは，これまでの不法行為アプローチ，契約アプローチに続く第3のアプローチから導かれる。

第3のアプローチとして本書では，デジタルコンテンツにおける知的財産権保護で利用されている"Property Rights Approach"に着目する。"Property Rights Approach"は，個人データに財産性を認め，個人データのデータ主体（本人）にその財産権（最も特徴的なものは，処分権限）を法によって付与し，事業者による個人データの収集・利用は，事前のデータ主体との交渉プロセスを経て，明確な同

意を得た上でなければ，利用ができないことを前提とする。事前の交渉・同意プロセスを必要とする点で，"Property Rights Approach"は個人データの事前収集は認め，それによって生じた損害を後から補償する不法行為アプローチとは大きく異なる。

本書では，"Property Rights Approach"に既存の司法制度の持つ時間的限界というデジタル情報との間の絶対的ギャップを縮小し，個人データが流出した際の司法手続の限界に対する補充的役割を担わせ，伝統的な従来型の司法手続による救済の実効化を図ることをライセンス型アプローチ導入の目的とする点が最大の特徴である。そのため，本書の立場は，ライセンス型アプローチの導入によって，伝統的な司法手続による解決を否定するものでは全くないことを付言する。本章では，"Property Rights Approach"のインターネット上での個人データ保護への導入に関する有用性と課題を検討する。

第1節　Property Rights Approachの背景

個人が，自己に関する情報を所有し，その秘密は保持されるべきだとする期待することは，自然である。"Property Rights Approach"は，個人に関するある種の情報に関して，他者によるアクセスを排除・制限し，その秘密を保持するための法的権利が与えられるべきだとする個人の期待を法的に具現化する概念として，提唱された概念である[1]。経済学的視点からは，情報には，個人的にも経済的にも価値を有しており，情報に財産権を認める根拠として，社会的に価値を有する情報の生産を最大化する点に求められる。財産権概念によるプライバシー保護そのものは，プライバシー権の生成当初から主張されていたアプローチである。プライバシー権の生成当時から想定されていた（伝統的）財産権概念は，コモン・ロー上の著作権に基づき，人が記した手紙や日記といった化体物に財産権を認め，当該文書の財産権

1　Pamela Samuelson, Privacy As Intellectual Property?, *Stanford Law Review*, Vol. 52, 1125 (2000) p. 1130.

保護という形で当該文書の所有者が著作権者の許可を経ずに当該文書を出版することを制限するというアプローチがとられた[2]。わが国においても，東京地判平成11年10月18日（判例時報1697号114頁，判例タイムズ1017号255頁）・東京高判平成12年5月23日において，福島次郎氏著の実名小説『三島由紀夫――剣と寒紅』（文芸春秋）の中で，三島由紀夫氏の私信が公開された件について，出版差止めと小説の回収が認められている。本判決には，手紙を著作物と認めることにより，個人の財産的利益を保護することで結果的に個人のプライバシーをわが国で初めて保護した判決であるとの評価がされている[3]。しかし，これ以前の高松高判平成8年4月26日（判例タイムズ926号207頁）においては，差出人の承諾を経ない私信が書籍に写真版として公開・出版された行為がプライバシー侵害とされており，英米法における発展過程とは，異なっている。

　ウォーレンとブランダイスが採用したコモン・ローに基づいた（伝統的）財産権アプローチは，以下の点で，大きな困難にぶつかることになった。第1の問題は著作権の保護範囲の問題である。コモン・ロー上の著作権の保護範囲は，時代と共に変化を余儀なくされた。"The 1976 Copyright Act"では，成文法により，コモン・ロー上の著作権が廃止された。制定法による著作権制度の下では，表現のみが保護範囲とされており，アイデア，あるいは表現された諸事実に関する個人の権利は創設されていない。つまり，著作権法は他人の個人に関する文書自体を許可なく公表することを禁じてはいるものの，当該文書で記述されている諸事実の内容の公表にまで制限を設けているわけではない[4]。逆に情報流通における利益のみを保護するために，表現とアイデアを区別する方法も考えられるが，情報の自由な流れは，

2　S. D. Warren & L. D. Brandeis, *op. cit.*, pp. 200-201.

3　新保・前掲第2章注（1）p. 8.

4　Rochelle Cooper Dreyfuss, Warren and Brandeis Redux: Finding (More) Privacy Protection In Intellectual Property Lore, *Stanford Technology Law Review*, Vol. 8 (1999) p. 9.

第 1 節 Property Rights Approach の背景   139

アイデア（あるいは事実）を自由に利用できるようにすることで保護が図られるものである。特定のアイデア（あるいは事実）を効果的に広めるために特定の表現を必要とする場合，あるいは重要な社会的目的を達成するために公表が必要な場合，表現はアイデア（あるいは事実）と結合されることで，しばしば保護されえないことになる。個人情報は，その大部分が事実に含まれるため，伝統的な著作権保護理解に立つ限り，コントロール権を維持することが困難となる[5]。

第 2 の問題は，"Property Rights Approach" による保護の対象の問題である。米国では，判例[6]上複製権が認めてられており，複製権を覆すためには，十分な理由が認められる場合に限られる。知的財産権が制御権を認める理論的根拠のうち，最も重要なものは，発明者の経済的インセンティブを確保し，技術革新のための投資を誘導することである。しかし，経済的利益を必要とせずに情報を単に諸行為の副産物という形でしか生み出さないような人も社会には存在する。情報を生み出すことについて，強力な経済的誘引を必要としない人々の立場からは，知的財産法制は，受益者としての立場を認めず，情報の使用についてのコントロール権を認めないことになる[7]。

このようにウォーレンとブランダイスが想定したコモン・ロー上の著作権とは異なり，現行の制定法による知的財産法においては，情報に含まれる経済的価値が希薄な状況下では，創造を喚起するために，表現のみが保護の対象となり，情報に関する権利は認められないことになる[8]。

しかし，高度情報ネットワーク社会の進化に伴って，状況は変化するに至った。変化をもたらした要因としては，第 1 に個人情報が経済的価値を有するようになった点が挙げられる。個人情報が経済的価値

---

5 Dreyfuss, *Ibid.*, p. 9.
6 例えば，Sears, Roebuck & Co. v. Stiffel Co., 376 U.S. 225 (1964), Compco Corp. v. Day Bright lighting, Inc., 376 U.S. 234 (1964) など。
7 Dreyfuss, *op. cit.* p. 12.
8 Dreyfuss, *Ibid.*, p. 13.

を有することが認められるようになり、企業は、個人データのマーケティング活動上での利用、あるいは個人データの第三者への売却によって大きな利益を得ることができるようになった。また、企業は個人情報が暴露されることから生じる損失や社会的コストを被ることはこれまではなかった。その一方、消費者は、個人データがみだりに暴露されていることを知る由もないため、企業にサンクションを与えることができない。つまり、企業は、個人情報を利用することによる利益を内部化し、損失を外部化することができた。つまり、企業は個人情報の濫用について、制度的なインセンティブを有していた。適切なレベルのプライバシー保護を図るためにコストがかかるために、この市場の失敗はより状況を悪化させることになる[9]。こうした市場の失敗を克服するための方法として、情報ネットワーク社会における新たな"Property Rights Approach"がアメリカで提唱されるようになった。それは、個人が本人の個人情報を①どのような目的で、②どの企業に、③どの種類の情報を提供するかについての条件を定めることができるように個人に個人情報に関する財産権を法によって付与する考え方である[10]。

第2には、ビジネスのグローバル化に伴い、個人情報保護政策もグローバル化した点である。1995年のEUにおける個人情報保護指令では、EUの定めた個人情報保護基準に達しない第三国・地域への個人情報の移転を認めない制度がとられている。米国においては、民間事業者を視野に入れた包括的個人情報保護法制が存在しないため、EU指令に定められた第三国へのデータ移転禁止条項に抵触するかが問題

---

[9] PETER P. SWIRE & ROBERT E. LITAN, NONE OF YOUR BUSINESS: WORLD DATA FLOWS, ELECTRONIC COMMERCE, AND THE EUROPEAN PRIVACY DIRECTIVE 8, (1998).

[10] 前章で検討したContractual Approachもプライバシー問題における市場の失敗を克服するために提唱された考え方の一つである。なお、今日では事業者も顧客の個人データがネットワーク上へ流出することにより多大なリスクを抱えることになった。このリスクは流出規模が膨大になりすぎている近時のデータ流出の傾向からは、データ流出による損失を外部化できるレベルを超えるようになった。

第1節　Property Rights Approach の背景

となった。米国は、個別領域での法規制強化と前述したような自主規制の強化によって、データ移転禁止条項の適用を免れたものの、これを契機によりプライバシー保護を強化する主張がされるようになった[11]。

第3には、社会がコンピュータ化社会から情報ネットワーク社会へと移行し、1対n型のコミュニケーションが主流になっている。ファイル交換ソフトからの個人データ流出はその典型的な例である。このような状況で、情報の支配者を1対1と想定している従来型のアプローチでは、個人の救済は困難である。

以上のような個人情報を取り巻く社会環境の変化に伴い、個人情報の保護とそれらの利用による便益の確保を調整する新たなアプローチが必要となる。青桝は個人識別情報を含むプライバシーに属さない個人情報を一種の公共財として扱い、広く流通させて活用するアプローチを主張する[12]。公共財に求められる性格には非競合性と非排除性が存在する。青桝はまず、非競合性について、個人情報も情報である以上、消費により滅失することが無い点に着目して、非競合性については問題なしとする[13]。一方、非排除性については、行政機関や警察機構、費用負担者のように特定資格を有するもの以外のみの利用を認める独占性を排除し、一般国民や企業に活用させることこそがユビキタス社会の前提であるとする[14]。青桝は、個人情報を公共財として見た場合の費用便益について、以下のように分析している。つまり、個人情報を公共財として扱う場合の費用の最たるものは、広範囲に流通したデータが悪用されるリスクの増加とこれにより影響を被る人々が感じる不安感である。近時の個人データ流出事故の頻発や流出情報を悪用した振込め詐欺やカード犯罪の増加はかかる個人情報を公共財とし

11　松井茂記『インターネットの憲法学』（岩波書店、2002）p. 305.
12　青桝武彦『サイバー監視社会　ユビキタス時代のプライバシー論』（電気通信振興会、2006）p. 216.
13　青桝・前掲注（12）p. 217.
14　青桝・前掲注（12）p. 217.

て扱う場合の費用増加の原因となる[15]。これらのリスクや不安感に起因するコストはユビキタステクノロジーの推進者や社会制度設計者による対策により、徐々に低下することが予想されるが、過渡期である現在はそのコストは莫大なものとなっている[16]。

　一方、便益については、現状でまだユビキタス社会が完全には到来していないため、便益がほとんど実現されていない状況にある。つまり、ユビキタス社会建設の最初期段階である現状では費用が便益を大きく上回っていることは事実である。青桝はこの点を認めながらも個人情報の非代替性により、個人情報に関連する便益をデータ主体が享受したいと思えば、個人情報の公開と活用以外の代替手段が存在しない点を指摘する[17]。その上で個人情報の公共財化を「自転車に乗れるようになってから、自転車に乗ればよい」[18]との議論にたとえ、個人情報の利用推進プロセスで発生する種々のトラブルに対して、対策を工夫し、実行することで費用を低減させることができるとし、短期的な視点からユビキタス社会への扉を閉ざすことを警戒する[19]。

　以上のような個人情報の公共財化による広い活用を通じて、個人、社会の広い利益を達成するアプローチは個人情報保護法1条にも「高度情報通信社会の進展に伴い個人情報の利用が著しく拡大していることにかんがみ、(中略)個人情報の有用性に配慮しつつ、個人の権利利益を保護することを目的とする」と規定されている通りである。そこで、個人情報の流通を可能な限り制限することなく、個人情報がネットワーク上に流出した際の司法手続による救済が実施されるまでの時間帯の2次拡散によるプライバシー侵害のみを防止し、かかる費用を低減させる仕組みとしてライセンス型アプローチは最も現実的な選択肢である。

15　青桝・前掲注(12) p. 218.
16　青桝・前掲注(12) p. 218.
17　青桝・前掲注(12) pp. 219-220.
18　青桝・前掲注(12) p. 221.
19　青桝・前掲注(12) p. 216, p. 221.

第2節　Property Rights Approach の特徴

第1項　Property Rights Approach のメリット

ネットワーク上に流出した個人データの保護に"Property Rights Approach"を導入するメリットとしては，以下の点が考えられる。

① 個人データの処分権限をデータ主体本人へ付与することが可能
② 個人データを収集・処理する側に社会コストを内部化させることが可能
③ ランニングコストを比較的安価に抑えながら，個人情報保護制度の維持が可能

①については，以下の2点を指摘することができる。第1に財産権に基づいて，本人に個人データの処分権を与えれば，権利者にコントロール権が付与されることから，データの移転前に交渉プロセスと同意の取得を踏むことが必要とされる。従来の損害賠償アプローチでは，プライバシー・ポリシーが掲示されていれば，データの取得に際して改めての交渉プロセスを踏むことはなく，データの移転そのものは認められることになる。また，"Property Rights Approach"による場合，データ主体は，提供しようとするデータごとに，あるいは提供先ごとに個別のコントロール権を有することになる。

第2には，"Property Rights Approach"によれば，各自の個人データの市場における経済的価値をデータ主体が独自に定めることができる点である。従来の契約アプローチでは，ユーザーは例えば航空会社のマイレージプログラムのように事業者が設定した価値や条件に従って個人データを提供することになる[20]。中にはシュリンクラップ（クリックラップ）契約により，プライバシー・ポリシーへの同意を取引の条件とするサイトも存在する[21]。こうしたサイトでは，シュリンクラップ契約がなされるため，収集される個人データの価値についての交渉はなく，同意するか否かの2項選択を消費者は強いられることになる。また，不法行為アプローチにより，プライバシー権侵害に対

する法的救済を求める場合は，法文，あるいは裁判官により，個人データの経済的価値が算定されることになり，データ主体は，何ら自己のデータの経済的価値をコントロールすることができない。"Property Rights Approach"によれば，事前の交渉プロセスで提供の対象となる個人データの経済的価値を決定することになり，プライバシーを他者より重要視する人も軽視する人も，どちらに対してもその選好に配慮した，つまりプライバシー意識の個人のレベル差に応じた保護を行うことができる[22]。この場合，データ主体が個人レベルで個人データの買い手と交渉すれば，データ主体は，多大な取引費用を負担せざるをえなくなる[23]。この点については，データ主体の利益を代表して，個人データの買い手との交渉にあたる交渉仲介ビジネスの登場やオンライン上でのADRサービスの充実が期待されている。現在のところでは，米国でのサイバースペース上でのADRサービスで，当事者同士の条件をオンライン上で互いが見えないように入力させた上で，双方の条件が一定範囲に収まった段階でその中間条件による交渉成立を当事者に通知する自動交渉システムがCybersettle等の一部のサイバーADRサービスで提供されている[24]。こうした自動交渉シ

---

20 航空会社のポイント（マイレージ）プログラムの場合，例えば，東京－大阪間の1フライトあたりの加算基本ポイント（マイル）数は国内主要2社（日本航空，全日本空輸）とも一律280と設定されている。このように寡占状態や独占状態が形成された市場では，消費者は，自己の個人データの価値評価を事業者選定の条件にしえなくなる傾向にある。また，経済学的見地からは，消費者情報を用いて，事業者が第一種価格差別化を行うことで消費者の交渉力が損なわれる危険性が指摘されている。この点に関しては例えば，Andrew B. Whinston, Dale O. Stahl, and Soon-Yong Choi, The Economics of Electronic Commerce-The Essential Economics of Doing Businesses in the Electronic Marketplace, MACMILLAN TECHNICAL PRESS, 1997（香内力訳『電子商取引の経済学』（ピアソン・エデュケーション，2000）pp. 328-345を参照。

21 吉川達夫「米国e-コマースにおける個人情報保護の動向」国際商事法務 vol.29,No. 12, p. 1439.

22 Lessig, *op. cit.*, p. 291.

23 Samuelson, *op. cit.*, p. 1135.

24 町村泰貴「現実のものとなりつつあるサイバーADR」法学セミナー No.560 (2001) pp. 38-39.

ステムと交渉の代理をユーザーに代わって担当する電子代理人システムも開発され，米国電子情報取引法（Uniform Computer Information Transaction Act　以下，UCITA）§102（27）において，モデル法レベルではあるものの，その利用が承認されるなど，紛争発生後の処理だけでなく，"Property Rights Approach"における事前のライセンス条件の交渉にも応用しうる環境が整いつつある。こうしたシステムの普及により，交渉に要するユーザーの負担は大幅に軽減されると予想される。

インターネット上での個人データ保護に"Property Rights Approach"を導入する第1の意義が，この自律性にある[25]。ただし，個人情報を公共財として扱う立場からは，データ主体に収益性までをも積極的に認めることは公共財の非排除性との関連から問題がある[26]。また，本著の問題意識であるデジタル情報の即時流通性に対して本質的限界を抱える現行司法手続制度の補完制度として"Property Rights Approach"を位置付けるというコンセプトからは後述する具体的な制度提案にデータ主体による個人データの収益権限までをも認める具体的な制度を設定することは妥当ではない。本書提案制度自体に個人データの収益性を考慮した具体的制度を実装しなくても，データ主体自身は個人情報の公開による便益を得ることができるからである。

②については，他者（データ主体本人）によって負担されていた個人データの広範な収集や利用に関して生じた社会コストを企業側に内部化させることが可能となる。市場において，企業は，情報技術により，情報の収集・管理・加工が安価・容易に行えるため，個人情報の収集・加工を行っている。また，現状では，個人データの民間部門での処理における社会コストを民間企業自身が負担する制度となっていない。企業は，データの処理，体系化と集計に時間，資金，そして労力を費やしており，データを自分たちで所有したいと思うようになる。ここに"Property Rights Approach"が導入され，企業が個人デー

25　Lessig, *op. cit.*, p. 290.
26　青柳・前掲注（12）p. 217.

タを処理するにあたって、データ主体本人に権利金を支払わなければならなくなった場合、企業は、現状よりも個人データの取得量を減らすようになることが考えられる。また、"Property Rights Approach"の導入に伴う社会コストの内部化により、企業は、現在過大となっている個人データ処理事業への投資を適正規模に縮小し、より信頼性の高い高性能のデータベースを開発するようになる[27]。

第2項 Property Rights Approach のデメリット

上述のように、サイバースペース上における個人データ保護のための新たなスキームとして、"Property Rights Approach"は多くの有用性を持っている。しかし、他方で"Property Rights Approach"を利用して、インターネット上でのプライバシー保護を達成するためには、克服しなければならない課題を抱えている。

第1の課題は、個人情報の譲渡可能性に関わる問題である。個人データを提供する場合、データ主体は、当該取引の相手方に対しては、正当な個人データの価値評価をすることが可能となるが、第一譲受人から第三者に個人データが譲渡されてしまうと、データ主体は、第三譲渡先での個人データの有する価値を評価することが困難となる。"Property Rights Approach"に基づいた個人データ取引のデフォルト・ルールの制定には、個人データの持つ譲渡可能性を制限する必要がある[28]。

第2の課題は、財産権制度の正当化根拠である希少資源の市場への配分が個人データに対して適用が困難である点である。情報市場に膨大な量の個人データが流通している現在、"Property Rights Approach"による個人情報保護制度は、基本的に市場への個人情報の流通を縮小することを目的としている。しかし、通常、財産権制度による資源の市場への配分は、当該資源の市場での流通における自由度

---

27 Samuelson, *op. cit.*, pp. 1132-1133.
28 Samuelson, *Ibid.*, pp. 1137-1138; Jessica Litman, Information Privacy/ Information Property, *Stanford Law Review*, Vol.52 (1999) p. 1295.

が高い場合に機能する。それに対して，"Property Rights Approach"による個人データ保護のケースでは，インターネット上での個人データ流通の自由度を制限しつつ，財産権制度のメリットを発揮させなければならない[29]。

　第3の課題は，既存の知的財産権制度との整合性の問題である。そもそも知的財産権制度は，創作者にその知的創作物の商業的価値の支配権を付与し，創作者の創作の成果を専有や模造品・類似品の販売といったフリーライド行為を排除することで，知的財の生産と普及における最低限度の民間投資を誘導するためのインセンティブを付与することを目的とした制度である。しかし，個人データにおける財産権は，一般的にはそれ自身によって，経済的利益を得ることや，広範囲への流通・拡散を予定しないばかりか，その侵害によって賠償されるべき研究開発費も存在しない。また，目に見えない無形の個人データに知的財産権同様の権利を付与することが，現行の知的財産権法制に大きな矛盾をもたらすのではないかという点も問題である。個人データへの財産権の付与は，科学の進歩にも技術革新にも寄与しないのであるから，プライバシー保護のために個人データ流通を制限することを目的とした財産権の付与は，伝統的な知的財産権法に反するものであるとの批判がある。米国においては，著作権法・特許法における権限付与条項により，知的財産権法に個人データの保護を盛り込むことは，困難であるが，インターネットの超法域性により，商法典の下で個人データに財産権を付与する法制度の制定権を議会に付与することは正当性を有するとの見解もある[30]。

　第4の課題として，財産権概念をインターネット上の個人データ保護に導入する場合，法文の定め方については，特に慎重さを要するという問題がある。一般的な問題として，一般人が個人データの誤用について生じるリスクを判断するのが困難であるのと同様，一般人が個人データに付与された財産権が譲渡されることによって生じるリスク

29　Samuelson, *Ibid*., pp. 1138-1139.
30　Samuelson, *Ibid*., pp. 1141-1142.

を判断することも（場合によっては，データ誤用に関して生じるリスクの判断の場合に比してより）困難である。これに対して，データ収集者側は，収集した個人データからあらゆる利益を得ようと広く再流通させることを志向する。個人データの広範囲への再流通は，データの譲受人に対するデータ主体のコントロールを失わせてしまうことになる。データ移転の際には，データ主体もデータの譲受人も自己の意思を反映させることは難しく，データ収集者側に有利な条件でデータの移転がされやすい。故に，財産権アプローチに立った個人データ保護立法を行う場合，データ主体がデータ収集者によって，個人データに付与された財産権を放棄させられることがないような制度を導入する必要がある[31][32]。

第5は，"Property Rights Approach"に立つ場合に，事業者，情報主体のどちらの側の財産権を認定するかという問題である。個人情報保護法はプライバシー権の財産権的側面を法的に認知していると解することも可能であるとする見解もある。この場合，情報主体を財産権の主体とした場合は，企業は，個人から個人データに関する財産権を寄託されていることになるが，特に企業会計実務を含めた波紋を呼ぶことになる[33]。一方，企業を財産権の主体と仮定した場合は，逆に個人の権利主体性を否定することになる。

第6には，事実の所有の問題がある。情報はコンピュータにデータとして管理可能な形式で蓄積される一方，人間の記憶にも刻まれることになる。個人情報への財産権性の認定は，その方法によっては，他人の思想や言論の自由を侵害する可能性もある[34]。

---

31 Samuelson, *Ibid.*, pp. 1145-1146.
32 以上に挙げたもの以外にも特に市民の自由意識が強いアメリカにおいては，Property Rights Approachによって，個人データを保護することについては，特に市民的自由論者からの抵抗が強く示された。これに対して，市民権概念の発祥となったヨーロッパ圏では，ナチスによる人権抑圧という歴史的経験から，市民的自由主義論者であっても個人データ保護に柔軟な姿勢を取る場合がある。
33 夏井高人教授は，情報ネットワーク法学会個人情報保護法研究会ML2002年11月1日付投稿において，老舗や暖簾を資産として計上できない点を個人データにも援用し，この種の議論は，収拾不可能なものになるとしている。

第3項　著作者人格権とパブリシティ権

　以上に見たようにスタンダードな財産権概念をそのまま個人データ保護に適用することは，多くの課題が存在する。しかし，本書で想定しているように，ネットワークサービスにおける個人データ流通の円滑性と安全性を両立させ，個人データが流出してもプライバシー侵害に発展させないようにするためには，契約外の第三者による侵害行為を排除できる"Property Rights Approach"の手法を利用した方が，今日の情報ネットワーク社会で個人データを適切に保護できる。そこで，スタンダードな"Property Rights Approach"を克服する新たな財産権概念，特に名声・自律といった個人の中核的利益を保護するための新たなタイプの財産権概念を構想する必要がある。この点，サミュエルソンは，個人データ保護に適用可能な新たなタイプの財産権として，著作者人格権（"the moral rights of authors"）の概念に着目している[35]。著作者人格権は，芸術や文学作品の作者に認められる権利であり，創作者の個性の発露である文学・芸術作品の複製が商流に乗った後も作者が利益を維持することができるようにするべきであるとの概念に由来している[36]。

　著作者人格権は，①作品の著者であると同定される帰属権（"the right of attribution"），②作者の名声を傷つける改変から作品を保護する同一性保持権（"the right of integrity"），③いつ，どのような環境下で作品を公表するかを作者が決定できる公表権（"the right of divulgation"），④作品が作者の考えにもはやそぐわなくなったり，あるいは作者の名声にとって有害であったりするような場合に当該作品

---

[34] Sara Baase, A Gift of Fire Second Edition, Pearson Education, 2003, pp83-84（サラ・バーズ著，日本情報倫理協会訳『IT社会の法と倫理』ピアソン・エデュケーション，2002，p.69）同書では，他にも誕生日という情報に所有権性を認める場合に本人が所有権者になるのか，親が本人の誕生日情報の所有者になるのかという問題を例に情報に所有権を認めることの困難さを指摘している。

[35] Samuelson, *Op. cit.*, p. 1146.

[36] Samuelson, *Ibid.*, p. 1146.

の公刊済の複製の全てを取り戻すことができる取戻権（"the right of withdrawal"）等を主な内容とする[37]。

　以上のように著作者人格権は，経済的利益の保護というよりは，どちらかといえば，作者の個性や名声に関する利益の保護に主眼が置かれた権利である。そのため，著作者人格権アプローチを個人データ保護に導入すれば，個人データに内包される個人的利益を保護することが可能である。著作者人格権の中でも特に保存権・公表権は，個人データ保護に適用可能な最も密接に類似した権利である。著作者人格権の利点は，第1に著作者人格権が，契約外の第三者に対してもその権利を主張しうる点，第2に作者が作品の複製を公的機関や遠隔地の購入者に販売した場合にも行使しうる点である。前述したように契約アプローチでは，契約当事者間での契約違反に対しての救済は提供するものの，第三者との関係では，結局，不法行為アプローチによる救済がなされるため，前述の不法行為アプローチの問題点が発生し，問題の解決には至らないという限界がある。個人データを収集・処理する企業とデータ主体間では，しばしば契約関係がない場合がある。これまでの契約アプローチは，主に契約違反者に対し，差止救済ではなく，損害賠償を課すことを主眼としていた。これに対して，財産法は，通常，権利者に他者の侵害行為に対する排除権を認め，差止救済も一般的に許容される。著作者人格権型 "Property Rights Approach" は，契約アプローチが有していた限界を克服しうる可能性を秘めている[38]。

　しかし，著作者人格権型の "Property Rights Approach" でさえも，現時点では，米国においても欧州においても個人データ保護に対応した立法には，慎重な姿勢がとられている。アメリカ法では，著作者人格権概念は重要視されず，1989年3月のベルヌ条約において作者の著作者人格権保護条項が盛り込まれ，米国がこれを批准したにもかかわらず，著作者人格権の保護が進んでいないし，連邦議会がこの種

37　Samuelson, *Ibid.*, pp. 1146-1147.
38　Samuelson, *Ibid.*, p. 1149.

第2節　Property Rights Approach の特徴

の立法を行うことについての憲法的根拠がまだ解明されていない状況にある[39]。一方，欧州圏においても，著作者人格権を個人データ保護に対応させることには，既存の法制で理論的正当性を与えられている著作者の特別地位を揺るがすとの反対が存在する。

そこで，本書では，著作者人格権概念に類似した個人の情報を保護しうるアプローチとして，パブリシティ権に着目する。パブリシティ権（"The Right of Publicity"）は，20世紀後半，映像メディアの発達やスポーツ，コンサートといったイベントが盛んになり，こうした大衆娯楽文化を担う芸能人やスポーツ選手等の著名人といったセレブリティが多数登場し，彼らの氏名や肖像等のアイデンティティが広告宣伝上，絶大な顧客吸引力を発揮する事が明らかとなり，セレブリティに無断でその氏名や肖像が営利目的で第三者に利用される事件が増大した。パブリシティ権は，こうしたセレブリティの広告宣伝に関する経済的価値を保護する財産権として，1953年，ヘーラン判決（Haelan Laboratories Inc. v. Topps Chewing Gum Inc., 202 F 2d 866（2nd Cir. 1953））において，米国第二巡回控訴裁判所のフランク判事によって提唱された[40]。

わが国では，パブリシティ権は「獲得された社会的名声，評価，知名度等からその氏名・肖像が独立した経済的な利益ないし価値として把握することができる俳優歌手等の芸能人，演奏家，プロスポーツ選手等公衆の人気に支えられ，その存在が広く社会に知られることを望んでいる者」[41]にとって，「独立した財産的価値を有し，各種の情報伝達手段によって商品の宣伝広告等に利用される（中略）氏名，肖像の有する財産的価値を利用する権利」[42]と解されている[43]。

パブリシティ権論では，セレブリティの氏名，肖像の公開に関して

39　Samuelson, *Ibid.*, p. 1150.
40　豊田彰『パブリシティの権利』（日本評論社，2000）pp. 2-8.
41　竹田・前掲第1章注（16）p. 287.
42　竹田・前掲第1章注（16）pp. 284-285.
43　わが国でパブリシティ権を実質的に認めた最初の判決として，東京地判昭和51年6月29日判例時報817号23頁（マーク・レスター事件判決）が知られている。

排他的特権を認め，①他人の氏名，肖像の営利目的での利用，②特定人の氏名，肖像そのものやこれらを改変・使用していると商品取引者や需要者に認識可能な場合にパブリシティ権侵害が発生すると解されている[44]。パブリシティ権は財産権であり，パブリシティ権の侵害者に対する救済手法として，損害賠償額を氏名・肖像使用料の対価相当額とする判決[45]や，パブリシティ権侵害の対象となった氏名・肖像を利用した製品の製造・販売の差止めを認めた判例[46]が存在する。

パブリシティ権そのものは，人格権保護を第1目的とした権利ではなく，セレブリティの氏名や肖像等のアイデンティティが有する顧客誘引力に基づく経済的価値を保護することで，著名人の創作努力による活動の活性化と投資を促すために適切なインセンティブを付与することを目的として考え出された権利概念である。一方，インターネット上での個人データ保護における"Property Rights Approach"は，データ主体の情報プライバシー権と私的生活の平穏を保護するために従来の救済手法を補完する手法であり，両者は基本的には異なる概念である。

そのため，パブリシティ権で認められている相続性が"Property Rights Approach"による個人データ保護では認められない等，実際の権利保護の手法にも両者には差異がある[47]。よって，パブリシティ権の保護方式のフレームワークをそのままインターネット上の個人データ保護に適用することは適切ではない。事実，現時点では，米国州法において，パブリシティ権は，セレブリティに対してのみ認めた利益であり，一般人には，現状では，認められていない。しかし，

---

44 竹田・前掲第1章注 (16) p. 289.
45 「おニャン子クラブ」事件判決（東京高判平成3年9月2日判例時報1400号3頁）。
46 上述のおニャン子クラブ事件判決の他，東京地判平成元年9月27日判例時報1326号137頁（「光GENJI等氏名肖像表示物品販売禁止」事件判決），東京地判平成4年3月30日判例時報1440号98頁（「加勢大周」事件判決）等参照。
47 もっとも，プライバシーの権利・氏名権・肖像権について，遺族固有の権利の範囲で保護し，遺族の死者に対する敬愛追慕の情に関する法的利益によって保護する見解も存在する。竹田・前掲第1章注 (16) p. 287。

パブリシティ権は，個人の尊厳，自律性を財産権類似の手法で保護する。つまり，パブリシティ権は，個人の氏名や肖像を占有権侵害に対する保護を図り，第三者による正当な理由を欠く使用について，取り締まる事が可能であるなど個人に関する情報に関する権利保護のメニューに多様性を与えることが可能であることを示している。こうしたパブリシティ権の特性は，本著で検討している実際に流出した個人データによる2次的プライバシー侵害被害の発生防止と言う観点から見たインターネット上での個人データ保護に関して，有効であると考える。

以下では，"Property Rights Approach" による個人データ保護を現在の市場メカニズムに調和させるため，ライセンス形式による個人データ保護の有効性を検討する。

第3節　ライセンス制導入による個人データ保護の有効性

本書では，前述した著作者人格権型財産権アプローチの権利保護手法に立ったインターネット上での個人データ保護政策の一提案として，インターネット上で交換された個人データの利用にライセンス制の導入を提案する。著作者人格権型財産権アプローチによれば，ある者の個人データをある特定の目的で使用に関して，ライセンスを許諾したデータ主体は，許諾したライセンスが承認した目的以外にデータを利用することを把握した上で，差止め救済を求めることが可能である。インターネット上で交換された個人データの利用にライセンス制を導入するメリットとしては，以下の諸点を挙げることができる。

① 当事者間の個別事情に応じた個人データの利用条件を事前・個別に定めることが可能である。

② ライセンス違反にあたる形態の個人データ取扱いに対する初動的権利保護措置を司法手続によらずに即座に行うことが可能である。

③ ライセンス上の利用条件違反やライセンスを有しない者の個人

データ取扱いに高額の損害賠償を請求することが可能である。
④　ライセンス処理の自動化により，データ主体の経済状況に左右されずにプライバシー保護を図ることが可能となる。

①については，従来のプライバシー侵害の民事法上のメインフレームワークである不法行為構成の場合，問題となる個人データの取扱いが違法であるかどうかは裁判官が最終的に決定することになる。しかし，裁判官の判断は，一般人の感受性が基準とされる[48]から，必ずしも，個々人のプライバシー保護意識に応じた判断がなされるとは限らない。一方，事業者側も個々の企業によって，個人データ管理の業務体制は千差万別であり，社会的コストを考えた場合，不法行為アプローチによる権威的決定がされるよりも，個々の事情に合わせた個人データの利用条件を事前に定める方が安価である。この点から，ライセンス制は，従来の不法行為構成よりも，柔軟性のある個人データ保護形態を模索することが可能である点において有利である。

②については，違法な個人データ取扱いがなされた場合でも，従来の不法行為構成では，訴訟手続によって，不法行為に基づく損害賠償請求債権の存在確認・損害額の認容と執行手続を踏まなければ，データ主体の権利は保護されない。これは，不法行為法は，契約法とは異なり，事前に具体的な権利義務関係が設定されているわけではなく，被害者側が加害者側の注意義務の内容と注意義務違反の存在を立証しなければならないという要件上の問題から，司法手続による解決が必須とされるためである。しかし，ライセンス制の場合，事前のライセンス契約によって，個人データの利用条件が定められているため，ライセンス条件に反した個人データの取扱が存在した場合，ライセンス許諾者は権利保護に際して，ライセンス違反者の故意・過失を立証する必要がない。実際，ソフトウェア著作権の分野でよく知られた事例では，Microsoft 社の Office XP 以降のアプリケーション，及び Windows XP 以降の OS にライセンス認証システムが搭載され，規定さ

---

[48] 『宴のあと』事件判決（東京地判昭和39年9月28日判例時報385号12頁）

れたライセンス数以上にコンピュータにソフトウェアがインストールされた場合，当該ソフトウェアが機能制限モードでしか利用できなくなるほか，ウィルス対策ソフトウェア等にもライセンス処理が終了していないアプリケーションはウィルス定義更新機能が利用できない機構が搭載されている[49]。

③については，上述したように従来，人格権侵害に基づく不法行為の救済は，非常に低額しか損害賠償が認められなかった。また，財産的損害賠償についても，損害の程度・原因・加害者の特定とこれらの因果関係を被害者自身が立証することが困難である点が障壁となり，一般には，小額の弁護士費用[50]しか認められないことが大半である。これらのことからこれまでの不法行為構成では，事業者側に対して，個人データの不適切な利用に対する抑止効果は期待できないのが現状である。しかし，財産権を基礎とするライセンス制では，契約条項にライセンス違反の際に懲罰的損害賠償を請求する旨を定めることが可能であり，不法行為構成に比べて，事業者に対する抑止力を維持することが可能である点，有利である。

④については，プライバシー侵害被害の救済を求めるために司法手続を利用する場合，裁判所に納付する訴訟手数料・被告に対する訴状送達費用の他，弁護士費用（着手金・成功報酬）[51]，敗訴時の訴訟費用等かなりのコストを要することになる[52]。つまり，経済的に恵まれた富裕層に属する人々は，優秀な弁護士に依頼して，自己の権利保護を達成することもまだ期待できる余地があるが，そうでない場合，侵害された権利の救済を求めることは，著しく困難である。しかし，上述

---

49 2002年9月リリースのWindows XP Service Pack 1以降のMicrosoft社製品のサービスパックにはライセンス違反が認められる製品を実行しているコンピュータのWindows Update機能を利用不可能にする機能が搭載されている。http://www.microsoft.com/japan/piracy/activation_xpsp1.mspx（2006.12.15確認）
50 第3章注（36）参照。
51 第3章注（35）参照。
52 相川忠夫「消費者信用取引に伴う情報流通」クレジット研究 No.22（1999）pp. 111-112.

したようにライセンス制を導入すれば，司法手続を経ずに権利保護を図ることが可能である。端的に言えば，コンピュータ上でライセンスの自動処理を行うことも可能である。ブロードバンド技術の発達により，常時接続環境が整備されている今日では，経済状況が比較的苦しいものであっても安価にプライバシー侵害の予防，あるいは救済をデータ主体の経済状態に依存することなく行うことが可能であり，実質上，プライバシーが保護される者の範囲が大幅に拡大されることが期待できる。

　以上をまとめると，ライセンス制による個人データ保護手法は，データ主体側にとっては，①プライバシー侵害の救済プログラムの拡大と個人のプログラム選択権の拡大，②プライバシー保護に要する費用の平準化による保護対象の拡大，③即時的な対応の可能性に優れた手法であり，個人データを扱う事業者側にとっても，ライセンス制と個人データ保護技術を組合せて，ライセンス違反の個人データ処理を無効として，データへのアクセス排除が可能であれば，紛争発生リスクを低減させることが可能となる。

　なお，本書において，ライセンス型個人データ保護制度を導入する目的はデジタル情報流通の即時性への対応という現行のオーソドックスな司法制度が抱える根本的限界を縮小させることにより，司法手続による救済の実効性を高めることにある点から，本書でこれから提案する制度設計において，情報主体に対して認めるライセンス付与権限は，現行司法手続による伝統的なプライバシーの権利に基づく救済の実効性を確保する範囲に限定する必要がある点は言うまでもない。

第4節　個人データ保護関連技術とその展開

　個人データ流出によるデータ主体側の被害拡散リスクが低減することは事業者側が被る各種リスクの縮小にもつながる。以下では，本稿提案制度の技術的実現可能性の検証の観点から関連技術の動向について整理する。

個人データが事業者により収集，処理される過程においては，単一のサービス提供者により個人データを管理する集中方式と分散協調方式の2タイプの処理プロセスに大別される。一般的な Client/Server 技術は前者に属すると言われる。集中方式を採用した場合，データの一覧性に優れるため，事業者側には顧客の利用動向が把握しやすく，課金業務と囲い込みが容易である，また人気のあるサービスを発見しやすいことからプッシュ型営業を行いやすいというメリットがある，また，消費者側には処理手続が簡素であり，自己の趣向に沿ったサービスを受けやすいといった特長がある[53]。

一方，分散方式ではデータの一覧性を犠牲にして，情報のセキュリティを重視することになることから，事業者側には顧客情報の保護，情報漏えいの予防や内部不正のリスク分散，システム負荷の分散と障害発生時の耐性向上といったメリットがある。一方，消費者側にもプライバシーが保護されやすい，事業者とサービスの選択性で有利であり，柔軟なサービスを組み合わせて享受できるといったメリットがある[54]。分散方式を前提とする技術に関する研究には必要最小限度の機能と情報を扱う複数のサーバーの集合により，各サーバーに集約される情報量を最小限にとどめ，情報統合を未然に防止しながら利用者に利用するサーバーの選択権を持たせるアプローチ[55]や，SPKI 証明書によりサーバーにアクセス権を認証させることで利用者が匿名でサービスを享受できる匿名アクセス制御方式[56]，利用者とサービス提供者間の料金徴収・分配業務を回収センタと分配センタに分割し，利用者の住所，氏名，口座番号といったコンタクト情報とサービスの利用履歴を分散保存して両者の対応付けを防止することでプライバシーに配

---

53 小瀬木浩昭＝真柄喬史＝武田正之「個人情報の分散協調保護機構の提案と Web サービス上の Instant Message への適用」情報処理学会論文誌 Vol.45, No.SIG 7 (TOD22) (2004) pp. 90-91.
54 小瀬木＝真柄＝武田・前掲注 (53) 論文 pp. 90-91.
55 小瀬木＝真柄＝武田・前掲注 (53) 論文 pp. 85-92.
56 梅澤健太郎＝齊藤孝道＝奥乃博「プライバシーを考慮したアクセス制御機構の提案」情報処理学会論文誌 Vol.41, No.8 (2001) pp. 2067-2076.

慮するセンタ分割方式[57],インターネットの分散管理性を活用して,規定のセキュリティレベルを達成した複数の機関間で個人属性情報を分散管理し,インターネット上で仮想的に集約する属性情報プロバイダにより,個人属性を安全に交換,管理することを目指した研究[58]がある。事業者が取得した個人情報を第三者が利用してデータ主体に到達することを防止する研究としては,個人情報データベースを固定IDで制御する実名データベースと動的IDで管理する偽名データベースに分割し,実名データと偽名データの統合をICカードにより制御するリンカビリティ制御に基づく研究[59]とこれを応用して,固定IDを通信時に隠蔽して,送信者が意図しないID流出を防止し,受信者の権限や送信者の意思に応じて開示するIDの範囲を切り替える手段に関する研究[60]もされている。

次にネットワークの末端となる個々のコンピュータ機器内での内部実行環境に存在する脆弱性を改善することで,プライバシー情報の奪取を防止する一方式として,"暗号化メモリシステム"を採用する研究[61]がある。

通信経路上での情報奪取によるプライバシー侵害を防止する観点からは,ネットワーク上での通信路における利用者の匿名性確保と不正者追跡の頑健性を保証することを目指した通信方式に関する研究[62]や,

---

57 末松俊成,今井秀樹「ユーザーのプライバシー保護が可能な超流通ラベル配送型超流通システム」電子情報通信学会論文誌 Vol. J81-A, No. 10 (1998) pp. 1377-1385,及び大瀧保広=河原正治「超流通における使用記録の回収とプライバシー保護」情報処理学会論文誌 Vol. 41, No. 11 (2000) pp. 2978-2984等を参照。

58 千葉昌幸=漆蔦賢二=前田陽二「属性情報プロバイダ:安全な個人属性の活用基盤の提言」情報処理学会論文誌 Vol. 47, No. 3 (2006) pp. 676-685.

59 佐藤嘉則=川崎明彦=森田豊久=福本恭「リンカビリティ制御に基づいた個人情報管理システム」情報処理学会研究報告 CSEC-30 (2005) pp. 459-465.

60 森藤 元=川崎明彦=森田豊久=宝木和夫「プライバシを考慮したアイデンティティ制御方法」情報処理学会研究報告 CSEC-30 (2005) pp. 467-471.

61 稲村 雄=本郷節之「暗号技術によるメモリデータ保護方式の提案」情報処理学会論文誌 Vol.45, No.8 (2004) pp. 1823-1832.

62 千田浩司=小宮輝之=林 徹「匿名性確保と不正者追跡の両立が可能な通信方式」情報処理学会論文誌 Vol.45, No.8 (2004) pp. 1873-1880.

第三者を仲介者として相手方にデータ主体の匿名を保つ三者匿名仲介方式と第三者を直列や並列に多段階に複数配置することで個人データを分割伝送する方式に関する研究[63]，RFIDシステムを利用したターゲットの追跡によるプライバシー侵害に対して，普遍再暗号技術を用いてタグIDを再暗号化することでタグの追跡を防ぐ方法[64]や，より低コストでのRFIDプライバシー問題の解決を志向した研究[65]がある。Web上での電子的なアンケート調査について，回答者のプライバシーを保護するため，暗号化されたまま回答の統計調査を行うシステムに関する研究[66]も進んでいる。

また，データ主体自らが自己に関するデータの現状を把握できることを目指した個人情報流通管理システム[67]に関する研究や匿名通信プラットフォームを設計して，データ主体が自らの個人属性情報を匿名化して，データ主体本人に本人特定情報を管理させる研究[68]，匿名性を維持したまま匿名者同士がアクセス履歴を証明して，同一ユーザーの識別を行うための研究[69]がある。

実用レベルでは，Microsoft社が2001年8月にリリースしたブラウザソフトInternet Explorer 6にはP3P規格に準拠したCookie管理システムが搭載されている。新たなシステムでは，Webサイトに

---

63 林良一＝茂木一男＝山室雅司＝曽根原登＝酒井善則「個人情報を保護しつつ活用する一方式」情報処理学会研究報告 EIP-22（2004）pp. 9-16及び，林良一＝茂木一男＝山室雅司「個人情報保護・活用のための契約方式」情報処理学会研究報告 EIP-25（2004）pp. 97-104.

64 齊藤純一郎＝櫻井幸一「普遍再暗号化によるRFIDタグのプライバシ保護の実現」情報処理学会論文誌 Vol.45, No.8（2004）pp. 1998-2006.

65 木下真吾＝星野文学＝小室智之＝藤村明子＝大久保美也子「ローコストRFIDプライバシ保護方法」情報処理学会論文誌 Vol.45, No.8（2004）pp. 2007-2021.

66 中里純二＝藤本賢司＝菊池浩明「個人情報漏洩を防止するWebアンケートのセキュリティ強化」情報処理学会論文誌 Vol.46, No.8（2005）pp. 2068-2076.

67 本村憲史＝橋本誠志＝井上明＝金田重郎「ネットワーク上での情報統合に対するプライバシー保護」情報処理学会論文誌 Vol. 41, No. 11（2000）pp. 2985-3000.

68 國米仁＝貝沼達也＝古原和邦「個人情報の保護と活用を両立する情報通信プラットフォーム」日本セキュリティ・マネジメント学会誌 No.1（2005）pp. 3-14.

69 中村めぐみ＝朝倉啓充＝成田千城＝岡田謙一「個人情報の扱いを考慮したアクセス履歴証明システム」情報処理学会研究報告 GN-50（2004）pp. 1-8.

アクセスしているサーバー以外のサーバーから送り込まれるいわゆる"Third Party Cookie"の存在をCookieの受け入れ前にユーザーに警告し，ユーザーの希望するレベルでCookieの活動をコントロールできる機能を搭載し，Cookieの削除ツールも新たに搭載されている。一方，わが国では，財団法人インターネット協会が，P3P規格に準拠したプライバシー情報管理システムとWebサイトをP3P対応にするためのポリシー作成支援ツールを無料で提供している[70][71]。

第5節　コンテンツカプセルの個人データ保護への適用可能性

上記に述べたライセンス型個人データ保護制度を政策提案のベースとする本著における制度設計のコンセプトからは電子的自力救済型個人データ保護制度の導入にあたっては，自律，分散型のデータ保護技術の適用が適当と思われる。上記で述べたように筆者はライセンス制度の保護手法を転用した流出データへのアクセス自動停止型アプローチを主張してきた。そこで，次に著作権保護技術の動向を整理する。

今日，MPEGのような符号化技術や情報通信技術が進歩することにより高品質の静止画，音声，動画情報等をネットワーク上で流通させることができるようになった。これに伴い，デジタルデータの大量コピーによる著作権侵害が問題視され，以下の2つの流れで技術的対策が行われている。著作権の保護技術には大別して，事前にデジタルコンテンツの不正利用を防止するActive Safety型技術とデジタルコンテンツの不正利用の事後検出と立証活動に用いるPassive Safety型技術の2タイプ[72]の技術がある。Passive Safety型の技術では

70　http://www.nmda.or.jp/enc/privacy/index.html（2006.12.15確認）

71　この支援ツールでは，タグ画面の質問に答えることで，XMLベースのP3Pポリシーが自動的に出力される。サイト構築者は，出力されたポリシーをWebサイトに組込むことで構築しようとするサイトをP3P対応とすることが出来る。

72　櫻井紀彦＝木俵　豊＝高嶋洋一＝谷口展郎＝難波功次「コンテンツ流通における著作権保護技術の動向」情報処理学会論文誌 Vol.42, No.SIG15（TOD12）（2001）p. 64.

不正利用発生後の検出・識別・証明を重視し，デジタルコンテンツの不正利用者の追跡可能性を容易にすることで間接的に不正利用を抑止することから，ポイントとして，以下の2点[73]が重視される。

① 不正利用の立証を可能とする情報を通常利用を妨げることなく柔軟にかつ容易に取り除けないように強固にバインドする技術
② データのある適切な流通地点でのバインド情報を適切に読み出し，実装環境とコンテンツの利用状況から不正利用を適切に検出する技術

①の代表的技術が電子透かしである。電子透かしは画像，映像，音声等のデジタルコンテンツに別の透かし情報を埋め込む技術である。電子透かしではコンテンツ自体にID情報を埋め込むため，コンテンツの部分切り取りのような編集が加えられたコンテンツも識別可能である[74]。しかし，電子透かし読取装置を用いれば，透かし入りコンテンツを編集することもできるため，耐性とコンテンツ品質とのトレードオフの調整が問題となる[75]。

②のパトロール技術はネットワーク巡回ロボット等により不正コンテンツを探索する。これにはリンクをたどって巡回するリンク巡回型ロボットとコンテンツ利用者の告発による告発型システムがある[76]。パトロールロボットはリアル社会における警察の役割を果たすとされるが，不正コンテンツの検出率は100％を達成することは不可能であり，セキュリティチェックを強固にすれば，コスト面，資源の面で限界がある他，個人監視の強化につながりかねないとのプライバシーに対する批判が問題となる[77]。

一方，Active Safety型の技術ではデジタルコンテンツの不正な利用を防止することを目的としており，以下の2点[78]が重視される。

---

73 櫻井＝木俵＝高嶋＝谷口＝難波・前掲注（72）論文 p. 64.
74 櫻井＝木俵＝高嶋＝谷口＝難波・前掲注（72）論文 p. 65.
75 櫻井＝木俵＝高嶋＝谷口＝難波・前掲注（72）論文 p. 66.
76 櫻井＝木俵＝高嶋＝谷口＝難波・前掲注（72）論文 p. 66.
77 櫻井＝木俵＝高嶋＝谷口＝難波・前掲注（72）論文 p. 66.
78 櫻井＝木俵＝高嶋＝谷口＝難波・前掲注（72）論文 p. 64.

① デジタルコンテンツへの利用許諾条件と利用管理プログラムの実装方法

② 実装された利用許諾条件等の安全かつ確実な執行環境の形成

Active Safety 型の技術によりデジタルコンテンツの利用を管理する場合, 対象コンテンツを著作者の管理下にあるサーバーのみに存在させ, 必要に応じてネットワーク経由で利用者に配布するモデルとコンテンツ自体の複製は自由に認めるが, 利用の際に著作者の認証を必要とするモデルがある。これら2タイプの技術は競合関係というよりは, 相互補完関係に立って, 実行環境に応じて適切な技術を組み合わせることによって, 効果を発揮する[79]。前者の単一共有型モデルはNelsonによる"transpublishing"構想（1965）に端を発し, 今日ではインターネット上で展開されるストリーミングサービスで広く利用されている。このモデルを適用したシステムでデジタルコンテンツを効果的に保護するためには, システムに以下の2点を実装する必要がある[80]。

① デジタルコンテンツの配送先が正しい利用者であることを同定できること

② 配送経路, 配送先でのコンテンツの複製防止機構

一方, 複製配布型モデルは著作物の複製自体というよりはむしろ, 複製物の利用を管理するという発想である。複製, 再配布自体は積極的に認める点に特徴がある。このモデルの代表例として1983年に森亮一らが提唱した「超流通」[81]がある。複製配布型モデルのように利用管理を重視するモデルに基づくシステムでは下記の要素が重要とな

---

79 櫻井＝木俵＝高嶋＝谷口＝難波・前掲注（72）論文 p. 64.
80 櫻井＝木俵＝高嶋＝谷口＝難波・前掲注（72）論文 p. 67, 配送先の正しさを認証, 同定する技術は通常のインターネットの認証技術と変わるものではない。ストリーミングサービスでは, ハードウェアやReal-SystemやWindows Media等のクライアントプログラムに搭載された識別情報を認証IDとしているとされる。また, 配送経路や配送先での複製防止には暗号化制御方式が利用される。クライアントプログラムの制御はデータ本体と並行して送受信される制御情報ストリームでデータ保存の可否をプログラムに指示し, 指示を受けたクライアントプログラムがユーザーインターフェース上で保存操作を無効にする構成を採る。

る[82]。
① 当該コンテンツがシステム管理外では正しく動作しない
② 当該コンテンツがシステム管理，利用許諾条件下の範囲内で正常に利用者に配布され，動作する。

　上記で紹介した複製配布型モデルによる技術の代表例として，オブジェクト指向技術の一部であるカプセル化技術がある。カプセル化とはコンテンツカプセル（セキュアコンテナともいう）内にデジタルコンテンツを格納し，暗号技術[83]を利用して鍵を掛け，鍵がないとカプセルを開けてデジタルコンテンツを取り出せない，あるいはライセンス違反等，一定の条件が認められた場合に，カプセルに内蔵されたいわば爆弾を作動させることで，当該データを使用不能にすることができる技術である。

　カプセル化は「ディジタルデータとその利用方法を一体として，それを情報のハンドリングの単位として扱う考え方」[84]であり，オブジェクト指向技術の典型例である[85]。コンテンツカプセル技術の主な例としては，Meta Trust/DigiBox（InterTrust社），EMMS/Cryptolope（IBM），Windows Media Rights Manager（Microsoft），RightsEdge（ContentGuard社），RightsShell（NEC），ZipLock/VBox（Preview System社），Matryoshka（NTT），Executable Multimedia Object（通信総合研究所），FEDORA/Security Automata（Cornell大学）等様々な研究がなされている[86]。

---

81 森亮一「ソフトウェア・サービスについて」JECCジャーナルNo. 3 (1983) pp. 16-26.
82 櫻井＝木俵＝高嶋＝谷口＝難波・前掲注 (72) 論文 p. 67.
83 コンテンツ自体の復号には on-the-fly と呼ばれる技術が用いられる。櫻井＝木俵＝高嶋＝谷口＝難波・前掲注 (72) 論文 p. 68.
84 櫻井紀彦「カプセル化コンテンツの動向と展望」情報処理学会電子化知的財産社会基盤研究会2001-EIP-12 (2001) pp. 2-4.
85 オブジェクト指向は実世界のオブジェクトになぞらえてソフトウェアのプログラムを構成する考え方である。オブジェクト指向におけるオブジェクトは，自身の状態に関する情報を保持し，与えられた刺激に従って，自身を操作するプログラムを有するものを指す。

カプセル化技術によるデジタルコンテンツの保護と利用が適正に実行されるためには，以下の機能がコンテンツカプセルに適切に実装されることが必要である[87]。

① 正当なプログラムへのコンテンツカプセルの引渡し
② 利用許諾条件の取得
③ 利用許諾条件の解釈
④ 利用許諾条件に基づく適切なコンテンツ制御

①の機能は利用許諾条件を遵守しないプログラムにコンテンツの暗号が解読されれば，復号後のコンテンツが編集コマンド等でコピーされてしまうため，コンテンツは保護できないことになる。カプセルが正当なプログラムからのみ開かれれば，未暗号化コンテンツが外部に流出することがない。上記から，カプセル内コンテンツ暗号の復号は正当なプログラムからのみ実行できることを保障するシステムが必要となる[88]。この点についてはコンテンツカプセルにコンテンツを制御するプログラム自体を実装するか否かによって2タイプの構成が存在する。第1はコンテンツデータと制御プログラムを分離し，コンテンツカプセルにはデータのみを記録する方式である。Windows Media Rights Manager, MetaTrust／DigiBox, RightsEdge, RightsShell, Cryptlope/EMMS 等がこのタイプに属するとされる。プログラム分離型ではカプセル内のコンテンツデータが正当なプログラムからのみ必ず開かれることが必要であることから，カプセルファイルのデータフォーマットを秘密とし，解釈用プログラムをコンテンツカプセルの開発者のみが提供する方式が一般にとられる[89]。第2はコンテンツ本体とコンテンツ制御プログラムが同一カプセル内にパッキングする構成であり，FEDORA／Security Automata, Matryoshka, Executable Multimedia Object 等はこのタイプに属する。

---

86 櫻井＝木俵＝高嶋＝谷口＝難波・前掲注（72）論文 p. 68.
87 櫻井＝木俵＝高嶋＝谷口＝難波・前掲注（72）論文 p. 68.
88 櫻井＝木俵＝高嶋＝谷口＝難波・前掲注（72）論文 p. 68.
89 櫻井＝木俵＝高嶋＝谷口＝難波・前掲注（72）論文 p. 68.

NTTのMatryoshkaと呼ばれるカプセル化技術の場合，①流通対象となるコンテンツ，②コンテンツ関連情報（利用制約条件・コンテンツの内容），③カプセル全体の動作と利用制約条件に基づくコンテンツの表現機能が単一の格納単位として，実行ファイル形式として内包される。Matryoshkaカプセルファイルを実行すると，カプセル内に実装されたコントロールが，カプセル内に内包されているコンテンツ関連情報を読み込み，実行環境をセンシングし，利用制約条件をチェックする。この利用制約条件には，端末限定がされている場合の利用者認証，使用時間，使用期限，使用回数を管理することが可能である。条件が適合する場合に実行されたコントロールは，履歴情報の更新処理後に制約条件に基づいてコンテンツを表示する。コンテンツ本体とその関連情報には，暗号化処理がなされており，カプセルに実装されるコントロールのみが，コンテンツの正常な表示が行えるようになっている[90]。この方式では不正プログラムにより原コンテンツが流出する危険性は制御プログラム分離型に比べて，低いとされる。

②の機能は制御プログラムがカプセル内コンテンツの利用許諾条件をどこから取得して，コンテンツ本体と対応付けるかという問題に関する機能である。この機能は大別して，(A)コンテンツカプセル内蔵型，(B)ライセンスキーへの紐付け型，(C)固有識別子による参照の3タイプがあると言われている[91]。(A)のタイプは利用許諾条件自体をコンテンツカプセル内に内蔵するため，コンテンツ本体と利用許諾条件の結合度が強く，利用許諾条件自体の改ざんからの保護がしやすく，コンテンツカプセルの複製によって利用許諾条件も複製されることから，コンテンツと条件間の組み合わせによる改ざんにも対応できる一方，コンテンツ本体と利用許諾条件の結合度の高さから利用許諾条件の変更のような環境変化に対する柔軟性の面で課題が残るとされる[92]。この方式は，MetaTrust/DigiBox, Cryptlope/EMMS, Matryoshka, FE-

---

90 櫻井・前掲注（84）論文 p. 4.
91 櫻井＝木俵＝高嶋＝谷口＝難波・前掲注（72）論文 p. 68.
92 櫻井＝木俵＝高嶋＝谷口＝難波・前掲注（72）論文 p. 69.

DORA/Security Automata 等のコンテンツカプセルが採用している[93]。(B)の利用許諾条件のライセンスキーへの紐付け方式はライセンスキー毎に利用許諾条件を設定でき、条件設定時の柔軟性に長けているのがメリットであるとされるが、逆に利用許諾条件自体の保護やコンテンツ本体と利用許諾条件の組み合わせの正しさを保障する機能については劣るとされる。この方式は Windows Media Rights Manager や Rightshell 等が採用するとされる[94]。(C)の識別子を用いる方式は(A)、(B)を一般化し、利用許諾条件とデジタルコンテンツ本体とのバインドを論理的に考え、物理的存在場所を問わないとする発想であり、ネットワーク上のサーバーに利用許諾条件を置き、コンテンツを遠隔集中管理することが可能である[95]。現在の著作権管理団体による著作権集中処理との親和性が高いとされ、コピーマート[96]構想やcIDf[97]（Content ID Forum）や RightEdge で採用されている。

　③については割愛し、④のコンテンツ制御では、コンテンツの利用許諾条件と利用状況の比較により、利用許諾条件を満たした場合にコンテンツ復号鍵が取得され、コンテンツが利用できるようになる。また、利用者のコンテンツへの操作状況の監視と制御は継続されることから、安全な復号システムと利用状況の監視機構、そして利用条件の執行システムの3点が重要となる。これら3点の機構は安全性を重視する立場からはリモート、ローカルのより低位レイヤでの実現が望ましいが、データの可搬性、恒久性という利便性に関するコンテンツ利用者の要求の実現を重視する観点からはネットワークやプラットフォームへの依存は低い方が望ましいこととなり、安全性と利便性をトレードオフの中でバランスよく最大化するかという価値判断が求められる[98]。

93　櫻井＝木俵＝高嶋＝谷口＝難波・前掲注（72）論文 p. 69.
94　櫻井＝木俵＝高嶋＝谷口＝難波・前掲注（72）論文 p. 69.
95　櫻井＝木俵＝高嶋＝谷口＝難波・前掲注（72）論文 p. 69.
96　北川善太郎『コピーマート　情報社会の法基盤』（有斐閣，2003）.
97　http://www.cidf.org/（2006. 9. 7確認）
98　櫻井＝木俵＝高嶋＝谷口＝難波・前掲注（72）論文 p. 70.

上述のような特徴を持つ Active Safety 型技術のうち，特徴的な技術を持つ主要例の特徴を概観する。

まず，Nelson が提唱した Xanadu システムは，ハイパーリンクを用いて他文書の任意部分を参照リンクの集積である "parallel documents" を用いて，情報の自由な再利用を柔軟に行うことが特徴である。これに基づいて，著作物に関する全権利の保護と情報の自由な再利用を両立する "transpublishing" が構想された[99]。

Real Network 社の Real System の特徴は "Authentication Extension" と呼ばれる拡張機能を利用して，ユーザー ID とパスワード対，あるいはプレイヤー ID を用いた認証ベースのメディア保護を実現する点にある[100]。

IBM の EMMS は同社の Cryptolope 技術により，1つのファイル内に複数の暗号化コンテンツやメタデータ，復号鍵，契約条件，署名，電子透かし，電子公正証書等を格納させた複合型カプセルを利用することが特徴である[101]。

RightsEdge の特徴は権利技術言語に XrML (eXtensible Rights Markup Language) を利用している点とコンテンツ利用者がコンテンツカプセルと許可条件や権利，書誌情報を記述した "Rights Label" を作成する点にある[102]。

Warwick Framework は，Dublin Core や MARC 等の異なる仕様で作成されたメタデータセットを利用し，メタデータセットの一つとして独自に "terms and conditions" を置き，規定値として扱う点に特徴がある[103]。

FEDORA/Security Automata のコンテンツカプセルは "Digital Object" と呼ばれ，複数のコンテンツデータを不透明なバイト列と

---

99 櫻井＝木俵＝高嶋＝谷口＝難波・前掲注 (72) 論文 pp. 70-71.
100 櫻井＝木俵＝高嶋＝谷口＝難波・前掲注 (72) 論文 p. 71.
101 櫻井＝木俵＝高嶋＝谷口＝難波・前掲注 (72) 論文 p. 71.
102 櫻井＝木俵＝高嶋＝谷口＝難波・前掲注 (72) 論文 pp. 71-72.
103 櫻井＝木俵＝高嶋＝谷口＝難波・前掲注 (72) 論文 p. 72.

してカプセル化した"Structural Kernel"とインターフェースである"Disseminator"から成る。実際の動作は Primitive Disseminator がリモート環境で行うことによる[104]。

Aurora はサービスを提供するソフトウェアをオブジェクト指向により設計, コンポーネント化して, このコンポーネントを HERMES 言語で制御する[105]。

上述の Matryoshka はコンテンツ自体に表現手段と利用制御システムを併存させ, どの流通過程でも自律的なコンテンツ保護が行える点が最大のメリットである。実装例では, コンテンツ ID を電子透かしとして埋め込み, Passive Safety 型の技術と統合的に運用することも容易であるなど拡張性が高いとされる。

Encapsulating Mutimedia Object はプログラムオブジェクト内にコンテンツデータをカプセル化して隠蔽した上で認証プロセスによる処理で正規利用を判別する。本方式の最大のメリットは, 利用者に応じて提供すべきサービス内容やレベルが変更される場合に自律的にそれらを反映できる点にある[106]。

上記の各カプセル化技術の中でも特に本書提案制度に関連すると思われる Matryoshka についてより詳しく見てみると, Matryoshka はデジタルコンテンツの流通経路の多様化によりコンテンツは今後, 2次加工等の如何なる環境においても提供者が要求するコンテンツ管理を実行できることが求められるようになったのにかんがみ, コンテンツの生成, 流通, 利用, 加工といったライフサイクル全体を管理する際に共通に操作可能な基本単位として, コンテンツ利用手段, 利用条件をカプセル化するという発想の下に開発された[107]。

---

104 櫻井=木俵=高嶋=谷口=難波・前掲注 (72) 論文 p. 72.
105 櫻井=木俵=高嶋=谷口=難波・前掲注 (72) 論文 p. 72.
106 櫻井=木俵=高嶋=谷口=難波・前掲注 (72) 論文 p. 72.
107 加賀美千春=森賀邦広=塩野入理=櫻井紀彦「コンテンツ流通における自律管理を目的としたカプセル化コンテンツ Matryoshka」情報処理学会研究報告 CSEC-8 (2000.3) p. 100.

Matryoshka カプセルの構造は以下の通りである[108]（図16）。

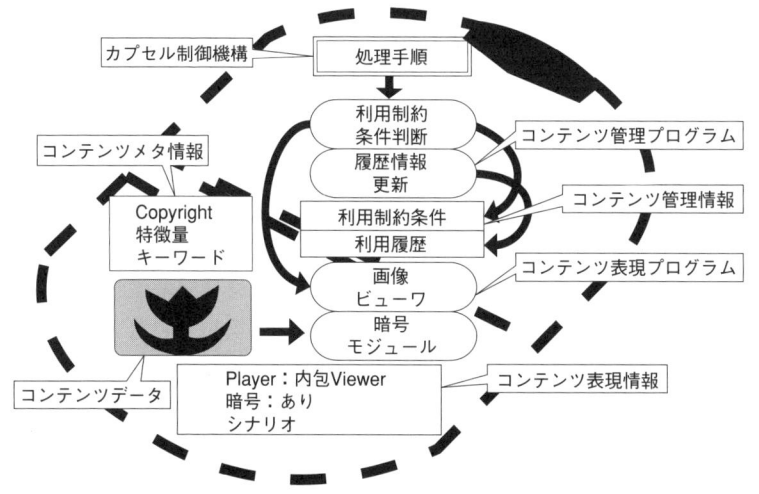

図16　Matryoshka カプセルの構造

出所：加賀美千春，森賀邦広，塩野入理，櫻井紀彦「コンテンツ流通における自律管理を目的としたカプセル化コンテンツ Matryoshka」情報処理学会研究報告 CSEC-8（2000.3）p.101[109]

① コンテンツおよびそれ自身に関するもの
　(1)　コンテンツデータ：符号化されたコンテンツ
　(2)　コンテンツメタ情報：著作権情報，コンテンツ検索用の検索キー等属性情報

108　加賀美＝森賀＝塩野入＝櫻井・前掲注（107）論文 p. 100.
109　上記出典の他，特許庁 HP「標準技術集」クライアント上の情報セキュリティ技術（http://www.jpo.go.jp/shiryou/s_sonota/hyoujun_gijutsu/info_sec_tech/e-2-2.html（2006.9.9確認））も参照。特許庁「標準技術集」は技術開発サイクルが短縮化し，産業界の特許への意識の高まりに伴い，近年，開発の初期段階から特許が出願されるようになってきており，出願内容も複雑高度化している点，また出願人にとっては，重複した技術開発を回避し，効率よく出願を行うために標準化された技術動向の把握や，先行技術調査の充実がますます重要となっている点等に鑑み，論文，マニュアル，カタログ，web 等の非特許文献記載の開発間もない新技術等を技術分野ごとに収集し，特許審査への活用と出願人の事前調査に資する目的で外部公表しているものである。

② コンテンツ表現に関連するもの
 (1) コンテンツ表現情報：フォーマット情報，プレーヤー指定情報等
 (2) コンテンツ表現プログラム：データ解析手段（暗号化・復号機能，プレーヤー本体のプログラム等）
③ コンテンツ利用に関連するもの
 (1) コンテンツ管理情報：利用条件・利用状況管理のための履歴情報
 (2) コンテンツ管理プログラム：コンテンツ管理情報の更新，利用条件の判断，コンテンツの利用状況の監視，制御プログラム
④ Matryoshka 本体の制御に関するもの
 (1) コンテンツ制御情報：Matryoshka 内部での処理手順

　Matryoshka の動作については，まず，Matryoshka 参照プログラムがカプセル内に内包されたコンテンツ制御条件を解析し，改ざんチェックを行いながら，コンテンツ管理プログラムやコンテンツ表現プログラムを処理手順に従って実行し，後は各プログラムに処理が委ねられる[110]。これらの動作のうち，利用条件の判断については，以下の構成をとる。つまり，「Matryoshka コントロールは，自分の親となるコンテナに問い合わせ，応答を受ける。コンテナが Matryoshka コントロールであれば再帰的に問い合わせを行う。Matryoshka コントロールから子供の Matryoshka コントロールへの応答にはコンテナの編集機能の有無と自身が Matryoshka コントロールであるという情報を伝える。このようにして編集アプリケーションによる処理であるかどうか，自身が編集物であるかどうかを判断する。自身が編集物であることは，履歴情報からもわかり，編集後の利用条件を発動する判断材料となる。単純利用に対する利用形態は内包されている表現プログラムから判断でき，編集における利用形態の判断は編集前後のデータの差分から判断する。」[111] また，利用制御の判断に

110　加賀美＝森賀＝塩野入＝櫻井・前掲注（107）論文 p. 101.

ついては,「コンテンツ管理プログラムは,利用場面と利用形態を判断し利用条件を特定した後,Matryoshka内,システム内,第三者機関などから識別情報を取得し設定された利用制御と比較判断」[112]を行う。取得情報の例としては,時間制限制御を行う場合,システムの時間情報を,回数制限制御を行う場合は,Matryoshka内に記録された操作に関する履歴情報を,ユーザー属性情報の場合はIPアドレスやMACアドレス等がある[113]。

Matryoshkaで対応可能なデータ形式としてはMP3,Bitmap画像,JPEG画像,テキストデータに対応可能である[114]。

上述のようにカプセル化技術は,主にデジタルコンテンツにおける著作権保護を目的とした技術であるが,それ以外にインターネット上で交換される個人データの保護にも有用性を持っている。上述したようにインターネット上への個人データ流出では,流出したデータが転々流通し,ひとり歩きしてしまうことで,深刻なプライバシー侵害を惹起することになる。そこで,個人データの取得・利用者のポリシーを評価し,正当な利用目的を有する情報取得・利用者を認証し,認証を受けた利用者のみに開示ポリシーを評価可能なメソッドでバインドしたカプセルの中に個人データをパッキングすることで,個人データへのアクセスを許可する開示制御を行う。この場合,正当な目的と評価されないシステムや認証権限を持たないシステムから個人データにアクセスがなされれば,不正アクセスとして,正当なアクセス権を取得するまで個人データに暫定的にアクセス不可とする方法で個人データが流出しても,プライバシー侵害に発展しないようにする

---

111 http://www.jpo.go.jp/shiryou/s_sonota/hyoujun_gijutsu/info_sec_tech/a-2-1.html#（5）(2006.12.15確認)

112 http://www.jpo.go.jp/shiryou/s_sonota/hyoujun_gijutsu/info_sec_tech/a-2-1.html#（5）(2006.12.15確認)

113 http://www.jpo.go.jp/shiryou/s_sonota/hyoujun_gijutsu/info_sec_tech/a-2-1.html#（5）(2006.12.15確認)

114 阿部剛仁＝谷口展郎＝森賀邦広＝塩野入理＝櫻井紀彦「メディアフレームワークに基づくコンテンツ保護処理方式と自律制御型情報カプセルの実現」情報処理学会論文誌 Vol. 44 No. SIG 12, (2003) p. 70.

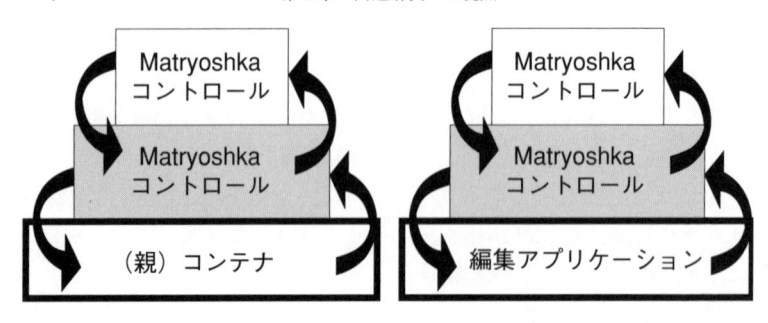

単純利用の場合　　　　　　　**編集の場合**

① Matryoshkaコントロールからの問い合わせ
② 編集機能を持たない（親）コンテナからの応答
③ 編集アプリケーションからの応答
④ MatryoshkaコントロールからMatryoshkaコントロールへの応答

図17　Matryoshkaコントロールの利用条件判断

出所：加賀美千春，森賀邦広，塩野入理，櫻井紀彦「コンテンツ流通における自律管理を目的としたカプセル化コンテンツMatryoshka」情報処理学会研究報告CSEC-8（2000.3）p.102[115]

ことが可能となる[116]（図18）。

このようにカプセル化技術によれば、データ利用者である事業者のデータ利用目的を評価・認証し、正当と評価された場合に個人データを提供することが可能となる。カプセル化技術では、プライバシー保護政策のジレンマとして指摘されてきた個人データの不正流出によるプライバシー侵害からのデータ主体の保護とネットワーク社会における社会サービスの円滑な提供と企業の業務効率化という、相反する要請を満たすことが可能となる。

こうしたプライバシー保護技術の開発と普及が進めば、これまで、事業者の意のままに個人情報を提供せざるをえなかったデータ主体が

115　上記出典の他，特許庁HP「標準技術集」汎用（ネットワーク）（http://www.jpo.go.jp/shiryou/s_sonota/hyoujun_gijutsu/info_sec_tech/a-2-1.html#（5）（2006.12.15確認））も参照。

116　櫻井・前掲注（84）論文p.2．

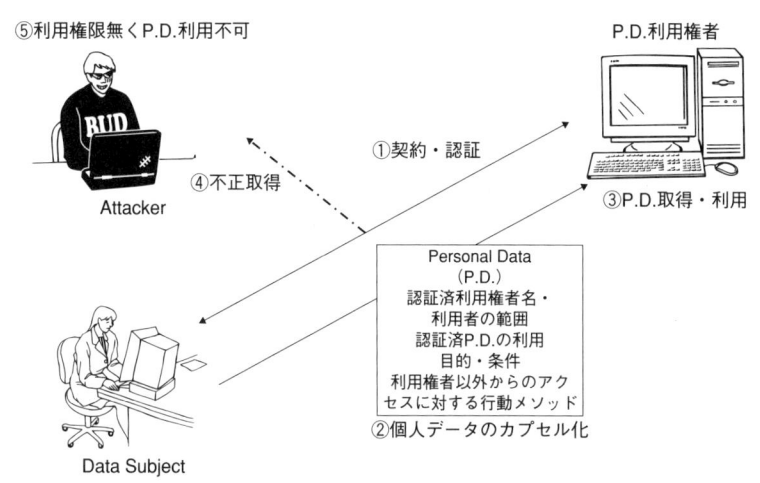

第5節　コンテンツカプセルの個人データ保護への適用可能性　173

⑤利用権限無くP.D.利用不可　　　　　　　　　　　　　　P.D.利用権者

①契約・認証

④不正取得

Attacker

③P.D.取得・利用

Personal Data
(P.D.)
認証済利用権者名・
利用者の範囲
認証済P.D.の利用
目的・条件
利用権者以外からのアク
セスに対する行動メソッド
②個人データのカプセル化

Data Subject

図18　カプセル化技術を用いた個人データ保護イメージ

自分の意思で自己の個人情報の価値を設定できるようになるという効果をもたらす。同時にデータ主体側がインターネット上で交換される個人データをコンピュータ・ソフトウェアと同視して，その使用条件を自由に設定できるようになる。

　もちろん，本書で提案する制度は特定技術に依拠することを前提としたものではないが，以上に述べた点からカプセル化技術は本書提案の電子的自力救済型個人データ保護制度には比較的馴染みやすいと言える。

　自律制御型情報カプセル技術自体への課題としては自律制御型情報カプセルではメディアの処理機能をカプセル内に実装する必要があることから，実装の煩雑さとカプセルサイズが肥大化した際の伝送効率の面で難点があるとされる[117]。特にMatryoshkaカプセルはどちらかといえば，初期プロトタイプであるため，上述のように対応できるデータ形式が限定される。対応させるメディアフォーマットの種類を

117　阿部＝谷口＝森賀＝塩野入＝櫻井・前掲注（114）論文 pp. 64-65.

増やせば増やすほど実装コストがかさむため，現在の動画中心の複雑なデータの流通にはもはや適応できないとされる[118]。この点については，Direct Show（Microsoft）や Quick Time（Apple）のように OS でメディアデータを取り扱うための基盤システムであるメディアフレームワーク（MF）のコンテンツ保護機能を拡張して，カプセル化技術と組み合わせることで効率性と柔軟性の向上の両立を目指した技術研究もされている[119]。

　これらの限界は上述のようにデータ形式が複雑な動画や音楽のようなデジタルコンテンツでは切実な問題となる。一方，ネットワーク上で流通する個人データは基本的にはテキスト形式であるため，動画のような高度な実装処理は不要である点とデータ保護の観点からは，個人データの不正取得者による取得済個人データの実行は逆に極力不便であることが望ましい。しかし，個人データの不正取得者であっても，データ主体との交渉により当該個人データへのアクセス権が認められれば，いつでもデータへのアクセスが認められる機能も考慮されなければならない。つまり，アクセス権の変更に対する柔軟性の問題である。これについては，簡潔なメタデータ定義によりネットワークを介した情報ソースへのアクセスを促進するダブリンコアモデルにより，データベースでのアクセス相互操作性，柔軟性，拡張性を向上させることができることを目的とした研究がある[120]。これによれば，拡張ダブリンコアとアクセス制御リストに基づいてデータベースを管理するエージェントと著作権や利用権限の制御を行うエージェントが付属したコンテンツカプセル，及びユーザー側エージェントの3者をシステム構成要素として，著作者側データベースで決定された著作物管理ポリシーをコンテンツ運搬エージェントが継承し，ユーザー側―データベース側の各エージェント間で協調して権限を制御することで，n

---

118　阿部＝谷口＝森賀＝塩野入＝櫻井・前掲注（114）論文 pp. 64-65.
119　阿部＝谷口＝森賀＝塩野入＝櫻井・前掲注（114）論文 pp. 64-73.
120　山田孔太＝木下宏揚＝森住哲也「情報フィルタと情報カプセルによる著作権・所有権保護システム」情報処理学会研究報告 CSEC-34（2006）pp. 43-50.

次利用や n 次配布の際の利用目的毎のコンテンツ流通を円滑に行う[121]。

以上，個人データ保護，あるいは著作権保護関連技術の開発トレンドを整理した。今後の課題として，これらの保護技術とそれらを破る新技術開発との間のいたちごっこが展開されるという現状の中で技術間のいたちごっこに打ち勝つ技術の絶えることのない進歩の継続が必要であることは言うまでもないが，それ以外にもいかにデータ主体の手続面，コスト面等の負担を少なくして，効果の持続を図るのかという制度の中への技術の実装のあり方の問題がある。本書においては，本稿提案制度の実現可能性を重視して，カプセル化技術を中心に整理したが，単一の社会制度を設計する際に特定のテクノロジーのみに依存した制度を設計することは望ましいことではないこともまた事実である。この点については技術の進歩と共に常に制度への技術の実装のあり方を見直し，改善するという姿勢を忘れるべきではない。

---

121 山田＝木下＝森住・前掲注（120）論文 p. 44.

第5章　政策提案

　前章までの議論を踏まえて，本章では，ネットワーク上に流出した個人データがプライバシー侵害に発展しないための政策の一提案を行う。

第1節　制度設計の要件

　前章までの検討において，現在のネットワーク上での個人データ保護政策の問題点として，個人情報保護法制や民間レベルの自主規制等に代表される事前規制と実際にプライバシー侵害が発生した場合の司法手続による事後救済が実施されるまでには長いタイムラグが存在する。しかし，現状では，個人データがネットワーク上に流出した場合に①当該流出データ流出によるプライバシー侵害への発展防止策，②発生したプライバシー侵害の2次拡散防止策が不十分であるためにこのタイムラグを埋めることができない。そのために各プライバシー保護・救済プログラム間の有機的連携が十分に機能せず，手続が断絶した形となっており，スムーズな司法手続による救済へと移行できない。そのことが結果として複次的プライバシー侵害に発展してしまう危険性をもたらす点を指摘した。この問題を解決するためには，事前規制によるプライバシー保護措置と事後救済プログラムのブリッジ機能を果たし，各プライバシー保護・救済プログラム間を有機的に連携させ，各手続間の断絶状態を解消し，司法手続による救済へとスムーズに導くための新たな政策プログラムが必要である。

　問題解決の手法として，4章3節で検討したライセンス制をインターネット上での企業による個人データの収集・利用に導入し，利用権限を有さない者の当該個人データへのアクセスを一時的に停止させ

るアプローチが効果的である。その理由として、第1にライセンス制を採用した場合、4章3節で挙げた①ライセンス侵害発生時の初動的権利保護措置の発動が可能である点、②当事者間の個別事情に応じた個人データの利用条件を事前・個別に定めることが可能である点、③契約関係外の第三者への対抗可能性、④ライセンス処理の自動化によるデータ主体間同士の経済格差の縮小といったメリットが存在し、本著の主題である流出直後の個人データに直接働きかけ、プライバシー侵害への発展を防止する対策を講じることができる。第2には、ライセンス制によれば、"Property Rights Approach"による個人データ保護手法が抱える限界を克服できる可能性があるからである。

ただし、前述したように"Property Rights Approach"による個人データ保護には、以下の克服すべき課題が存在している。

① 個人情報の譲渡可能性に関わる問題
② 希少資源の市場への配分が個人データに対して適用が困難である問題
③ ネットワーク上でのデータ流通に関するリスクに対するデータ主体の予見可能性に配慮した制度設計が必要である問題

①は、個人データを提供する場合、データ主体は、一度提供したデータが第三者に流通してしまうと、データ主体は第三譲渡先での個人データの有する価値を評価することが困難となる。そのために、"Property Rights Approach"に基づいた個人データ取引のデフォルト・ルールの制定には、個人データの持つ譲渡可能性を制限する必要があるという問題であった。

②は、"Property Rights Approach"による個人情報保護制度が、基本的に市場への個人情報の流通を縮小することを目的としているのに対して、財産権制度による資源の市場への配分は、当該資源の市場での流通における自由度が高い場合に機能するというトレードオフが存在する。そのため、"Property Rights Approach"による個人データ保護のケースでは、インターネット上での個人データ流通の自由度を制限しつつ、財産権制度のメリットを発揮させるような制度を

設計しなければならないという問題であった。

　これら①，②の問題に対して，ライセンス制は，個人データの譲渡可能性の制限を最小限度に抑えることで，財産権的手法のメリットを発揮させつつ，個人データ保護を図る制度が設計可能なアプローチである。故に制度設計のフレームワークとして，データ主体の自己の個人データの現状を感知しうる個人データ流通・管理方法が盛り込まれた個人データの第三者流通が行われることが前提とされる。

　③については，前述したようにデータ主体は，一般的に自己の個人データの誤用や個人データに付与された財産権の譲渡によって生じるリスクを事前に判断することは困難である。一方，個人データを収集する事業者の側は，日々大量の個人データを取り扱うことにより，過去のノウハウが蓄積され，リスクを分散させることが可能である。そのため，収集した個人データから少しでも多くの利益を得ようと個人データを積極的に再流通させることを志向する。個人データの第三者への再流通は，データの譲受人に対するデータ主体のコントロールを失わせてしまうことになる。一方，データの第一流通の際にも，データ主体は，データ収集者側に有利な条件でデータの移転がされやすい。前述のように，わが国においても，個人情報保護法の完全施行から2年半を経た今日，企業での"Privacy Statement"の策定と開示はもはや特別なことではなくなっている。しかし，事業者により策定される"Privacy Statement"は，各企業の業務執行水準に沿った主観的な基準である。そのため，破産した場合のデータの扱い方針など，企業にとって都合の悪い事項は，基本的に宣言されない傾向にある。

　故に，制度設計にあたっては，①データ主体がデータ収集者によって，個人データに付与された財産権を放棄させられることがないような制度の導入，②各企業における個人データ保護システムの実施体制に関する客観的データに基づいた評価を行い，制度の客観性を担保する基準，③"Privacy Statement"を掲出しない事業者に対して，個人データ保護に取り組ませるための制度的仕組みを考慮する必要がある。

第2節 参考制度——UCITA と電子的自力救済制度

本節では、インターネット上で交換される個人データ保護政策の具体的提案として電子的自力救済型制度の導入により個人データを不適切な方法で取り扱った事業者による当該個人データへの再アクセス（利用）をライセンス違反として排除するアプローチを提案する。政策提案の参考制度として、本著では、"Uniform Computer Information Transaction Act"（UCITA）に規定されている電子的自力救済制度に着目する。

以下では、まず、UCITA の内容について、簡単な整理を行い、次に電子的自力救済制度を参考にした制度設計を行う。

第1項 Uniform Computer Information Transaction Act の概要

UCITA は、1997年7月の全米統一州法委員会（"NATIONAL CONFERENCE OF COMMISSIONERS ON UNIFORM STATE LAWS"：NCCUSL）年次総会において採択されたコンピュータ情報取引に関する統一的任意法規である。インターネットの普及により、電子情報自体が商取引の対象として、その地位を強めたことにより、従来の有体物を前提とした法制度を電子情報の取引きに対応させるために従来の法制度の不備を解決し、州や国の垣根を越えたボーダレスな情報取引に対応した情報取引の統一法が必要であるとの観点から採択された[1]。UCITA は、「コンピュータ情報もしくは、コンピュータ情報に関する情報的諸権利の創作、修正、移転またはライセンスを目的とした合意とその合意の履行」（§102 (11)）と定義されるコンピュータ情報取引を適用対象としている。コンピュータ情報取引には、ソフトウェアのライセンス・売買やプログラム作成に関する契約の他にもマルチメディア・プロダクト、データベース等へのオンライン・アクセス

---

[1] 國生一彦『米国の電子情報取引法 UCITA 法の解説』（商事法務研究会、2001）はしがき p. 1.

(§611) やコンピュータ情報のディストリビューション（§613 (c)）といった取引が含まれる。このコンピュータ情報として，インターネット上において流通する個人データが含まれるかについて，§102 (a) (38) では，パブリシティ権を含む「排他的権利を与えるすべての法律の下で生じる情報についての一切の権利」を情報的権利として，その規律範囲に含めており，インターネット上での個人データ保護に対する適用可能性に関して一定限度の配慮をしている。

UCITAにおいて特徴的な概念としてマスマーケット・ライセンスとアクセス契約がある。マスマーケット・ライセンス（"Mass-Market License"）は，汎用性のある定型的情報について，1社のライセンサー企業と不特定多数のライセンシーとの間で大量の取引が行われるマーケットにおいて用いられるライセンス形態である（§102）。典型的には，ソフトウェア・パッケージの販売によって締結されるライセンス契約がある。マスマーケット・ライセンス取引では，ライセンサーによってドラフトされた定型書式の約款（standard form）が取引に通常用いられる。そのため，個人がライセンサーと契約内容に関して，協議する機会はなく，ライセンシー側に不利な条件で取引が行われることが多い。これは，インターネット上での個人データ流通にもそのまま当てはまる。マスマーケット・ライセンスに対する消費者保護への対応として，UCITA§211は以下の条件[2]を定めている。

(a) 情報の使用中もしくは使用前，または情報へのアクセス前に「同意の表明（manifesting assent）」等による当該マスマーケット・ライセンスに合意[3]すること

(b) 仮に当事者により採用された条件であっても，当該条件が第111条に規定された「非良心的（unconscionable）」な条件でないこと，または第105条(a)又は(b)項に規定された連邦法に専占（pre-

---

2 ライセンス委員会第3小委員会「米国統一コンピュータ情報取引法（UCITA）における諸問題」知財管理 vol. 50, No. 4（2000）p. 517.

3 この合意には，112条に定めた「吟味の機会（opportunity to review）」を必要とする。

empted) されず又は公の秩序（public policy）に違反しないこと
(c) 当事者の明白な合意事項と争いがないこと

以上が満たされない場合ライセンシーは、当該契約に関するコンピュータ情報をライセンサーに返却できる。また、ライセンシーにはコンピュータ情報の返却に伴う以下の権利が認められる。

① 支払った対価の返金
② 情報の複製物を返却又は廃却するのに要した費用の返済
③ 情報のインストールによって生じたライセンシーの情報処理システムの変化を従前の状態に復帰させるために要する合理的な費用[4]

このマスマーケット・ライセンス取引に関する規定については、主に以下の問題点が指摘されている。まず、条件(a)については、条件(a)を満たさない場合、ライセンシーは、購入したコンピュータ情報（例としてソフトウェア・パッケージ）をライセンサーに返却し、ライセンス料の返金を請求できることとされている。しかし、ライセンシー側は、通常、当該コンピュータ情報の使用を継続することを強く志向し、契約条件に不満足な点があっても、コンピュータ情報の返却を選択するライセンシーは少数にとどまる可能性がある。特にライセンサーが市場において強い独占的地位を占めているコンピュータ情報の場合であって、ライセンシーが一般消費者であるような場合、この返金条項がライセンシーを十分に保護しうるのかが問題点とされている[5]。次に条件(b)については、「非良心的」な契約条件について、権利行使ができない旨が規定されているが、「非良心的」[6]の語の定義が明示され

---

4 ①ライセンス内容の検討のために情報をインストールする必要があったこと、②その情報のインストールによるライセンシーの情報処理システムが変化し、情報を削除しても従前の状態に復帰しないことが条件となる。

5 ライセンス委員会第3小委員会・前掲注（2）論文 pp. 517-518.

6 ライセンス委員会第3小委員会・前掲注（2）論文 p. 518では、例えば、ソフトウェアのリバース・エンジニアリングの禁止、あるいはライセンシーのハードウェア製品の使用をライセンス条件として挙げることなどが「非良心的」な条件の例として挙げられている。

ていない点でライセンシー保護機能が発揮できるのかが問題視された。

UCITA においては，他者の情報処理システムを行うこと，若しくは当該システムから情報を得ること，又は当該アクセスと類似する行為をアクセス契約として定義している（§102(a)）。アクセス契約の概念は，例えば，アクセスプロバイダのコンピュータシステムにオンラインでアクセスし，当該システムからコンピュータ情報をユーザーの情報処理システムにダウンロードしてインストールする場合，プロバイダのシステムにアクセスする権利に関する契約を定めたものであり，ダウンロードしたコンピュータ情報をインストール・使用することについてのライセンス契約とは区別される。不正アクセス対策として，わが国では，不正アクセス禁止法（平成11年法律第128号）において，刑法的な側面からの法整備が進められたが，UCITA のアクセス契約の概念は，契約の観点から不正アクセス防止に関する一般ルールを定めたものである。アクセス契約におけるデフォルト・ルールとしては，§611で以下のように規定されている。

まず，アクセス可能性の程度については，契約条件またはその業界で要求される一般基準を参照することとされている[7]。次に特定情報の利用可能性，つまり情報内容については，契約に明示の規定がなければ，プロバイダは，特定の情報をいつでも利用可能にしておかなければならない義務は負わず，データベースの内容を削除・変更することが認められる。また，取得した情報の使用制限については，契約に制限規定がない場合，知的財産権や別途契約に定めた制限事項以外のUCITA独自の規定による使用制限はなされない。また，本著で扱っている個人データ管理の問題にも密接に関連するものとして，アクセス停止に関する規定が存在する。§814では，ライセンシーがアクセス契約に反するアクセスを行う場合ライセンサー（プロバイダ）は，法的手続を経ないでも当該ライセンシーからのアクセスを停止するこ

---

[7] ライセンス委員会第3小委員会・前掲第4章注（121）論文 p. 520では，航空管制情報システムとニュース配信システムの場合では，アクセス可能性に対するプロバイダの義務レベルが異なることが例示されている。

とができる。例としては、プロバイダのシステムを通じて、ライセンシーが第三者の権利を侵害する情報や他人を中傷する内容の情報を配布する行為をアクセス契約で禁止している場合などが考えられる[8]。

ただし、UCITA 自体はメリーランド州、バージニア州の 2 州においてしか採択されなかったため、NCCUSL は2003年 8 月にその普及推進活動を打ち切っている[9]。

第 2 項　UCITA における電子的自力救済制度

次に、本書で行う政策提言のモデルとなる電子的自力救済制度について概観する。電子的自力救済（"Electronic Self-help"）とはライセンシーによって契約条件を超えて不正にソフトウェアが使用された場合には、直ちにソフトウェアを使用不能、または破壊してしまう」[10]ことをいう。ユーザーのライセンス違反やライセンスの有効期間の終了により、取引対象となったコンピュータ情報の利用権限を喪失したにもかかわらず、なお情報の利用を続けるユーザーに対して、その利用継続を防止し、ライセンサーの権利を保護するために行われる。

自力救済は、ある権利を保全するために公権力の救済を待つ暇がない場合に、私人が自らの自力をもって救済を実行することである。個人は本来、時代を問わず、自己の権利の救済のために何らかのイニシアティブを発揮しなければならない[11]ことは、「権利の上に眠るものはこれを法は保護しない」の言葉にもある通りである。私力が公権化され、被害救済の権限が国家に帰属するようになった現在の法治社会の下では、社会秩序維持の観点から権利侵害がなされた場合の救済は、司法手続によることが前提とされているから、自力救済は原則として

8　ライセンス委員会第 3 小委員会・前掲注（2）論文 p. 521

9　UCITA の普及が進まなかった理由について検討した研究として、川和功子「米国における電子情報取引契約について—シュリンクラップ契約、クリックラップ契約を巡る議論について—」同志社法学 No. 306, p. 1 以下、同 No. 312, p. 1 以下、同 No. 313, p. 125以下参照。

10　ライセンス委員会第 3 小委員会・前掲注（2）論文 pp. 521-522.

11　明石三郎『自力救済の研究　[増補版]』（有斐閣、1978）pp. 287-288.

許されず，自力救済の実行者は違法行為として不法行為責任を問われうる。しかし，司法手続による救済を待っていては，権利侵害に対する有効な救済が達成できない場合があり，そのような場合には逆に自力救済を認めることが社会秩序を維持する上で有効であり，一定の場合に正当防衛，緊急避難に類する超法規的違法性阻却事由に該当し，自力救済が認められる場合もあるとされる。法的安定性の要請からは自力救済を積極的に許容する明文法規がなければ，救済は規定された手続によるべきであり，そうでなければ，法的安定性を害すると考えることもできる。しかし，明石は，法の理念としての正当性と実用性をも重視した三者のバランスを取ることも必要であり，現在の訴訟制度が費用とその所要時間（この点は，特に本書が問題としている）の点で権利の救済について期待された役割を十分に果たしえない状況下からは自力救済を形式論で処理すべきでないとする[12]。

私法上の自力救済は権利行使ないしは実行の面からのアプローチと違法性阻却事由への該当性という二側面から議論される。明石によれば，前者のポイントは自力救済が権利行使の範囲内か否か，つまり個人に権利を与えた法の目的や権利の本質が重視されるのに対し，後者では違法性の限界点の問題として，人間の基本的生存権の限界や「個」の「全」への協力の限界，または「全」の「個」への統制力の限界が議論されることになる[13]。刑事法では後者の立場から自力救済が専ら議論されるが，私法分野では両方の立場からの議論がありうる。ただし，明石は物権，債権の両方において，その侵害時に回復請求権保全を目的として自力救済の実行が可能と解すべきとしながら，「請求権」の中心は「訴えうる権利」であるに過ぎない以上，実定法上，自力による奪取は本来予定されていない。そこで，自力救済を請求権の行使や請求権の濫用として理解することへの妥当性に疑問を呈し，違法性阻却事由と理解する[14]。自力救済が違法性阻却事由として是認

---

12 明石・前掲注（11）pp. 288-290.
13 明石・前掲注（11）p. 281.
14 明石・前掲注（11）p. 282.

されるための要件について，学説では以下のように考えられている[15]。
① 正当な請求権が存在し，その保全を目的とすること
② 手段が相当であること
③ 裁判上の手続を通した救済を待つ暇がない緊急の必要性が存在すること
④ 自力救済によらなければ，当該請求権が実現不能あるいは著しく実現困難となるおそれがあること
⑤ 保護されるべき法益と侵害される法益との均衡（要否両説あり）

判例では「法律に定める手続によったのでは，権利に対する違法な侵害に対抗して現状を維持することが不可能または著しく困難であると認められる緊急やむをえない特別の事情が存する場合においてのみ，その必要の限度を超えない範囲内で，例外的に許されるものと解することを妨げない」[16]とし，事態の緊急性と手段の相当性を要件としている。小川憲久はソフトウェアやコンテンツの利用権原が喪失した場合やこれらが違法利用されている場合のアクセス停止や利用者の手元にあるソフトウェアやコンテンツの消去技術，検索ロボットによる違法利用発見技術を電子的自力救済として適法行為と見ることができるか，有体物を前提とした伝統的な自力救済の法概念を上記の場合への適用可能性とその要件について分析した[17]。

小川によれば，知的財産権保護の場面における自力救済では，下記のシーンが問題となる。まず，特許権の無許諾実施や著作物の違法複製のような著作権問題で通常想定される違法行為である。この場合は他の財産権とは別に司法手続による保護を超えて特に積極的な自力救済が必要なシーンの有無が検討すべき問題となる。

第2にネットワークを介した特許の違法実施と著作物の違法頒布の問題であるが，これはネットワークの伝搬性を考慮した場合，司法手

---

15 明石・前掲注（11）pp. 297-302.
16 最判昭和40年12月7日民集19巻9号2101頁。
17 小川憲久「知的財産権の保護と自力救済」法とコンピュータ No. 23（2005）p. 39以下。

続を待った場合に被害拡大のリスクが高く，自力救済の問題が生じやすい。

わが国の現行法においては，民法720条1項に正当防衛が規定され，プロバイダ責任制限法3条2項では，プロバイダにより実行された情報の送信防止措置が以下の要件を満たす場合に発信者に生じた損害の賠償責任を免責している。

① 当該情報の発信防止措置が当該情報の送信を防止するため必要な限度である場合
② 情報流通により他人の権利が侵害されていると信じるに足りる相当の理由がある場合
③ 被害者より被侵害権利の内容と侵害理由が具備された上での発信防止措置の申出があり，プロバイダが発信者に送信防止措置への同意照会を行い，7日以内に不同意の申出が送信者側からなされない場合

以上は被害者にとって自力救済と同等の効果を発揮する行為をプロバイダ自身が行った場合の免責を規定し，ネットワーク上での情報拡散という一般的緊急性を前提にして，具体的緊急性ではなく，相当性を要求するアプローチである[18]。小川の分析によれば，プロバイダ責任制限法によるアプローチでは，緊急性は一般的抽象的緊急性であれば足り，むしろ手段の相当性が判断基準として重要である[19]。

UCITA§618では，ソフトウェアのライセンス期間の満了時にあらかじめ契約でライセンシーに当該ソフトウェアの継続使用が認められている場合を除き，ライセンシーのソフトウェア使用権は終了し，当該コンピュータ情報，及び資料はライセンサーに返却されなければならない[20]。ソフトウェアの使用権限が消滅した際にライセンサーがライセンシーのソフトウェアの継続使用を強制的に司法手続によらずし

---

18 小川・前掲注（17）論文 p. 41.
19 小川・前掲注（17）論文 p. 41.
20 ライセンシーによる契約違反を理由とするライセンサーの契約解除の場合でも§802によって，同様の義務が規定されている。

て中止させる手段として、UCITAでは、「制約（Restraint）」と「電子的自力救済（Electronic Self-help）」という2つの概念がある。

制約は、§605に定められている概念であり、「当事者の合意がある場合には、契約条件の範囲内にソフトウェアの使用を制限しうるコードや装置などの電子的または物理的制限を、ライセンサーがあらかじめプログラムの中に内蔵させること」[21]をいう。一方、ライセンシーが契約違反を犯した場合に§815でライセンサーがライセンス情報の継続使用を強制的に中止させることができる権利が規定されている。この権利は、人身に危害を加えたり、あるいはライセンシー又は第三者の情報・財産に重大な損害を与えないような場合には、司法手続によらず、行使することが可能である。この権利を電子的に実現するための手段が§816に規定された電子的自力救済である。電子的自力救済は、契約条件に反するソフトウェアの利用について、即時に当該ソフトウェアを使用不能、あるいは破壊するプログラムをソフトウェア内に内蔵する点で、制約概念に比してより強い手段とされる。このように電子的自力救済制度は非常に強力な権利をライセンサーに付与する。このため、電子的自力救済を無制限に認めれば、逆にユーザーの権利を不当に害する危険があるため、2001年版以前のUCITAでは、その発動に際しては以下の制限が設けられていた。

① 電子的自力救済の発動は、規定された以外の方法で行使できない（§816 (b)）。
② 電子的自力救済の利用を定めた契約条件に対するライセンシー個別の同意表明（§816 (c)）
③ 電子的自力救済の実行時期、電子的自力救済の対象となる違反内容、抗弁がある場合のライセンサーの連絡先が含まれた実行15日前までの発動通知（§816 (d)）
④ ライセンサーによる電子的自力救済の不当行使により被った直接・偶発的損害、及びライセンサーが電子的自力救済の発動に関

---

21 ライセンス委員会第3小委員会・前掲注（2）論文 p. 521.

する通知を出さなかった場合等によって生じた結果損害に対するライセンシーによる回復権限（§816 (e)）

⑤　公共の福祉・安全に被害をもたらす場合の実行禁止[22]（§816 (f)）

　従来のUCITAは，電子的自力救済について前述の通り，ライセンサーに非常に強力な権利を付与していた。§816（2001年版以前）は，電子的自力救済を積極的に容認した規定というよりは，その乱用に対する歯止めとしての明確な行使基準を定める性格の規定であるとされる[23]。しかし，電子的自力救済は，従業員数が少ない小規模ライセンサーが大企業ライセンシーとの力関係において，脆弱な存在であり，こうした大企業ライセンシーの債務不履行に対して，十分な対抗力を持たない問題点を補完し，小規模なソフトウェアハウスを保護することを主眼としている。

　知的財産権分野における自力救済は対象となる特許や著作物に対するアクセスを禁止し，その利用を不可能にするというアプローチを一般にとるため，一般の自力救済のような占有権や所有権の物理的侵害は問題とならず，保護対象の財産領域への侵入，干渉を占有権や所有権と同等の財産権侵害と考えることができるのか，また緊急性についても権利の消滅や排他的占有の喪失の観念がない知的財産権では，緊急性が単に実施や利用による損害の拡大可能性といった抽象的危険を回避するという意味しかないため，緊急性の要件について問題が残ることになるとされる[24]。その上で，小川は知的財産権における自力救済に関する考え方として2つの方向性を指摘する。第1は，法的管理支配への侵入・干渉は有体物に対する有形力の行使よりも観念的問題とし，緊急性はいつでも実現しうることから，一般的緊急性で足りる

---

[22] 金子宏直「米国における統一コンピュータ情報取引法（UCITA）の取組み」法とコンピュータ No. 18（2000）p. 48では，公共の福祉・安全に被害をもたらす場合として，病院の医療管理システムについて，ライセンサーが電子的自力救済を実行するケースを挙げている。

[23] ライセンス委員会第3小委員会・前掲注（2）論文 p. 522.

[24] 小川・前掲注（17）論文 p. 42.

とし，結果として，手段の相当性と結果の重大性のバランスを重視し，自力救済の実施を広く認めるアプローチである[25]。

第2の考え方は法的管理支配への侵入・干渉を有体物に対する有形力行使に比べ，法秩序をより直接的に侵害する度合が強いとの理由から占有奪取と同等の侵害とみて，緊急性と手段の相当性を厳格に理解し，無体物への自力救済の実行は司法手続を待てない真の緊急性に加え，より侵害的でない他の手段の不存在という高度の相当性を要求する[26]。この点，小川は管理領域への侵入・干渉行為に外面的に明白な侵害がないために不明確性の存在を指摘し，法的管理支配への侵入・干渉の有無により自力救済として検討するかを決定し，侵入・干渉なき場合は自力救済に当たらず，違法性を法的根拠の有無と行為の相当性，結果の重大性を基準に総合的に判断し，侵入・干渉ある場合は自力救済に該当するとし，その要件を厳しく検討すべきとする[27]。

プロバイダ責任制限法やUCITAで採用された電子的自力救済制度は第1のアプローチに近く，利用者やそのシステムに重大な影響をもたらさない，つまりライセンスしたデータそれ自体のみを破壊する形態の自力救済の実施を自由に認める[28]。

現在のわが国においては，個人情報保護法制においても知的財産法制上においてもこうした電子的自力救済による権利者保護は認められていない。また，2002年版UCITAでは(1)平穏性の維持，(2)財産権侵害への予見可能性の不存在等の要件を満たさない電子的自力救済を禁止している。しかし，幾度となく繰り返しているように，インターネット上での個人データ保護は，今日のネットワーク社会における我々の私的生活の平穏を保障するという観点からも必要不可欠なものである。ネットワーク上において，データ主体は，通常，一人で多数の事業者との取引を行っている。一人の人間が個人レベルで強大な力

---

25 小川・前掲注 (17) 論文 p. 42.
26 小川・前掲注 (17) 論文 p. 43.
27 小川・前掲注 (17) 論文 p. 43.
28 小川・前掲注 (17) 論文 p. 43.

を有する多数の企業と交渉し，対等な関係を維持することは，至難の業である。一方，事業者側は，収集する個人データを利用して，データ主体の全体像をかなり詳しく把握することが可能である。ネットワーク社会においてデータ主体が有する力は，非常に脆弱である。ネットワーク上でのデータ主体と個人データを収集する事業者との交渉力格差を縮減するためにも電子的自力救済制度をインターネット上での個人データ保護に導入することは必要であると考える。また，本書の冒頭でも述べたとおり，サイバースペースにおいては，即時性・ボーダレス性・複製の容易さという特徴を持った膨大な量のデジタルデータが縦横無尽に飛び交っている。そのようなネットワーク環境において個人データ保護手法として，電子的自力救済制度の導入は，即時的な救済措置を図ることが可能であり，従来の個人データ保護政策の問題であった保護プログラム間の相互連携の断絶という問題点を縮小し，より機動的で柔軟な保護を図ることが可能である。また，ネットワーク上での情報拡散による2次被害の拡大を防止できるという観点からも必要である。

第3節　政策提案
―電子的自力救済型個人データ保護制度の提案―

　前節では，UCITAに規定される電子的自力救済制度が，個人データ流出直後の時間帯をカバーし，個人データ保護プログラム間の断絶状態を縮小しうる方策として有用性をもっている点を指摘した。そこで，本節では，電子的自力救済制度を個人データ保護に応用した制度設計を行う。

　電子的自力救済制度を個人データ保護に応用する場合，以下の問題が解決されなければならない。第1は，知的財産権保護の場面における自力救済における緊急性と相当性の判断基準を個人データ保護の場面でどのように考えるのかという問題である。前述のように，知的財産権領域における自力救済では法的管理領域に対して侵入・干渉の有無で違法性を判断する基準が異なってくる。こうした前提の上で小川

は、(1)特許権の無許諾実施や著作物の違法複製等通常想定される違法行為、(2)ネットワークを介した特許の違法実施と著作物の違法頒布、(3)ライセンス契約の契約終了と債務不履行解除による使用差止、(4)ネットワークを利用した使用停止措置の各シーンについて自力救済実行の違法性を検討している[29]。個人データ保護に電子的自力救済制度を応用する場合、データへのアクセス権がない個人データの第三取得者（個人情報保護法23条の第三者提供制限に該当する者）がアクセス権を認められていない当該データを実際に利用した場合にそのアクセスを排除するというアプローチが想定される。そこで特に問題となるのが、こうした個人データ利用停止プログラムを個人データに搭載することが認められるかという問題である。個人データがネットワーク上に大量流出する状況は、小川の上記分析では、(2)ネットワークを介した特許の違法実施と著作物の違法頒布の類型がまず問題となる。小川によれば、ネットワーク上に違法複製物がアップされている場合では、自力救済の緊急性要件については、ネットワークの伝播性を考慮すれば、司法手続を待つのでは、被害拡大のリスクを低減できないことから一般的抽象的緊急性を満たすことになる。一方、無許諾複製プログラムのような著作権侵害にあたる情報のアップロードに際しての送信防止措置については、プロバイダがこれを行う場合、プロバイダ責任制限法3条により、当該プロバイダが免責となる場合がある[30]。しかし、プロバイダによらない場合や送信防止措置に対する同意がない場合の対象となる情報の消滅・破壊については、自力救済とされ、原則許されないことになる。特に、違法複製物の発見を目的とした探索ロボット型プログラムや端末内蔵情報の外部提供機能の導入は、他人の管理するシステム領域への侵入となる点に注意が必要である[31]。また、ネットワークを介して外部からある信号を第三者のシステムに送信す

---

29 小川・前掲注 (17) 論文 pp. 43-47.
30 小川・前掲注 (17) 論文 p. 44.によれば、これは侵害者のシステムに対する侵入・干渉ではないので、自力救済の問題とはしない。
31 小川・前掲注 (17) 論文 p. 44.

ることでコンテンツを消去することも利用者の法的支配管理領域への侵入・干渉であり、ライセンス契約に規定があったとしても、公序良俗違反により無効とされ、これら外部からの信号送信による自力救済の適法性は緊急性と相当性が厳しく審査されることになる[32]。

　上記のように個人データの保護は個人の人格権と私的生活の平穏という個人の幸福追求権の保護につながるため、知的財産権における自力救済の要件に関する議論をそのまま適用することは適当ではない。しかし、利用権限のない第三データ取得者の有するコンピュータシステムの通常利用にまで影響を及ぼす技術の導入や個人データの保護を目的に当該データのアクセス以外の他の違法情報を積極的に発見する探索プログラムを前提とした制度設計は適当ではない。

　第2には電子的自力救済の利用に対するライセンシー個別の同意表明をめぐる問題である。UCITA（2001年版以前）における電子的自力救済制度では、ライセンサーとライセンシーの間で電子的自力救済制度が行われることに対する事前の同意表明が必要となる（§816 (c)）。しかし、前述したように、個人データ取引の場面におけるライセンシーにあたるサイト運営者側は、ライセンサーにあたるデータ主体に比して、力関係において優位である。そのため、個人データ取引についてUCITAの方法による電子的自力救済制度をそのまま適用しても、データ主体の保護効果は、期待しづらい。電子的自力救済を利用すれば、消費者が必要とするサービスを提供しない趣旨の条項の契約条件をデータ主体側に飲ませることが考えられるからである。この問題に対応するためには、①その権利行使の要件を緩和し、データ主体―事業者間では、事前の個別同意表明を不要とし、通知のみで足りることとする、あるいは、②電子的自力救済の適用に関する統一契約約款により、ライセンシー側に電子的自力救済の適用を排除させない条項を強制する制度設計が考えられる。しかし、①については、事前の同意表明を不要とし、通知のみで足りるとした場合、ライセンシーである

32　小川・前掲注 (17) 論文 p. 46.

サイト運営者側のリスクの予見可能性を奪うことになるので，②の統一契約フォームによる対応が現実的であろう。

　一方，個人データ保護に電子的自力救済制度を応用する利点は，契約関係外にある第三者に対して，権利を主張できる点にある。ライセンシー以外の第三者による個人データへのアクセスに対しては，データ内にデータ主体への問合せ方法のみを掲示させ，当該データの利用を停止する制度が必要である。個人データの第三者への移転については，攻撃者による情報の収奪行為といった正当な権限に基づかない情報の入手行為やデータ主体の推知しえない範囲で個人データが移転されることこそが問題なのである。個人データの第三者への移転がガラス張りになる，つまり，ライセンシー以外の第三者に個人データが移転しても，当該個人データの移転の概要と第三者に移転された個人データの現状がデータ主体から把握できる状態であれば，データ主体のプライバシー侵害に関するリスクの予見の困難さを緩和する要素となる。故にこのような場合にまで，電子的自力救済を認めることは適当でない。そこで，ライセンシー以外の第三者に流通した個人データに電子的自力救済を適用して，当該データへのアクセスを停止させる場合，流通する個人データにデータ主体の認証と個人データの譲渡人の認証が揃っていない場合にその適用を限定するといった制限を設けることが必要である。

　第3は，電子的自力救済制度の運営方法の問題である。前述の議論は，データ主体（ライセンサー）対ライセンシー企業の1対1の場面を想定したものであった。しかし，現実のサイバースペースでは，膨大な数の企業がWebサイトを立ち上げ，無数の情報が流通している。このようなネットワーク環境下では，いくらプライバシー保護支援ツールが発達しても，データ主体が個人レベルでこれら氾濫する情報を整理し，自己の個人データとその収集者の現状と動向を管理することには，自ずと限界がある。データ主体個人の情報管理レベルが低下すれば，プライバシー保護支援ツールや電子的自力救済制度も十分なプライバシー保護効力を果たしえなくなる。また，先に述べたように

第3節 政策提案

電子的自力救済は非常に強力な権利を与える。そのため、個人データに対する正当なアクセス権限を持つ事業者によるアクセス権限に則った個人データ処理にまで電子的自力救済が誤って適用されてしまうと、これら正当なアクセス権を持つ事業者の権利が害されることになる。現実世界の法環境に比して、ネット法環境では権利の存否やその内容の判定、具体的な執行方法、執行の可否に関する内容の限定や手続が無視され、権利者側の都合が一方的に反映されたルールが自動的に執行されることになる[33]。ネット裁判所を速やかに設立することは現状では困難であるからこそデュープロセスを確立し、プログラムとして強制的に採用させるアプローチを世界規模で目指すべきとの見解もある[34]。そこで、実際に電子的自力救済型個人データ保護制度を運用するためには、以下の機能を持ち合わせた第三者機関を設置し、データ主体（ライセンサー）及び事業者（ライセンシー）両方の権利を害さないような制度設計が必要である。

① データ主体―事業者間の契約交渉をサポートする代理機能
② 収集された個人データの現状を管理し、データ主体に報告する機能
③ 電子的自力救済の実行状況に関するチェック機能

この点、①については、電子情報契約に関する法制度としてUCITA§102（28）において、電子代理人（Electronic Agent）の概念が規定されている。電子代理人は、電子契約において、必要となる契約の申込みと承諾について、電子メッセージを利用して自動的に行うコンピュータ・プログラム等の電子的手段を法的に承認している。UCITA§206では、自然人が当該契約に介在しない場合においても、電子代理人が契約条件に関して、受諾を示す動作をする場合、契約は有効に成立するとされる。しかし、コンピュータ機器は基本的に定型

---

33 第29回法とコンピュータ学会パネルディスカッション総括「ネット上での権利行使、適法業務行為や自力救済における適正手続（due process）保障」法とコンピュータ No. 23, p. 79.
34 法とコンピュータ学会・前掲注（33）総括 p. 79.

的な情報処理を高速に行うことを最も得意とする情報処理装置である。そのため，電子代理人は，どちらかといえば，単純で画一的な契約条件が設定される場合に有効[35]であり，データ主体自身のプライバシー開示方針を基準に個人データ取扱いに関する契約条件について電子代理人を用いてきめ細かく交渉することは，現実的には困難である。故に単に電子代理人制度を導入するだけでは，データ主体—事業者間の契約交渉のサポート機能を果たせるとは言えない。

この点，前述したようにインターネット上では，当事者同士の条件をオンライン上で互いが見えないように入力させた上で，双方の条件が一定範囲に収まった段階で，その中間条件による交渉成立を当事者に通知する自動交渉システムが，一部のサイバーADRサービスで提供されている[36]。実際のHP上でのデータ主体から事業者間への個人データの移転は，非常に短時間で処理される。そのため，何度も交渉を行い，契約条件を煮詰めていくことには無理がある。そのため，短時間で権利処理を行うためには，現在，Internet Explorer等のブラウザソフトにおけるCookie管理システムで行われているように，データ主体のPCにインストールされたプライバシー保護ジェネレータに，あらかじめ，データ主体が自己のプライバシー開示ポリシーを登録し，事業者側のプライバシー・ポリシーと照合し，ライセンス条件をPCが生成し，代理人機関が，契約内容をチェックするといったプロセスを踏む方が現実的である。

以上の議論と②収集された個人データの現状を管理し，データ主体に報告する機能，③電子的自力救済の実行状況に関するチェック機能を総合すれば，制度設計として，個人データの流通状況と電子的自力救済の実行状況を同時に管理する公的機関の設置[37]による個人データ

---

35 §107では，受信した情報内容を当事者本人が検討（review）していない場合でも，電子代理人システムが動作した場合は，当該契約条件に拘束される。

36 町村・前掲第4章注（24）論文pp. 38-39.

37 個人データ流通管理に関する公的機関については，橋本＝本村＝井上・前掲第1章注（32）論文pp. 27-29，及び，本村＝橋本＝井上＝金田・前掲注（67）論文pp. 2995-2997を参照。

第3節 政策提案

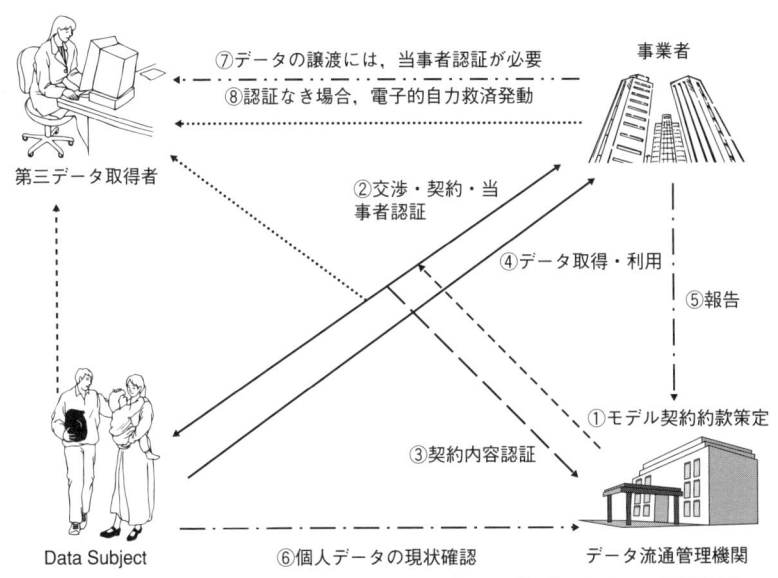

図19 データ流通管理機関を核にした電子的自力救済型個人データ保護制度

流通管理機構を設計するプランが浮上する。図19において個人データ流通管理機関を核とした電子的自力救済型個人データ保護制度のイメージを示した。

以下，データ流通管理機関を核とした電子的自力救済型個人データ保護制度設計の提案について，そのアウトラインを示す。

【制度設計】
① 個人データ流通管理機関（以下，「機関」とする）を設置する。機関は委員会を組織し，事業者のプライバシー・ポリシーの動向を監視し，電子的自力救済の利用に関する統一契約フォームを策定する。委員会の構成は，法律学者，ITエンジニア，法曹，事業者代表，消費生活アドバイザー，プライバシー監査会社等からなる。
② 個人データは機関が策定した電子的自力救済の利用に関する統

一契約フォームにデータ主体，データ収集者が同意し，統一契約フォームを逸脱していない旨の機関による契約内容の認証とデータ主体の認証がある場合に限り，データ収集者はそれを記録できる。データ収集者は，インターネット上でのサービス提供に関して，電子的自力救済に関する契約条件をデータ主体に放棄させることはできない。

③ 個人データを保持するデータ管理者は，機関に対して，個人データを保持していることについて開示しなければならない。機関によるプライバシー侵害を防止するため，①実データ自体は登録せず，個人データ管理者名とデータ主体のID番号のみを登録する，あるいは②仮名により，個人データを登録し，流通記録とは個別に保存することを義務付ける。

④ 個人データの第三者への流通は，上記②，③の要件を満たした上で，さらに当該データ流通の概要と譲受者に関して譲渡者が認証した裏書を必要とし，これらを欠く個人データには当該データの保持者はアクセスできない。（電子的自力救済の実行）

⑤ 電子的自力救済が実行された場合は，当該個人データパケットに内蔵されたソフトウェアプログラムによって自動的に機関へ通知されるものとする。（以上，図19）当該プログラムは自律的であり，第三者のシステム自体に影響を及ぼしたり，当該個人データパケット以外の他の情報の操作を積極的に発見する監視機能までをも搭載するものではない。

⑥ 機関は，相談窓口を設置し，データ主体からの相談や不正な電子的自力救済が行われた旨当事者が不服申立てを行った場合，データ管理者が開示した個人データの流通記録を参考に，調査・回答を行う。

⑦ データ主体は，機関に対して自己の個人データの所在を何時でも検索・照会を行うことができる。

⑧ 電子的自力救済が誤って不正に実行された場合等の当事者の権利保護に資するために補償金制度を創設する。補償金の原資は，

第 3 節 政策提案

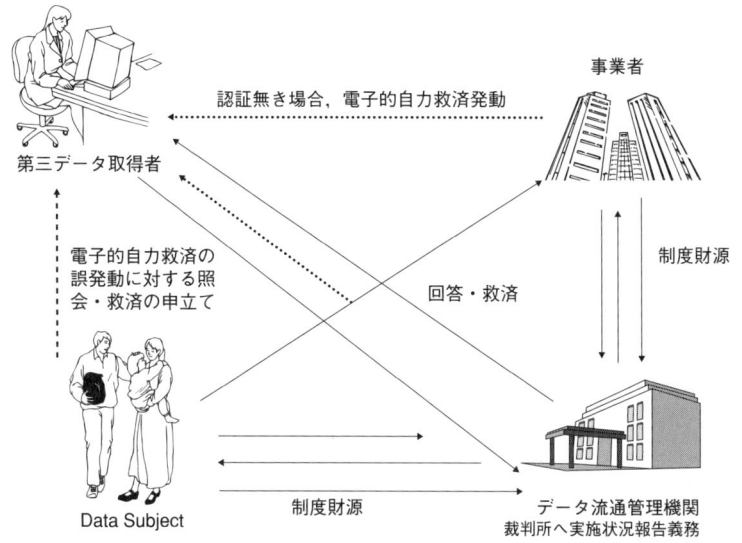

図中ラベル:
- 第三データ取得者
- 認証無き場合，電子的自力救済発動
- 事業者
- 電子的自力救済の誤発動に対する照会・救済の申立て
- 回答・救済
- 制度財源
- Data Subject
- 制度財源
- データ流通管理機関　裁判所へ実施状況報告義務

図20　電子的自力救済の誤発動時におけるデータ流通管理機関による ADR イメージ

事業者，データ主体の双方から，事前徴収し，機関に分配するものとする。
⑨　機関は，⑥～⑧の ADR サービスの実施に際して，その実施状況を定期的に監督官庁・裁判所に報告する。また，公的機関の行った措置に不服のある場合は，裁判所への提訴により，司法手続による救済を受けることができるものとする。(以上，図20)

以上の対策により，正当な手段による個人データの流通と適正な利用が妨げられることなく，不正な個人データ流通のプライバシー侵害への発展を防止することが一定限度において可能となる。本書で行った提案では，主に消費者の氏名・住所・電話番号・生年月日と言ったコンタクト情報や購入した商品・サービス役務の内容等の取引に関する情報といった消費者—事業者間でのネットワークサービスの履行に直接必要な個人データの保護を主な対象としている。そのため，本対策によっても，Web 上の電子掲示板 (BBS) になされた投稿やリン

クへのクリック，サーチエンジンに投入した語句等の履歴を遡って収集することができる本人の興味関心といったいわゆる周辺情報までをも直接的に保護することはできない。

周辺情報については，①その輪郭の曖昧さ，②リンクのクリックやキーワードの投入による個人の思考過程の発露は限定的であるといった点から，法的保護に値する利益を認める必要性は薄いとの指摘[38]もあり，これを法制度の整備によって保護することは現時点では，困難である。しかし，一方でこうした周辺情報も集積・統合が進めば，やがて個人の全体像を導き出し，プライバシー侵害にまで発展する危険性があることは，筆者がすでに指摘している通りである[39]。情報統合は基本的に制約充足問題[40]であるから，情報の量が追加されればされるほどターゲットの絞り込みが進み，解を得やすくなる特徴がある。先に述べたように本書でなされた提案では，こうした周辺情報を直接保護することはできない。しかし，本書での提案は，データ主体に直接アプローチするために必要なコンタクト情報へのアクセス権限を設定し，無権限者の個人データへのアクセスを制限しうるものである。そのため，結果として，制約を充足させることができる条件を無権限の情報収集者に与えないことにより，当該個人データと周辺情報との統合を困難にすることで，周辺情報への法的保護措置をとることなしに実質的に周辺情報の集積によるプライバシー侵害の発生に対するリスクを低減させ，プライバシー侵害への発展を一定限度で防止しうるメリットを持つ。

また，本書でなされた提案は，あくまで，インターネットを通じて消費者―事業者間で直接なされる個人データ流通を想定したものであ

---

38 武田涼子「IT時代の個人情報保護」西村総合法律事務所＝ネット・メディア・プラクティスチーム編『IT法大全』(日経BP社, 2002) p. 520.

39 橋本＝本村＝井上・前掲第1章注 (32) 論文 pp. 22-24, 本村＝橋本＝井上＝金田・前掲第4章注 (67) 論文 pp. 2990-2994.

40 (Constraint Satisfaction Problem: CSP)「制約充足」は，解くべき問題を制約条件の集合として捉え，それらの制約条件を全て充足させるような解を探索することによって問題を解決しようとするパラダイムである。

る。そのため，本提案によっても紙ベースの媒体に記録された情報を手作業で処理するマニュアル処理やこれらマニュアル処理でコンピュータ機器に入力され，デジタル情報化された個人データを直接保護することはできない。こうしたマニュアル処理が介在する個人データの保護には，個人情報保護法の見直しや各種規格のさらなる整備・充実といったこれまでの包括的な個人情報保護法制導入に関する取組みの継続が必要である。本書は，これら従来の官民を越えた包括的な個人情報保護制度の整備に関する取組みを否定するものではない点を付言する。

上記①の実施主体の具体的な制度設計を行うに当たっては，以下の諸側面を総合的に検討する必要がある。まず，実施機関が電子的自力救済という現行司法制度で認められていない自力救済という強力な権利を扱う関係から司法機関との緊密な連携を重視する考え方である。次に本書では現時点では電子商取引等，電子ネットワーク上で各種サービスを行う上でダイレクトに消費者から事業者に個人データを提供するケースを想定している。この点を重視すれば，電子ネットワーク上でのビジネスモデルに精通した民間部門に比重を置く考え方，最後に両者の中間的性格を持つ組織を設計する考え方がある。

司法機関との連携を重視する場合，実施機関を現在の裁判所の完全な下部組織として設計するプランがまず考えられるが，裁判所の完全な下部組織としてしまうと人材確保の面で難がある。そのため，上述の【制度設計】①のように法律に根拠を持つ機関を新たに設計するケースが次に考えられる。上記提案制度の位置づけであるが，上記制度は，デジタルデータの即時性に対して現行司法制度が抱える限界を縮小し救済の実効化を図ることを主目的とする。換言すれば，上記電子的自力救済型個人データ保護制度は，司法支援制度の一種であると考えられる。この点につき，総合法律支援法1条において，「総合法律支援」とは，「裁判その他の法による紛争の解決のための制度の利用をより容易にするとともに弁護士及び弁護士法人並びに司法書士その他の隣接法律専門職者（弁護士及び弁護士法人以外の者であって，法

律により他人の法律事務を取り扱うことを業とすることができる者をいう。)のサービスをより身近に受けられるようにするための総合的な支援」のことであるとされている。このように総合法律支援法では,単に法律専門職へのアクセスのみならず,裁判その他の法による紛争解決制度の利用促進が総合法律支援制度設置の主目的とされている。この点からすれば,デジタルデータの即時性に対して現行司法制度が抱える限界の縮小による救済の実効化を図り,ネットワーク上でデータ主体が自立して行動し,眼前のトラブルを主体的に解決することを支援することを主目的とする電子的自力救済型個人データ保護制度の制度趣旨は,上記総合法律支援制度の主目的のうち,特に「裁判その他の法による紛争解決制度の利用促進」に資する制度であると言える。このように,電子的自力救済型個人データ保護制度を司法支援制度の一形態と考える時,参考となる組織設置形態としては,総合法律支援法(平成16年法律第74号)に根拠を持つ日本司法支援センター(法テラス)[41]が独立行政法人の枠組みに従った公的法人として設置されている例がある[42]。日本司法支援センターの業務は,情報提供・窓口業務,民事法律扶助,弁護士過疎対策,国選弁護,犯罪被害者支援が想定されており,本書提案の電子的自力救済制度の実施は業務として想定されていないが組織設置形態,及びセンターの業務を実際に遂行する人材の確保策としてスタッフ弁護士制度[43]を導入する等,本書提案の実施主体の人材確保策を策定する上で参考となろう[44]。

　第2の民間部門に比重を置くアプローチの例としては,電子ネットワーク上への個人データ流出に限定されないものの,電子商取引一般に発生するトラブルに関する相談を扱う ECOM ADR が2004年11月

41　http://www.houterasu.or.jp/ (2006. 12. 15確認)

42　http://www.houterasu.or.jp/about.html (2006. 12. 15確認) なお,独立行政法人が ADR を提供している例としては国民生活センターの消費者相談等の例がある。

43　http://www.nichibenren.or.jp/ja/judical_support_center/staff_annai.html (2006. 12. 15確認)

44　司法制度との連携を重視する観点からは他に日弁連の関連組織とするプランもあろう。

からの1年間に2328件の相談を受け付ける等実績を挙げている例がある[45]。【制度設計】⑧に示した電子的自力救済の実施状況に関するレフリー役としての役割を果たす上で技術面をも含めた正確な判定を行うことができる人材の確保については，前者よりも有利であると思われるが，中立性の観点からは事業者との距離のバランスの取り方が問題となろう。この点，現在，検討されている電子登録債権制度の管理機関に関する制度設計の議論では，現時点では社債等登録法における登録社債の登録機関と同様に一定要件を満たす民間金融機関等を電子債権管理機関として複数認可し，これらの管理機関が並立して，別個独立に電子登録債権を管理することが想定されている[46]。これは，電子登録債権の確定日付付与権限を国家に独占させることがもはや時代遅れであるという認識と，かかる電子債権管理機関の国家による独占運営がコスト高になるとの問題意識に基づく[47]。電子債権登録機関の運営を民間に任せる場合の課題として，異なる管理機関同士間の債権譲渡のように，複数管理機関をまたがる債権の処理がなされる場合の統一された安全性，安定性の確保が課題として指摘されている[48]。本著提案機関の設計においても，民間部門を設置主体とした複数機関を設計する場合は異なる管理機関によって認証を得た個人データの相互乗り入れが図られる必要がある。

　本書の【制度設計】①では組織設置形態として上記司法支援センター型の公的性格を持つ組織を想定したが，組織の機動性を重視すれば以上を総合したNPO型の中間的組織を設けるアプローチも考えられる。いずれのアプローチを採用するにしても，法学，技術双方のバックボーンを持つ人材をバランス良く確保し，公正な判断による手

45　http://www.ecom.jp/adr/ja/html/p_05.htm（2006.12.15確認）
46　法務省民事局「電子登録債権法制に関する中間試案の捕捉説明」（2006.8.1）p.4.
47　池田真朗「電子債権論序説」NBL No.790（2004）pp.41-42.
48　藤村明子＝花舘蔵之＝山本直人＝塩野入理＝菊池淳一＝金井敦「電子債権法の立法動向を踏まえたセキュリティ課題についての一考察」『コンピュータセキュリティシンポジウム（CSS2006）論文集』（2006）p.578.

続的正義が確保されなければならない[49]。特に本書制度が特定の産業,組織や人物の利益のみを保護することがあってはならないことは言うまでもない。

本書で提案した電子的自力救済型個人データ保護制度のもたらす効果として以下の諸点を挙げる。

【データ主体側にもたらされる効果】
① 司法手続等オフラインの救済手段を利用している間の流出データの拡散による2次侵害発生リスクの低減
② 個人データ流出時の事後救済プログラムの拡充による選択肢の拡大
③ 個人データ流通管理専門機関の設置による相談窓口の増加

【事業者側にもたらされる効果】
① 個人データ流出時のデータ主体側の2次被害発生リスクの低下による事業者側の経済的,信用的損失と法的リスクの低減
② データ流通管理の専門機関の設置による事業者の事後対応の効率化
③ 電子的自力救済による流出データ破壊に伴う保有個人データの資産価値の維持
④ 分散処理や間接取得等の既存のデータ処理方法の維持

【その他の効果】
① 個人データ流通管理機関のADR機能による個人データ流出関連訴訟提起数減少と裁判資源効率化
② 個人データ税と個人データ保護減税のセット導入による再分配効果による個人データ保護対策への取組みに対する事業者間の不公平感縮小

---

49 夏井高人「手続的正義―情報社会における社会構造の変化と正義の維持―」法とコンピュータ No. 23（2005）pp. 49-51.

③ 専門機関設置による個人データ流通管理の専門知識を持った人材の育成促進

　以上のように個人データ流出によるデータ主体側の被害拡散リスクが低減することは事業者側が被る各種リスクの縮小にもつながる。以下では，本書の目的である制度の導入によって必要となる費用の負担方法のあり方について，検討する。

第4節　電子的自力救済型個人データ保護制度の参加者の費用負担

　上記の提案を実現するには，前節【制度設計】⑧で示したように電子的自力救済が誤って不正に実行された場合の当事者の権利保護と迅速な救済を目的とした補償金制度の創設が必要である。

　電子的自力救済は自律的なコンピュータ・プログラムによって自動的に実行される。本制度の参加者像として情報処理技術に決して明るくないデータ主体の参加を想定している。そこで電子的自力救済の実行に際してトラブルが発生した場合，いつ，どのような内容のトラブルが発生し，どれだけの被害が発生するのか，データ主体に対して予測可能性を期待することは酷である。故に本制度の参加者であるデータ主体に対して，プログラムの誤作動により，誤った内容の電子的自力救済の発動により正当な権限を有する個人データ取扱者が被害を受け，司法手続により救済を求める場合，以下の限界がある。第1にプログラムの誤作動原因の分析・特定だけでも，大量の個人データが分散利用されている現在では時間がかかる。また不正な電子的自力救済の誤発動に関する救済事件のすべてが従来型の司法手続によってなされると裁判資源の浪費を招くことから，第一次的な救済プログラムとしては補償金制度に拠った方が，より効率的な権利者保護を図ることが可能である点から導入を提言する。

　本補償金の原資については，機関運営資金を含めて制度参加者から徴収する。一般的にオンライン上のADRのような新たな形態の

サービスでは，マーケットが当該サービスの価値を決定するのにいくらかの時間を要し，マーケットにおける価値が高いと判断されれば，マーケット自体がADRサービスに経済的援助を行う。一方でサービスの利用者側も当該紛争の項目の価値が高く，手続が複雑でなければ，制度のユーザーはコストが比較的安価であると判断して，当該サービスに費用を支払う価値を見出す[50]。つまり，ADRサービスの利用した場合の結果を予想して，参加を決定することになる。本研究で構想する電子的自力救済型個人データ保護制度も任意に制度に参加する者からのみ費用を徴収することももちろん可能である。しかし，本稿構想における電子的自力救済型個人データ保護ADRは，電子的自力救済プログラムの誤作動が制度参加者の予見可能性の範囲外で発生する点につき，この制度参加者の予見可能性の限界を補うために機関に第一次的な救済手続を委任する。また，これまで述べてきたように，ネットワーク上への個人データ流出は，もはや情報通信機器の保有を問わず，国民全員が被害者・加害者の双方の立場に立つ可能性がある。この状況に対応するには，自らインターネットを利用するか否かを問わず，広く本制度を適用して，現行司法制度のデジタル情報の特性に対して持つ本質的限界をカバーし，救済の実効性をより高める必要がある。故に，単にサービスを利用する度に費用を支払うという都度方式よりも，事前に一定の費用を幅広く制度参加者に負担してもらう方法が適当である。具体的なプランとして税方式，保険金方式や著作権分野で導入されている私的録音（録画）補償金[51]を範とした補償金方式が，また制度参加者以外の者からの出資を得る形式として補助金方式や寄付等が考えられる。

---

50 Ethan Katsh and Janet Rifkin, *Online Dispute Resolution: Resolving Conflicts in Cyberspace*, JOSSEY-BASS, 2001, pp. 23-24.
51 私的録画補償金管理協会 http://www.sarvh.or.jp/ （2006.8.20確認）私的録音補償金管理協会 http://www.sarah.or.jp/ （2006.8.20確認）

第1項　税形式による費用負担とその課題

(1)　税形式の特徴

上記の各方式のうち，まず税方式について見ると，税方式の利点の最たるものはその強制力であることは論を待たない。税方式を採用した場合，課税庁には種々の税務調査権が与えられている。課税庁の調査権は大別して，(1)実体税法上の調査権として納税義務確定のための資料収集を目的とした調査権（所得税法，法人税法等），(2)租税徴収を目的とした滞納処分のための調査権（国税徴収法），(3)犯則事件のための調査権（国税犯則取締法）の3種に分類できる[52]。また，国税通則法上の延滞税・利子税・加算税といった附帯税制度や通告処分制度，さらに税務訴追手続といった種々の強制力担保制度が存在する。また，税方式では再分配機能が働くため，上記【その他の効果】の②にあるように個人情報保護法の重層的な規制や業界の自主規制で捕捉できないアウトサイダーが得た個人データ流出関連の利益を個人データ保護問題に真摯に取り組む事業者やデータ主体に再分配することが可能となる。その一方で，税の持つ強制力は納税者の負担感を呼び起こし，納税者を租税回避行動へと導くことがある[53]。また，制度財源について，個人データを取得・処理する事業者を納税義務者とした場合，法人税のようにデータ主体への転嫁が発生するケースも考えられる[54]。税方式を採用する場合には公平性，中立性，簡素といった租税の3原則について，相互に関連し，これらの相矛盾する要請の優先順位とバランスを考える必要がある[55]。以下，想定される課税パターンと租税原則との関係について概観する。

(2)　課税ベースと課税方式の検討

具体的な課税パターンとしては，(1)事業者が実際に取得，処理する

52　北野弘久『税法学原論 [第5版]』（青林書院，2003）p. 362.
53　牛嶋　正『租税原理』（有斐閣，2004）p. 4.
54　北野・前掲注（52）p. 35.
55　牛嶋・前掲注（53）p. 7.

「個人データ量」をベースとする考え方，(2)データを処理するコンピュータ機器の全体，あるいは特定パーツをベースとする考え方，(3)インターネット接続契約，つまりユーザーアカウントに対して課税する考え方，(4)人頭税とするパターン等が考えられる。

(1)は，事業者側に個人データを利用することによって得ることができる利益と負担が予想されるリスクのバランスを取り，より少ない個人データ量で事業者がその業務を遂行できるよう，一層の努力を求める趣旨である[56]。徴収方法としては，事業者から個人データの収集量，つまり収集した個人データのデータ主体の延べ人数と収集項目に比例した金額を徴収するプランが考えられる。収集項目については，住所，氏名，電話番号のような基本情報に加えて，ネットワーク上に流出した場合，特にプライバシー侵害に発展しやすい（データ主体が不快と感じやすい）項目をランク付けし，例えば年収のような付加的情報を収集する場合に年収項目の収集には加算税率を適用するプランも考えられる。個人データの収集サンプル数に加え，収集項目をも加味した課税を行うことは，各収集項目に対する加算率を常時見直すことで，その時点での個人データ流出から派生するプライバシー侵害リスクを適正に評価できる。また，事業者側により少ないデータ量で業務を遂行する省個人データ化を促す。その一方で(1)の方式はデジタル信号のビット数を計測して，課税ベースとする取引税として構想されたビッ

---

56 ドイツ法においては，データ節約原則が規定されている。1997年の情報・通信サービス大綱法（IuKDG）中のテレサービスについての情報保護特別法である「テレサービスデータ保護法（TDDSG）」では，システム上のデータ保護（systemdatenschutz）原則が規定されている。これは，技術により，収集・利用される個人データが最小限化され，個人に関連づけられることを回避させることをハードウェア，ソフトウェアを通じて，システム上確立されるように要求している（3条4項，4条2項）。このデータ回避・節約原則は，その後2001年5月に，連邦個人データ保護法改正に反映され，3a条において，データ処理設備のシステム構成・選択は個人関連データ量を少なく処理するという目標に従わなければならないと定めている。わが国の個人情報保護法制にこうしたデータ節約原則は盛り込まれていない。個人データ税の導入は，このデータ節約原則の発想を，わが国経済社会で効果的に取り入れるための制度的仕組みでもある。

ト税[57]に類似した課税方法となる。

(2)については、コンピュータ機器、あるいは個人データの記録メディアであるストレージデバイスを保有している法人、個人が対象となる。当該機器の購入時に一定の税額を収める。リースや所有権留保のように実際の使用者と物件の所有権者が異なる場合は、所有権者が納税義務者となるが、実際には当該機器を業務上使用している者への転嫁が発生することが想定される。

具体的な課税イメージでは、コンピュータ機器全体を課税ベースとする考え方と個人データの記録メディアであるストレージデバイス（コンピュータに内蔵、又は外付けを含む）に着目し、デバイスの記憶容量に比例して、例えば、HDD 1 GB あたり50円を徴収するといった課税パターンが考えられる。本方式を採用した場合に得られる年間税収を見る。まず、IDC Japan 社が2006年3月14日に発表した推計値による2005年（1～12月）の国内 PC 出荷台数は1461万台[58]である。また、社団法人電子情報技術産業協会が2006年4月27日に発表した2005年度（4～3月）の国内コンピュータ出荷台数は1286万台[59]である。また、同協会のまとめによるメインフレーム・ミッドレンジ・ワークステーションの2005年度の国内出荷台数はメインフレームが949台、金額ベースでは1933億3400万円である。次にオープンサーバーは、47万7018台、金額ベースでは6234億7500万円（内訳としては、UNIX サーバーが6万2735台（3228億300万円）、IA サーバーが41万4283台（3006億7200万円）、独自 OS サーバーが3527台、金額ベースでは

---

57 渡辺智之『インターネットと課税システム』（東洋経済新報社、2001）p. 22.
58 IDC Japan, 2006年3月14日発表プレスリリース http://www.idcjapan.co.jp/Press/Current/20060314Apr.html（2006. 8. 11確認）
59 社団法人電子情報技術産業協会統計資料2006年4月27日
http://it.jeita.or.jp/statistics/pc/h17_4q/index.html（2006. 8. 11確認）なお、本統計の参加企業はアップルコンピュータ、アロシステム、NEC、沖電気工業、シャープ、セイコーエプソン、ソーテック、ソニー、デル（2004年度第二四半期より統計に参加）、東芝、東芝パソコンシステム、日本ヒューレットパッカード、日立製作所、松下電器産業、富士通、三菱電機インフォメーションテクノロジー、レノボ・ジャパンの17社である。

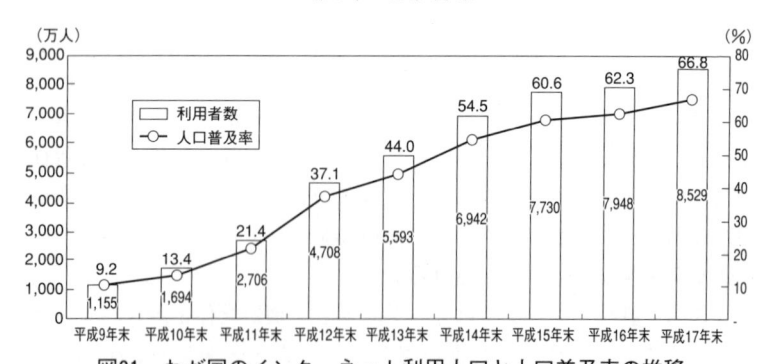

図21 わが国のインターネット利用人口と人口普及率の推移
出所：総務省情報通信政策局『平成17年　通信利用動向調査報告書』p. 33

349億1800万円），そしてワークステーションが15万1109台で金額ベースとして530億2000万円である[60]。業務用のワークステーションは導入者の事業形態や導入時点の業務ニーズにより複雑にカスタマイズされる。故に単に台数をベースとするのがよいかは検討の余地がある。仮に業務用ワークステーションを無視し，PCのみを課税対象とした場合でも，PC1台につき500円を課せば，約60〜80億円の収入が見込まれる[61]。

ストレージ・デバイスの容量に着目した場合，IDC Japan社が2006年6月29日に発表した推計値による2005年の国内のディスクストレージシステムの出荷容量は144PB（ペタバイト）[62]であることから，

60　社団法人電子情報技術産業協会統計資料2006年5月16日
http://it.jeita.or.jp/statistics/midws/h17/table1.html（2006.8.11確認）
61　私的録画補償金制度では補償金制度の対象となるデジタル方式の録画機器を特定録画機器，記録媒体を著作権法施行令により特定記録媒体とし，特定録画機器については，カタログ掲載価格の65％を基準としてその1％相当額（上限額1000円），特定記録媒体についてはカタログ掲載価格の50％を基準としてその1％を補償金額（消費税別）とする。http://www.sarvh.or.jp/images/312050101-01.pdf（2006.8.23確認）
私的録音補償金についても算出方式は同様である。http://www.sarah.or.jp/（2006.8.23確認）
62　IDC Japan, 2006年6月29日発表プレスリリース
http://www.idcjapan.co.jp/Press/Current/20060629Apr.html（2006.8.11確認）

仮に1GB当たり50円を課税するとすれば、約75億円前後が見込まれる。

(3), (4)のように人に着目して課税を行う場合、インターネットの利用の有無に関係なく国民全体に定額の税を課す方式、プロバイダとのインターネット接続サービス提供契約の結果、ユーザーにプロバイダから交付されるアカウントに対して、1アカウントにつき年額100円等の低額の課税を行う方法、あるいは、一般財源から原資を支出する考え方がある。『平成18年度版　情報通信白書』によれば、2005年末時点における国内のインターネット利用人口は8529万人であり、その人口普及率は68.9%となっている（図21）。仮に1人のユーザーが複数のプロバイダとインターネット接続サービス契約を結んでいる等の状況を無視して、ユーザー1人が1契約のみをプロバイダと結んでいると仮定して、1契約当たり年額100円を課税すれば、85億円が見込まれる。

(3) 課税原則との関係

個人データ流通管理機関を媒介とした電子的自力救済型個人データ保護制度の運営財源を仮に税方式で徴収することとした場合、中立性、公平性、簡素性のいわゆる課税原則との関連が問題となる[63]。インターネット上の経済活動に対する課税システムについて、データ主体と事業者間で直接個人データが流通することが最も多い電子商取引環境における課税の一般原則について、OECDが1998年に発表したレポート「電子商取引：課税の基本的枠組」のボックス2において、下記のようにまとめられている[64]。

ボックス2：電子商取引に適用すべき一般原則
中立性

63　個人データが流通する電子商取引環境における課税原則には上記の他に効率性、確実性、実効性、柔軟性も加味される。
64　本ボックスの邦語訳として、電子商取引：課税の基本的枠組　租税委員会報告書（仮訳）を参考。
　http://www.mof.go.jp/jouhou/soken/kenkyu/ron007a.htm（2006.8.11確認）

(i) 課税は,電子商取引の諸形態間及び電子商取引と伝統的取引の間で,中立かつ公平であるべきである。ビジネスの決定は,課税に関する考慮ではなく経済的な考慮に動機づけられるべきである。類似の状況下で類似の取引を行う納税者は,類似の課税を受けるべきである。

効率性

(ii) 納税者のコンプライアンスコスト及び税当局の行政運営コストは,でき得る限り最小化すべきである。

確実性及び簡素性

(iii) 課税ルールは,明確かつ簡単に理解できるものであるべきである。そうすれば,納税者は,いつ,どこで,どのように課税されるかを含め課税の結果を取引に先立ち予測することができる。

実効性と公平性

(iv) 課税は,正しい時期に正しい税額を生み出すべきである。脱税及び租税回避の可能性は,その対抗策とそのリスクとの釣り合いを保ちつつ,最小化されるべきである。

柔軟性

(v) 課税制度は,技術及び商業の進展についていくために十分に柔軟であり,ダイナミックである必要がある。

中立性原則は上記OECDレポートのパラグラフ5において,「電子商取引に関する新しい執行上または法制上の措置や既存の措置の変更を,それらの措置が既存の課税原則の適用の助けとなることを意図し,電子商取引に対して差別的な税の取扱いを課すことを意図しない限りにおいては,妨げるものではない」[65]とされる。電子商取引環境において全く新しい措置の導入を排除するものではない趣旨である[66]。また,中立性については,当初の目的が電子商取引の発展を目指したものであっても,中立性に影響を及ぼす内容の優遇措置の導入により,当初の目的の達成が困難になる場合がある。特定の経済活動に課税上

---

65 本パラグラフの邦訳については,注(64)参照。
66 渡辺・前掲注(57) p. 33.

の優遇を行うことは，優遇枠外の経済活動の阻害を生み出し，電子商取引のような変化が早く，新たなビジネスモデルが日々生み出される環境では優遇枠外の経済活動の活力が失われることになりかねない[67]。また，優遇措置の導入はビジネスの方法を歪めるばかりか，事業者をレント・シーキング活動に導くことになりかねない[68]。

公平性については，デジタルデバイド問題との関係が指摘されるが，電子商取引課税においては，デジタルデバイドは無関係の問題である。電子商取引課税においては，効率性が重視されるべきで，そのために公平性より中立性が重視されるべきであり，所得分配を当初目的として電子商取引課税を検討するのは不適切であるとされる[69]。

簡素性については，デジタル環境においては，その予見可能性を確保する上で，重要な要素となるとされる。予見可能性がないと課税上の取扱いについて，不確実性が顕著となり，電子商取引全体の発展に歪みと非効率性をもたらすことになるからである[70]。

以上を前提として，電子的自力救済型個人データ保護制度の財源として，税形式を採用する場合の上記(1)～(4)のプランについて，課税原則との関係について概観する。まず，(1)では，事業者側の税額の計算と課税庁による検証業務が複雑になる点で税の3原則である簡素性についてネックが生じる。また，収集した個人データの項目によって，ある項目と別の項目で税率に差を設けることは，中立性原則に反しないかが問題となるばかりか，個人によってプライバシーに対する価値観が異なる項目を税額計算の対象とする点についてのコンセンサスの形成が問題となる。この方式を導入する場合は，法人の個人データ処理業務に対してのみ適用することが適当である。仮に個人に本方式を適用した場合は個人ユーザーのほぼ誰もが行っていると思われるメールの送受信についての評価が問題となり，憲法上の精神的自由権への

---

[67] 渡辺・前掲注 (57) p. 35.
[68] 渡辺・前掲注 (57) p. 36.
[69] 渡辺・前掲注 (57) pp. 38–39.
[70] 渡辺・前掲注 (57) p. 40.

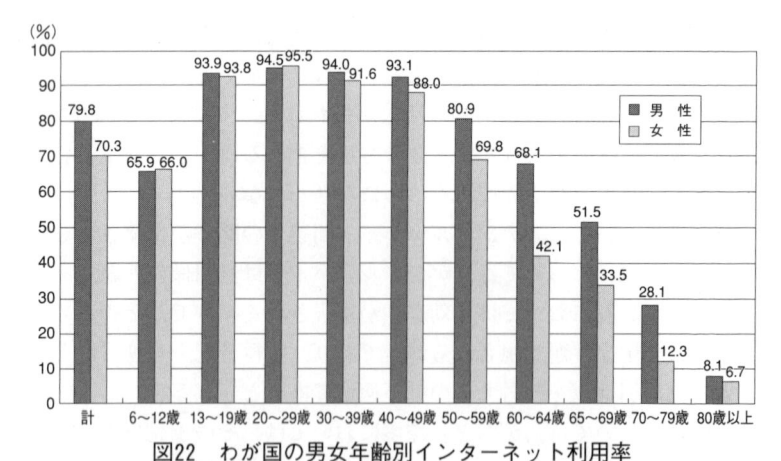

図22 わが国の男女年齢別インターネット利用率
出所：総務省情報通信政策局『平成17年版　通信利用動向調査報告書』p. 32

抵触が懸念されるからである。

(2)の方式のメリットはその簡素性にある。(1)の方式では，上記のように収集されたデータ項目の評価を税率の面で加味することで多様な個人データ保護意識に対応することができる反面，データ項目のプライバシー侵害リスクを税率差として反映させた場合，その効率性と中立性が問題となる。本方式ではPC本体に課税するかストレージデバイスの容量に比例した課税を行うかにかかわらず，各機器の導入の際に1度だけ課税が行われる点と税額の算定が容易に行えるという簡素性の面でメリットが大きい。また，容量の大きなデバイスを得れば，より多くの個人データを取得したいという欲求を反映した透明性の高い制度を設計することができる。しかし，本方式では出荷されるPCの台数，あるいはストレージデバイスの容量が課税ベースとなるため，プライバシー侵害リスクを的確に税率に反映させる柔軟性の面では逆に課題が残る。

(3)の方式はプロバイダとのインターネット接続サービス契約の結果，発行されるアカウントに課税する方式であり，(2)の方式よりもインターネットの利用者をより的確に捕捉した課税を行うことが可能とな

る。アカウント，あるいはプロバイダとユーザー間で締結されるインターネット接続サービス提供契約書が課税ベースとなるため，効率性と簡素性の面でも有利である。ただし，(3)の方式では，プロバイダとインターネット接続サービス提供契約を締結していないユーザー（例えば，学校や職場の PC からのみインターネットを利用するユーザー）や，PC や携帯電話を全く利用しない，あるいは利用できない環境にあるユーザーの救済が問題となる[71]。(4)のように純粋な人頭税とする案は(3)の問題を克服できるが，インターネットを全く利用しない層には，自らが個人データ流出の被害者・加害者となりうる状況に対する認識が不足している現状ではコンセンサス形成の面で課題が残ることになる。平成16年末時点では，50-59歳の世代の約35％，60歳以上の世代の約75％にはインターネットは普及していない（図22）。これらインターネットを自ら利用しない者に対する公平性をどう考えるかが課題となる。

(4) 税方式における制度設計案の総合評価

以上，電子的自力救済型個人データ保護制度を運営する財源として，事業者，データ主体の双方から国が税形式で徴収し，機関に分配する場合において，考えうるパターンと課題を課税原則との関係から整理した。実際の制度設計において，(1)事業者が実際に取得，処理する「個人データ量」をベースとする考え方，(2)データを処理するコンピュータ機器の全体，あるいは特定パーツをベースとする考え方，(3)インターネット接続契約，つまりユーザーアカウントに対して課税する考え方，(4)人頭税とするパターンのうち，どの方式を実際に採用するべきかについて，筆者は当初，(1)案と(3)案を組み合わせた形態を想定し，事業者は，個人データの収集量（具体例としては，収集した個人データのデータ主体の延べ人数）に応じて，データ主体は年当たりの定

---

[71] ユニバーサル・アクセス税の議論においても同様の ISP 料金から定率でユニバーサル・アクセス税を徴収し，地方へ補填するプランを現実解として捕らえる見解が存在する。太田昌孝「ユニバーサル・アクセス税」情報処理 Vol.41, No. 11（2000）pp. 1278-1279.

額制で利用契約を締結しているISPに利用料金とともに支払うものとした[72]。データ主体側にも負担を求めた理由は，Winnyに対するウィルス感染による個人データ流出のように，個人の私有PCに業務用の個人データを保存し，当該PCにWinnyを導入し，ウィルス感染したために個人データがネットワーク上に流出した事例が相当数見られることから，不正な電子的自力救済が実行された場合の事業者への責任を分担して負担させることで，データ主体側のネットワークの安全確保に対する参加意識を向上させる趣旨である。サイバー社会においては，我々ユーザーは，個人としての存在が尊重されなければならないデータ主体であると同時に一歩間違えば，プライバシー侵害の加害者ともなりうる。事実，事業者のサーバーから流出したデータに数千件ものアクセスがなされるケースは少なからず発生している。このような状況では，個人・あるいは特定の一企業レベルでプライバシー侵害に対する苦情処理や電子的自力救済の誤作動に対するリスクを負担[73]させることも問題である。全体から薄く広くリスクを負担してもらい，データ主体間の相互互助により，ネットワークの安全を維持してゆくことが必要である。

上記の各制度設計案の総合評価については，租税原則との関連，特に簡素性と効率性の側面を重視すれば，筆者が当初想定した(1)案のビット税形式に類似した方法よりは(2)案のストレージデバイス税のようなハードに対する課税が有利となろう。(2)案の方式では税方式以外にも前述の私的録音録画補償金制度がすでにデジタル方式の録画・録音機器を用いて私的使用を目的として映像を録画し，あるいは音声を録音する者から当該デジタル方式の録画・録音機器の価格に補償金を含めて徴収する一括納付方式の補償金制度として定着し，ており，既存制度との整合性の面でも有利である。

---

72 橋本誠志「ネットワーク上における個人データ流出と被害拡散防止制度の設計に関する一考察」『設立20周年記念懸賞論文集 平成15年度情報通信学会年報』（財団法人情報通信学会，2004）p. 100.

73 苦情処理における個人情報取扱事業者の負担について，新美育文「個人情報保護法成立の意義と課題」法律のひろば Vol. 59, No. 9 （2003）pp. 22-24.

【制度設計】①のように個人データ流通管理機関の性格付けを公共性の強いものにした場合には，税方式のよる原資調達が必要となる。一方，旧 ECOM ADR のような民間型 ADR を想定する場合は，(1)案のビット税形式の財源確保策よりは，(2)案を私的録音録画補償金型の機器価格転嫁型の一括収受形式の補償金方式として設計することになる。現在のわが国の司法制度と ICT の関係を考慮した場合，直ちに本書提案の電子的自力救済型個人データ保護制度が国家制度として導入されるには時期尚早の面がある。旧 ECOM ADR のような民間型 ADR から出発して，実績と検証を積み重ねることにより，国家制度に取り込まれるという制度導入形態をとる場合は，機器価格転嫁型の一括収受形式の補償金方式による原資調達がより現実味を帯びることになろう。ただし，著作権分野における私的録音録画補償金制度自体には，以下のような問題点が指摘されている。第1には，許諾権が事実上無視されている点，第2には補償金制度の導入により著作物の私的使用の扱いが曖昧となった点，第3に著作物を商品と見た場合の取引の仮想化現象が発生した点，第4に補償金の位置づけがだんだん不明確となってしまった点，第5に補償金の対象も不明確となってしまった点，第6に補償金の二重徴収への懸念がそれである[74]。

　第1の点については，許諾権は著作権の本質であり，ユーザーは著作物の利用について，著作者から事前の同意を得る必要がある。補償金制度下では著作者は補償金を受け取ることはできても，許諾権を個別に行使することはできないという問題である[75]。

　第2は著作権使用料をメーカーが支払うことで，ユーザーは自由に著作物の複製ができるようになる。この点について，名和は日本法上，ユーザーは私的使用を放棄して，補償金制度を仮想化していると評価する。つまり，ユーザーは使用料をメーカー経由で負担させられているが，私的使用自体は制度上放棄させられているにもかかわらず，私

74　名和小太郎『情報の私有・共有・公有　ユーザーからみた著作権』（NTT 出版，2006）pp. 89-91.
75　名和・前掲注（74）p. 89.

的使用の恩恵を享受していると錯覚しているというのである[76]。

第3については,補償金制度の存在により,著作物とユーザーの間の直接的な商品対価関係の対応性が消滅してしまった点である。上記のストレージ・デバイス税のようにどの費用負担方式を採用しても,納付金額の算定は個々の著作物の個性や成功とは無関係の統計的な数値に過ぎない。よって,ユーザー自身が補償金の存在について,意識しづらいというのである[77]。

第4の点は制度の公正に対して特に問題となった。まず,鳥の鳴き声の録音等のように著作物の複製を全く行わない使途でこれらの複製可能機器を購入するユーザーにも否応無く,補償金の負担が強制される点でユーザー側から疑念の声が上がった[78]。また,メーカーは機器を製造するのみであって,著作権侵害に直接関与しないにもかかわらず,代理徴収であるか否かという形態に関係なく,金銭を払う義務を課す点について,私的権利である著作権保護に公用徴収のシステムを利用する点,またこれらの代行徴収の負担義務について,メーカーの営業の自由をへの脅威の2点からメーカー側からも疑念の声が上がった点が挙げられる[79]。

第5の点は技術開発の進歩の速さにより,音楽機器においてさえも補償金徴収の対象機器の線引きが困難になっている点がある。これと併せて,第6の点として,機器への補償金を支払ったユーザーに著作物自体に個別に補償金を課金することができる点がある[80]。

著作権分野における私的録音録画補償金制度で指摘されるこれらの問題点について,本書提案の電子的自力救済型個人データ保護制度に実装されるADR機能の救済金制度との関連について検討する。まず,第1の点については,本書提案制度における補償金制度は電子的自力救済の実行により紛争が生じた場合の一次的な救済手段としての救済

---

76 名和・前掲注 (74) pp. 89-90.
77 名和・前掲注 (74) p. 90.
78 文化審議会著作権分科会『文化審議会著作権分科会報告書』(2006) p. 50.
79 名和・前掲注 (74) pp. 90-91.
80 名和・前掲注 (74) p. 91.

金の原資として徴収を予定しているものであり，個々の個人データの利用許諾について，補償金を徴収することを目的とはしていない。故に私的録音録画補償金制度で指摘される問題点とは直接関連しないと思われる。第2，第3のユーザーの意識の希薄化については，費用の徴収形態を問わず，留意すべき問題である。第4の公正性の問題については，個人データ処理を全く行わない使途でストレージ・デバイス等の機器を購入するユーザーからの批判の点については，PCを利用する以上，電子メール等何らかの形で個人に関する情報を蓄積・処理するユーザーが大多数である点からは，一般の録音録画機器とは状況が異なる。また，メーカー側の主張については，ハードウェアではないが，著作物の複製を実現するツールの開発者責任について，ファイル交換ソフトWinnyの開発者である元国立大学大学院助手が著作権法違反幇助に問われた事件について，京都地判平成18年12月13日が，技術の社会での実際の利用状況とそれに対する認識，及び提供の際の主観的態様を一般的判断基準として，Winnyの開発者である被告の刑事責任を認めた。もちろん，PCやストレージ・デバイスの開発者が個人データの流出を促進する意図で当該機器を開発することは考えにくいが，著作物の複製ツールの開発者責任が認定された本判決の登場は，メーカーは単に機器を製造するのみであって，著作権侵害に直接関与していない故に私的権利である著作権保護に公用徴収のシステムを利用することについての開発者側の否定的立場の論拠を一定程度で弱めることになり，今後の動向が注目される。同じくWinnyを通じて流出することが多い個人データについても事情は同じである。第5の懸念については，本書提案制度においても今後，注視が必要な点である。第6の二重徴収の問題については，本書提案の電子的自力救済型個人データ保護制度においては，データ主体が司法手続を利用している最中に個人データ流出に起因する被害の拡散を防止することで，司法手続による救済の実効化を図ることを本来の制度趣旨としていることから，この範囲内のみで個人データライセンスの設定を認める。そのため，個人データ自体に課金をなすことは想定していない。ただ

し，ISPとの接続契約書を賦課単位とする場合や，複数の費用負担方式を併用する場合は，二重徴収に対する配慮が必要となろう。

保険金方式は上記(1)〜(4)案のどれにも対応しやすい点がメリットであるが，意識啓発の面からはインパクトがやや弱い面がある。現状では，上に見たように企業を加入対象とした個人情報漏えい賠償責任保険制度が存在する。

第2項 司法支援制度としての電子的自力救済型個人データ保護制度と補助金方式による財源確保

前節においては，電子的自力救済型個人データ保護制度の財源制度としては，筆者が当初想定したビット税形式類似の財源確保策よりは，機器価格転嫁型の一括収受形式の補償金方式として設計するのが現実的であるとの方向性を得た。ただし，ここで検討しなければならないのは，(2)案を採用した場合のPCを保有していない個人のデータや(3)案を採用した場合のインターネット接続サービス提供契約を締結していない層の個人データも現在では広くネットワーク上で処理されるという点への対応である。これらの層の個人データを電子的自力救済により保護する場合，これらの層は費用を負担していないので，救済の対象とせず，電子的自力救済の誤発動によって，個人データファイルの実行者が被った損害の賠償責任を直接負わせるとしてよいかという点である。機関の性格付けについて，公共性を強めれば，一般財源で対応可能である。問題は個人データ流通管理機関を民間型ADRとして位置づける場合である。

電子的自力救済型個人データ保護制度の本来の制度趣旨は，個人データがネットワーク上に流出した場合の司法手続による救済のボトルネックとなるデジタルデータの流通と現行司法制度とのタイムラグ縮小による救済の実効化である。そのため，PCを保有していない，あるいはインターネット接続サービス提供契約を締結していないことのみを持って電子的自力救済型個人データ保護制度から排除することは弱者の切り捨てとなり，本末転倒である。故にPCを保有していな

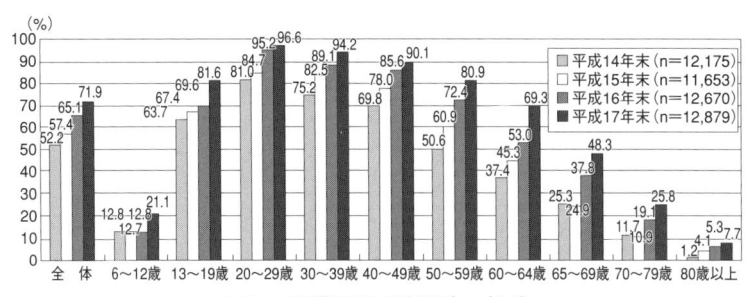

図23　携帯電話の利用率の推移

出所：総務省情報通信政策局『平成17年　通信利用動向調査報告書』p. 18

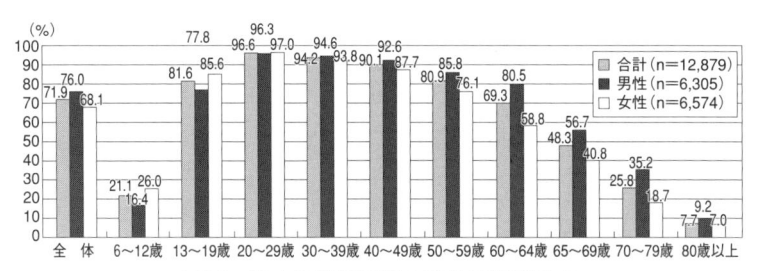

図24　男女年齢階層別の携帯電話利用率

出所：総務省情報通信政策局『平成17年　通信利用動向調査報告書』p. 18

い，あるいはインターネット接続サービス提供契約を締結していない層も電子的自力救済型個人データ保護制度による救済を受けさせるべきである。

仮に電子的自力救済型個人データ保護制度の財源を私的録音録画補償金制度のように機器に付随した方式の補償金，あるいは保険金方式で制度設計する場合，任意登録制度により，補償金（保険金）を支払った者に誤発動の際の救済制度を適用することはもちろんであるが，これだけではPCや携帯電話のようなネットワーク機器を全く利用しない層を救済することができない。ただし，携帯電話をも対象に含めれば，その保有率は89.6％[81]であり，利用率は71.9％[82]である。60歳以

---

[81] 総務省情報通信政策局『平成17年　通信利用動向調査報告書』(2006.3) p. 1.
[82] 総務省・前掲注（81）報告書 p. 18.

上の世代で10ポイント以上の伸びを示していることから，補償金制度の徴収対象を情報通信機器にまで広げれば，制度参加者の裾野を広げることができる。

しかし，図24のように50〜70歳代の世代においては，男性を中心に携帯電話の普及が進み，男女間格差が解消されていない[83]点を考慮すれば，やはり制度参加者以外からの出資を得る方法を検討する必要がある。これには上述のように寄付と補助金がある。

これらのうち，特に補助金形式には，デジタルデバイド解消のために補助金を投入することに対して，効率性の観点から否定的な見解が存在する[84]。前述のように本著提案の電子的自力救済型個人データ保護制度を，司法支援制度の一種と考えた時，法律支援制度のうち，法律扶助制度では，財団法人法律扶助協会が民事法律扶助業務を行っていた2006年10月までの時期については，法律扶助協会に対し，国から補助金が支出されていた。法律扶助協会は「法律上の扶助を要する者の権利を擁護し，もってその正義を確保する」(寄附行為第5条) ことを目的として設立された財団法人である。法律扶助協会の法律扶助事業は資力に乏しい人のために裁判に必要な費用を立て替えて，弁護士や司法書士を紹介する事業である[85]。本制度の適用により，裁判援助 (代理・書類作成援助) を受けるには，下記の3要件を要する。本制度は裁判費用の「立替」である。本制度の適用を受け，援助を受けた人は，立替金を返還する必要がある。返還は月賦の定額払いであり，被援助者の経済状況に配慮している[86]。なお，法律相談に関する援助は無償である[87]。

① 自分では費用が出せないこと (資力要件)
② 事件が勝訴の見込みがないとはいえないこと

---

83 総務省・前掲注 (81) 報告書 p. 18.
84 渡辺・前掲注 (57) p. 39.
85 財団法人法律扶助協会の法律扶助事業は2006年10月2日より日本司法支援センター「法テラス」に移管されている。
86 http://www.jlaa.or.jp/system/index.html (2006. 8. 21確認)
87 http://www.jlaa.or.jp/use/index.html (2006. 8. 21確認)

③ 法律扶助の趣旨に適すること

①については，民事裁判等手続で自己の権利を実現するための準備及び追行に必要な費用を支払う資力がない，またはその支払により生活に著しい支障を生ずるという民事法律扶助法上の基準に基づき，法律扶助協会で審査基準が設けられている。具体的には，単身者の場合，月収18万2000円以下，2人家族で月収25万1000円以下，3人家族で手取り月収27万2000円以下4人家族では月収29万9000円以下が扶助の対象となっている[88]。

③については，「援助を受けることが，報復的感情を満たすだけや宣伝のためなど，法律上，経済上以外の目的にむけられている場合や，権利濫用となる訴訟など，社会正義もしくは法に照らし援助するのが相当でない場合」には援助不開始となる[89]。また，援助の契約や，付された条件に同意しないときも援助は行われない。本事業の運営財源として国からの補助金が昭和33年度から交付されている。補助金の使途は平成5年度からは国の補助金の一部は裁判前の法律相談援助（法的助言）にも使えるようになり，平成12年10月からは，裁判所提出書類を司法書士または弁護士に作成してもらう書類作成援助も開始される等，年々拡大をみている。平成17年度においては，扶助費補助金として32億9659万円が，書類作成援助補助金として1億2348万2000円が，法律相談援助補助金が5億1287万8000円，そして調査費補助金として4199万1000円が国からの補助金として支出されている[90]。なお，2006年10月に業務を開始した法テラスでは，平成18年度予算の民事法律扶

---

[88] http://www.jlaa.or.jp/use/index.html（2006.8.21確認）本基準は生活保護の基準と比べた場合，その1.3倍程度で，国民の世帯収入の下から20％程度の人をカバーする。ただし，協会の発表によれば，実際に扶助を受けた人の多くは収入がなく，生活保護の受給者は全体の40％に達する。また，被援助者の6割が女性で占められている。援助を受けた人の職業では，全体の60％が無職となっており，給与生活者は16％にとどまっている。

[89] http://www.jlaa.or.jp/use/index.html（2006.8.21確認）

[90] 財団法人法律扶助協会平成17年度民事法律扶助事業勘定・事業の部収支予算書
http://www.jlaa.or.jp/outline/economy/h_17/pdf/h17_yosan.pdf（2006.8.20確認）

助事業経費として，54億3100万円が支出計上されている。収入については，前述のように法テラスの設置形態が独立行政法人の枠組みに従って設立された政府全額出資の公的法人に位置付けられた[91]関係上，財団法人形式であった法律扶助協会で業務が実施されていた頃とは，収入構造が変化している。具体的には，平成18年度予算では，運営費交付金[92]（59億8000万円）と民事法律扶助償還金を含む事業収入（45億9700万円）の割合が増加し，補助金は2億5900万円と減少を見ている[93]。

第3項　小　括

本章では，電子的自力救済型個人データ保護制度とプログラムの誤動作時の第一次的な救済制度の財源として，税方式，補償金方式，保険金方式，補助金等について，そのメリットとデメリット，及び導入に際しての現状における課題について検討した。その上で電子的自力救済型個人データ保護制度の財源制度のあり方として，筆者が当初想定したビット税形式類似の財源確保策よりは，情報通信機器への価格転嫁型一括収受形式の補償金方式として設計するのが現実的であるとの方向性を得た。また，PCや情報通信端末を有さない，特に高齢女性層を電子的自力救済型個人データ保護制度の対象とするため，電子的自力救済型個人データ保護制度を司法支援制度として見た場合の財源調達の可能性として，法律扶助制度における補助金に関する状況を概観した。ネットワーク上への個人データ流出では，今後，PCや携帯電話のような情報通信端末を利用しない層の個人データの流出における救済の実効性が問題となることが予想される。この問題に対応す

91　注（42）参照
92　独立行政法人に対する運営費交付金は，国が独立行政法人に対して負託した業務を運営するために交付される。交付を受けた際の計上費目としては，いったん負債に計上することとされる。「独立行政法人会計基準研究会第五回議事録」(http://www.kantei.go.jp/jp/account/dai 5 appendix1.html)（2006.12.11確認）
93　「平成18年度日本司法支援センター年度計画」
　　http://www.houterasu.or.jp/content/01nenndo-keikaku.pdf（2006.12.11確認）

るためには,単一の財源に頼るよりも総合的な財源調達システムが必要である。

　上記の議論は現行制度との整合性を重視し,公共財である現在の司法制度の国家による独占運営が永続することを前提としている。しかし,仲裁法改正や裁判外紛争解決手続の利用の促進に関する法律(ADR 促進法)の制定は民間 ADR 機関による紛争解決の増加が期待されている証左でもある。やがて,司法の民営化[94]ともいえる状況が確立すれば,保険金制度の採用も視野に入れることができる。上述のように現在では訴訟費用保険制度(弁護士保険,権利保護保険)が日弁連と損害保険会社との協定により運営され,弁護士費用を含む訴訟費用が保険で填補される制度が存在する[95]。本保険の対象が民間 ADR 機関の利用にも拡大され,国民皆保険制の公的保険とされ,司法アクセスのコストを国民が等しく負担する医療保険に近いシステムが構築されれば,ネットワーク上への個人データ流出に限られない柔軟な制度運営が可能となろう。

94　司法の民営化については,長谷部由起子「法化社会における司法制度―司法の民営化は可能か」ジュリスト No. 1317 (2006) pp. 139-146.

95　訴訟費用保険は対象が第三者の加害行為により被保険者の身体または財産に損害が生じた場合にのみ適用されるため,現状では普及が進んでいないとされる。高中正彦「司法制度のコストと当事者の費用負担」ジュリスト No. 1317 (2006) pp. 152-153.

終　章

　以上に述べてきたように，本書では，個人データはどのような流出防止策をもかいくぐって，いつかはネットワーク上に流出してしまうものであることを前提として，実際に個人データが流出した場合でも，①当該データに起因するプライバシー侵害被害の発生と拡散を最小限度にとどめ，②個人データのインターネット上への流出時を境界に発生している既存の事前予防型保護措置と司法手続を中心とした事後救済手続間のタイムラグを縮小し，両手続間を有機的に連携させ，データ主体の保護をスムーズに図ることを目的とした自律実行型ADR機能を実装した個人データ流通管理機構の導入による電子的自力救済型個人データ保護制度を提案し，実際の制度設計例を示した。

　上述してきたように，これまでのプライバシー侵害の民事法的救済の枠組は，不法行為法アプローチが所与のものとされてきた。インターネット掲示板等に掲載された有害情報に起因する名誉毀損やプライバシー侵害事件は依然として後を絶たず，マスメディアによる伝統的なプライバシー問題も発生している。本書で取り上げたプロバイダ責任制限法の発信者情報開示制度のように不法行為アプローチによる解決を証拠収集の面からサポートする制度も導入されていることから見ても，不法行為アプローチはプライバシー侵害救済のメインフレームワークとしての重要な役割を今後も担い続けるであろう。本書も不法行為アプローチの役割を否定する立場に立つものではない。しかし，デジタル化情報が縦横無尽に即時に世界中を駆けめぐる現在の高度情報ネットワーク社会においては，現在のオフライン型手続を中心とする司法手続と不法行為アプローチが個人データ流出に起因するプライバシー問題の解決スキームとして，唯一無二の存在であると言える状況ではもはやなくなってきていることもまた確かである[1]。

人類の扱う情報量が爆発的に増大する「情報爆発」時代を迎え，上記の傾向はより強まってゆくものと思われる。

　情報爆発時代を迎えて，今後の個人データ保護政策にとって重要なのは，単一の保護・救済手法に寄りかかるのではなく，各手法の特徴を踏まえた上で，そのメリットをうまく組み合わせ，デメリットを相互補完して，それぞれの保護・救済プログラムについて，それらが効果を発揮する時間帯をも踏まえつつ，有機的連携を図りながら，いかに総合政策的な個人データ保護政策として展開してゆくことができるかという点にある。

　しかし，わが国の現在の個人情報保護に関する現状の制度や論議は，この総合政策的視点に欠けているように思えてならない。それは，「保護」の側面ばかりが強調され，外部への漏えい・流出さえなければ，どれだけ大量の個人データを収集して，どのように利用しても問題ないとの誤解を広く生み出しているとの危惧[2]や個人情報保護法が完全施行された後，その過剰反応[3]に事業者や市民が戸惑いを見せていることにも現れている。また，その「保護」の側面自体においてさえも，現状においては，問題意識は分野ごとに分断された形になっている。筆者は，かつて，ITエンジニア——一般ユーザー間はおろか，ITエンジニア同士の間にもプライバシー保護に関するコンセンサスが存在していない状況を問題提起した[4]。今日に至り，筆者が所属する技術系の学会においても「プライバシー保護」が単独のセッション

1　また，手続過程そのものにおけるプライバシー保護も問題である。この点について，町村泰貴「民事訴訟とプライバシー保護」『福永有利先生古稀記念　企業紛争と民事手続法理論』（商事法務，2005）p. 473以下，及び，町村泰貴「民事裁判手続過程でのプライバシー」田島泰彦＝山野目章夫＝右崎正博編著『表現の自由とプライバシー　憲法・民法・訴訟実務の総合的研究』（日本評論社，2006）pp. 145-155.

2　岡村＝新保・前掲第3章注（1）p. 492.

3　ドイツにおける個人情報保護法制に対する過剰反応について紹介したものとして，藤原静雄「ドイツにおける個人情報保護の実際—わが国の過剰反応問題を考える」青柳幸一編『筑波大学法科大学院創設記念・企業法学専攻創設15周年記念　融合する法律学(上)』(信山社，2006) pp. 103-128.

4　橋本＝本村＝井上・前掲第1章注（32）論文 pp.29-30，及び本村＝橋本＝井上＝金田・前掲第4章注（67）論文 p. 2997.

や論文誌の特集としてフォーカスされ，報告件数も増加している。このことからも，ITエンジニアのプライバシー保護に関する問題意識は先鋭化され，その取組みも積極的なものとなっているように感じられる。

しかし，その一方で，個人情報保護に関する法制度を設計する側の法学分野における問題認識は，依然として既存の法分野間で縦割りに分断されたままの状態にある。例えば，企業倒産時における個人データ保護のケースなどは情報ネットワーク法と倒産法の両領域間での交流が乏しく，問題認識の共通化は大きく立ち遅れている状態にある[5]。そのため，倒産コンサルティング実務の現場では，倒産企業の個人データ保護の問題は，専門外であるからと対応が遅れたり，場合によっては対応が放置されたりするという現状にある。

サイバー社会における個人データ保護政策が今後，進展し，その実を結ぶことができるか否かは，ITエンジニア—法学者間のコンセンサスの深化だけではなく，むしろ，ITエンジニア，法学界内部間の協働が達成され，その上で，ITエンジニア—法学者間のコンセンサスを深めることができるか否かにかかっていると思われる。これが達成されなければ，本書で行った制度設計案もその意義を減じるばかりか個人データ保護政策そのものが画餅に帰す結果ともなりかねない。

この意識の分断は，個人データ流出によって影響を被る関係者間にも存在する。これまで，個人データ流出をはじめとしたプライバシー事件が起こる度に事業者と情報主体は相対立する関係として捉えられてきた。確かに問題解決が訴訟というフォーマルなステージに上がることになれば，原告対被告という対立構造の中で個々の紛争解決がなされることは事実である。しかし，デジタル化データが瞬時に世界中を駆けめぐる情報ネットワーク社会においては，流出データの拡散による被害の拡大は，情報主体，事業者の双方にとって共に食い止めなければならない重大なリスクであるという点については共通の認識で

---

5 佐藤鉄男＝橋本誠志「情報ネットワーク社会における企業倒産と個人情報保護」NBL No. 745（2002）pp. 20-27.

あると思われる。かかるリスクは事業者，情報主体本人のどちらか一方のみの尽力だけで取り除けるものではなく，関係者の問題意識の統合と関係者の協働が不可欠である。以上は本書における分析の機軸となる総合政策科学的思考の正に核心である。本書における研究を今後，1つの社会制度として実施していく上では，提案制度への技術の実装をはじめとした多くの問題を解決してゆかねばならない。その道のりは，単にネットワーク上への個人データ流出問題の解決にとどまらず，専門家，問題の当事者同士あるいは相互間の知識・問題意識の分断という究極的な問題の解決への最初の一里塚である。

情報爆発時代の到来はすぐそこまで，いやすでにやってきている（これに対応して文部科学省科学研究費補助金では平成17年度から平成22年度まで「情報爆発時代に向けた新しいIT基盤技術の研究」を特定領域研究として展開している）。また，司法制度それ自体にも本書で考察の対象とした「時間」とは別の本質的限界がいつ出現するかもわからない。いずれにしても，残された時間は少ない。

参 考 文 献

1 報告書・レポート，その他資料

情報通信技術（IT）戦略本部個人情報法制化専門委員会『個人情報保護基本法制に関する大綱』2000.10.11.

行政機関等個人情報保護法制研究会『行政機関等の保有する個人情報の保護に関する法制の充実強化について電子政府の個人情報保護』2001.10.26.

電子商取引実証推進協議会（ECOM）消費者WG消費者情報SWG『ECで取扱われる個人情報に関する調査報告書（ver1.0）』電子商取引実証推進協議会（ECOM），1999.

電子商取引実証推進協議会（ECOM）消費者WG消費者情報SWG『ECで取扱われる個人情報に関する調査報告書（ver2.0）』電子商取引実証推進協議会（ECOM），2000.

電子商取引推進協議会（ECOM）消費者WG個人情報保護SWG『ECで取扱われる個人情報に関する調査報告書（ver3.0）』電子商取引推進協議会（ECOM），2001.

電子商取引推進協議会（ECOM）個人情報保護WG『ECで取扱われる個人情報に関する調査報告書（ver4.0）』電子商取引推進協議会（ECOM），2002.

電子商取引推進協議会『ECで取り扱われる個人情報に関する調査報告書』2003.3.

電子商取引推進協議会『ECで取り扱われる個人情報に関する調査報告書2003』2004.3.

電子商取引推進協議会『ECにおける個人情報保護に関する活動報告書』2005.3.

電子商取引実証推進協議会（ECOM）消費者WG消費者取引環境整備SWG『ECOM消費者取引ガイドライン事業者消費者間取引の信頼性確保に向けて』電子商取引実証推進協議会（ECOM），2000.

電子商取引実証推進協議会（ECOM）消費者WG消費者保護SWG

『電子商取引における消費者保護の推進』電子商取引実証推進協議会（ECOM），2001.

日本工業標準調査会審議『個人情報保護に関するコンプライアンス・プログラムの要求事項：JIS Q 15001』日本規格協会 1999.

司法制度改革審議会『司法制度改革審議会意見書──21世紀の日本を支える司法制度──』2001.

最高裁判所事務総局『裁判の迅速化に係る検証に関する報告書』2005. 7. 19.

法務省民事局「電子登録債権法制に関する中間試案の捕捉説明」2006. 8. 1.

内閣府『平成17年度個人情報の保護に関する法律施行状況の概要』2006. 6.

『第20次国民生活審議会第8回個人情報保護部会議事録』2006. 6. 30.

総務省「平成17年度における行政機関及び独立行政法人等の個人情報保護法の施行の状況について（概要）」2006. 9. 22.

総務省・迷惑メールへの対応のあり方に対する研究会『迷惑メールへの対応のあり方に対する研究会 中間とりまとめ』2004. 12.

総務省編『情報通信白書平成14年版』ぎょうせい，2002.

総務省情報通信政策局『平成17年　通信利用動向調査報告書』2006. 3.

財団法人法律扶助協会平成17年度民事法律扶助事業勘定・事業の部収支予算書.

関本　貢「JIPDEC のプライバシーマーク制度について」『国際シンポジウム個人情報をめぐる内外の最新動向講演資料』通商産業省・財団法人日本情報処理開発協会2000. 10. 23, pp. 164.

"TRUSTe Guidelines on Personally Identifiable Information Uses in Mergers, Bankruptcies, Closures, and Dissolutions of Web Sites" Submitted for Public Comment on April 11, 2001.

朝日新聞（大阪本社版）2006年7月29日．

2　著　書

明石三郎『自力救済の研究［増補版］』有斐閣，1978.

青桝武彦『サイバー監視社会』電気通信振興会, 2006.

芦部信喜『憲法 第四版』岩波書店, 2007.

江夏健一監修, 小林麻里編著『グローバリゼーションとデータ保護——EUデータ保護指令を中心として——』敬文堂, 1999.

NTTデータ技術開発本部システム科学研究所編『サイバーセキュリティの法と政策』NTT出版, 2004.

藤野剛士『図解でわかる個人情報保護』日本能率協会マネジメントセンター, 2000.

藤田康幸編『個人情報保護法Q&A』中央経済社, 2001.

藤原静雄『逐条個人情報保護法』弘文堂, 2003.

船越一幸『情報とプライバシーの権利』北樹出版, 2001.

畠中伸敏編著, 加藤文也=折原秀博=伊藤重隆著『個人情報保護とリスク分析』日本規格協会, 2005.

早川吉尚=山田 文=濱野 亮編著, 垣内秀介=高橋 裕=長谷部由起子=和田仁孝=谷口安平=小島武司=中村芳彦『ADRの基本的視座』不磨書房, 2004.

林紘一郎『情報メディア法』東京大学出版会, 2005.

平野 晋『電子商取引とサイバー法』NTT出版, 2001.

平野 晋, 牧野和夫『[判例]国際インターネット法』プロスパー企画, 1998.

堀部政男編『情報公開・プライバシーの比較法』日本評論社, 1996.

堀部政男監修, 鈴木正朝=新保史生=齊藤雄一=太田克良著『JIS Q 15001:2006 個人情報保護マネジメントシステム要求事項の解説』日本規格協会, 2006.

五十嵐清『人格権法概説』有斐閣, 2003.

飯田耕一郎編著『プロバイダ責任制限法解説』三省堂, 2002.

情報ネットワーク法学会, テレコムサービス協会編『インターネット上の誹謗中傷と責任』商事法務, 2005.

神山敏雄=堀部政男=阪本昌成=松本恒雄編著『顧客リスト取引をめぐる法的諸問題——DM・テレマーケティングとの関係で』成文堂, 1995.

財団法人関西情報・産業活性化センター情報セキュリティマネジメント研究会編，岡村久道監修『企業活動と情報セキュリティ』経済産業調査会，2002.
川嶋四郎『民事訴訟過程の創造的展開』弘文堂，2005.
川嶋四郎『民事救済過程の展望の指針』弘文堂，2006.
木村順吾『情報政策法』東洋経済新報社，1999.
北川善太郎『コピーマート』有斐閣，2003.
北野弘久『税法学原論［第5版］』青林書院，2003.
國生一彦『米国の電子情報取引法　UCITA法の解説』商事法務研究会，2001.
増田・舟井・アイファート&ミッチェル法律事務所『米国インターネット法最新の判例と法律にみる論点』ジェトロ，2002, pp. 216, 217.
松田貴典『ビジネス情報の法とセキュリティ』白桃書房，2005.
松井茂記『インターネットの憲法学』岩波書店，2002.
中島　誠『立法学』法律文化社，2004.
名和小太郎『変わりゆく情報基盤――走る技術・追う制度』関西大学出版部，2000.
――――『情報の私有・共有・公有　ユーザーからみた著作権』NTT出版，2006.
日本セキュリティ・マネジメント学会個人情報保護研究会編『経営戦略としての個人情報保護と対策』工業調査会，2002.
西村総合法律事務所ネット・メディア・プラクティスチーム編著『IT法大全』日経BP，2002.
岡村久道『インターネット訴訟2000』ソフトバンク，2000.
――――『個人情報保護法』商事法務，2004.
岡村久道=近藤剛史『インターネットの法律実務 新版』新日本法規出版，2001.
岡村久道=新保史生『電子ネットワークと個人情報保護』経済産業調査会，2002.
小野昌延『不正競争防止法概説』有斐閣，1994.
大森政輔=鎌田　薫『立法学講義』商事法務，2006.

サイバーロー研究会編, 指宿信編集代表『サイバースペース法』日本評論社, 2000.
佐藤幸治『憲法　第三版』青林書院, 1995.
新保史生『プライバシーの権利の生成と展開』成文堂, 2000.
園部逸夫編『個人情報保護法の解説』ぎょうせい, 2003.
宗田貴行『迷惑メール規制法概説』レクシスネクシス・ジャパン, 2006.
総務省行政管理局監修, 行政情報システム研究所編集『行政機関等個人情報保護法の解説』ぎょうせい, 2005.
高橋和之＝松井茂記編『インターネットと法』有斐閣, 1999.
―――『インターネットと法　第2版』有斐閣, 2001.
田島泰彦＝山野目章夫＝右崎正博編著『表現の自由とプライバシー　憲法・民法・訴訟実務の総合的研究』日本評論社, 2006.
竹田　稔『[増補改定版] プライバシー侵害と民事責任』判例時報社, 1998.
竹田　稔＝堀部政男編『新・裁判実務体系9 名誉・プライバシー保護関係訴訟法』青林書院, 2001.
東倉洋一＝岡村久道＝高村　信＝岡田仁志＝曽根原登『情報セキュリティと法制度』丸善, 2005.
東倉洋一＝山本毅雄＝上野晴樹＝三浦謙一『ユビキタス社会のキーテクノロジー』丸善, 2005.
豊田　彰『パブリシティの権利』日本評論社, 2000.
内田晴康＝横山経通編『インターネット法ビジネス法務の指針　第3版』商事法務研究会, 2001.
宇賀克也『個人情報保護法の逐条解説』有斐閣, 2004.
牛嶋　正『租税原理』有斐閣, 2004.
渡辺智之『インターネットと課税システム』東洋経済新報社, 2001.
山本庸幸『実務立法技術』商事法務, 2006.

3　講座・特集
ダニエル・フット＝長谷部恭男編『融ける境　越える法4 メディアと制度』東京大学出版会, 2005.

岩村正彦ほか編『岩波講座 現代の法4・政策と法』岩波書店，1998.
──────『岩波講座 現代の法10・情報と法』岩波書店，1997.
村田正幸=山口　英=塚本昌彦=塚田晃司=星　徹=下條真司=佐藤哲司=名和小太郎=篠崎彰彦=尾家祐二『岩波講座 インターネット第6巻・社会基盤としてのインターネット』岩波書店，2001.
「特集　情報ネットワーク社会における個人の利益・価値相互間の調整と法の役割（一）」民商法雑誌 Vol. 133, No. 4-5, 2006.
「特集　個人情報保護」都市問題研究 Vol. 58, No. 1, 都市問題研究会, 2006.
「特集　プライバシーの再検討」法律時報 vol. 78, No. 4, 2006.
松永邦男『司法制度改革概説1 司法制度改革推進法　裁判の迅速化に関する法律』商事法務，2004.
古口　章『司法制度改革概説5　総合法律支援法　法曹養成関連法』商事法務，2005.
小林　徹『司法制度改革概説7　裁判外紛争解決促進法』商事法務，2005.
小林久起=近藤昌昭『司法制度改革概説8　民訴費用法　仲裁法』商事法務，2005.
「特集 総合法律支援構想の実現に向けて」ジュリスト No. 1305, 2006.
「特集 システム戦略　個人情報の流出を阻止せよ」日経ネットビジネス No. 104, 2002. 11, pp. 83-97.

4　論　文

阿部剛仁=谷口展郎=森賀邦広=塩野入理=櫻井紀彦「メディアフレームワークに基づくコンテンツ保護処理方式と自律制御型情報カプセルの実現」情報処理学会論文誌 Vol. 44 No. SIG 12, 2003, pp. 64-73.
相川忠夫「消費者信用取引に伴う情報流通」クレジット研究 No. 22, 1999, pp. 81-134.
アレクサンダー・ロスナゲル著，米丸恒治訳「データ保護の新たな構想──インターネットの新たな挑戦──」立命館法学 No. 270, 2000,

pp. 558-580.

千葉昌幸=漆嶌賢二=前田陽二「属性情報プロバイダ：安全な個人属性の活用基盤の提言」情報処理学会論文誌 Vol. 47, No. 3, 2006, pp. 676-685.

千田浩司=小宮輝之=林　徹「匿名性確保と不正者追跡の両立が可能な通信方式」情報処理学会論文誌 Vol. 45, No. 8, 2004, pp. 1873-1880.

藤波　進「Cookies──その特質とプライバシー保護──」多賀谷一照=松本恒雄編集代表『情報ネットワークの法律実務』（第一法規, 1999), pp. 4349-4360.

藤村明子=花舘蔵之=山本直人=塩野入　理=菊池淳一=金井　敦「電子債権法の立法動向を踏まえたセキュリティ課題についての一考察」『コンピュータセキュリティシンポジウム（CSS2006）論文集』情報処理学会, 2006, pp. 573-578.

藤原静雄「ドイツにおける個人情報保護の実際──わが国の過剰反応問題を考える」青柳幸一編『筑波大学法科大学院創設記念・企業法学専攻創設15周年記念　融合する法律学　上巻』信山社, 2006, pp. 103-128.

長谷部由起子「法化社会における司法制度──司法の民営化は可能か」ジュリスト No. 1317（2006), pp. 139-146.

橋本誠志, 本村憲史, 井上　明「ネットワーク上での情報統合に対するプライバシー保護システム」『テレコム社会科学学生賞入賞論文集』No. 9, 財団法人電気通信普及財団, 2000, pp. 1-36.

橋本誠志「ネットワーク社会における消費者保護の制度的枠組み──オンライン・プライバシー保護を中心に──」同志社政策科学研究（同志社大学）Vol. 3, No. 1, 2002, pp. 73-94.

────「ネットワーク上における個人データ流出と被害拡散防止制度の設計に関する一考察」『設立20周年記念懸賞論文集　平成15年度情報通信学会年報』財団法人情報通信学会, 2004, pp. 89-103.

────「ネットワーク上への個人データ流出と被害拡散防止制度について」情報ネットワーク・ローレビュー Vol. 5, 情報ネットワー

――――「自動実行型 ADR サービスにおける参加者の費用負担方法のあり方に関する一考察――電子的自力救済型個人データ保護制度を中心に――」同志社政策科学研究 Vol. 8, No. 2, 同志社大学大学院総合政策科学会, 2006, pp. 45-60.

林　良一=茂木一男=山室雅司=曽根原登=酒井善則「個人情報を保護しつつ活用する一方式」情報処理学会研究報告 EIP22, 2004, pp. 9-16.

林　良一=茂木一男=山室雅司「個人情報保護・活用のための契約方式」情報処理学会研究報告 EIP25, 2004, pp. 97-104.

堀部政男「電子商取引とプライバシー」ジュリスト No. 1183, 2000, pp. 77-85.

――――「高度情報通信ネットワーク社会とプライバシー」情報通信学会誌 Vol. 19, No. 1, 2001. pp. 59-72.

池田真朗「電子債権論序説」NBL No. 790, 2004, pp. 41-42.

稲村　雄=本郷節之「暗号技術によるメモリデータ保護方式の提案」情報処理学会論文誌 Vol. 45, No. 8, 2004, pp. 1823-1832.

加賀美千春=森賀邦広=塩野入理=櫻井紀彦「コンテンツ流通における自律管理を目的としたカプセル化コンテンツ Matryoshka」情報処理学会研究報告 CSEC 8, 2000. 3, pp. 99-104.

金子宏直「米国における統一コンピュータ情報取引法（UCITA）の取組み」『法とコンピュータ』No. 18, 2000, p. 45-52.

川和功子「米国における電子情報取引契約について――シュリンクラップ契約，クリックラップ契約を巡る議論について――」同志社法学 No. 306, pp. 1-26, 同 No. 312, pp. 1-34, 同 No. 313, pp. 125-180.

木下真吾=星野文学=小室智之=藤村明子=大久保美也子「ローコスト RFID プライバシ保護方法」情報処理学会論文誌 Vol. 45, No. 8, 2004, pp. 2007-2021.

清野幾久子「個人情報利用取引と個人情報保護制度」ジュリスト No. 1114, 1997, pp. 75-81.

國米　仁=貝沼達也=古原和邦「個人情報の保護と活用を両立する情報通信プラットフォーム」日本セキュリティ・マネジメント学会誌 No. 1, 2005, pp. 3-14.

國生一彦「わが国の個人情報保護法制」NBL No. 723, 2001. 10, pp. 22-33.

町村泰貴「現実のものとなりつつあるサイバー ADR」法学セミナー No. 560, 2001, pp. 38-39.

―――「民事訴訟とプライバシー保護」『福永有利先生古稀記念　企業紛争と民事手続法理論』商事法務, 2005, p. 473以下.

前川　徹「Web Bug とプライバシー問題」情報処理 Vol. 42, No. 10, 2001. pp. 1014-1015.

牧野二郎「ディープデータとしての個人情報をどう考えるのか?」『IT 2001なにが問題か』岩波書店, 2000, p. 277.

松井茂記「個人情報保護基本法とプライヴァシーの権利」ジュリスト No. 1190, 2000, pp. 40-51.

松本恒雄「電子商取引と消費者保護――OECD ガイドライン（案）を中心にして――」法とコンピュータ No. 18, 2000, pp. 53-60.

―――「消費者法と個人情報保護」ジュリスト No. 1190, 2000, pp. 52-58.

―――「インターネット上での取引と法」法律時報 Vol. 69, No. 7, 1997, pp. 20-25.

―――「コンピュータ・ネットワークと取引法上の課題――消費者取引を中心として――」ジュリスト No. 1117, 1997, pp. 54-59.

―――「消費者法の立法課題」法律時報 Vol. 70, No. 10, 1998, pp. 9-10.

―――「情報の保護」ジュリスト No. 1126, 1998, pp. 193-200.

―――「電子商取引と電子マネー―サイバースペースにおける契約とその履行―」法学教室 No. 220, 1999, pp. 73-79.

―――「ネット取引をめぐる法的問題点～消費者保護を中心にして」法律のひろば Vol. 52, No. 2, 1999, pp. 17-23.

森藤　元=川崎明彦=森田豊久=宝木和夫「プライバシを考慮したアイデ

ンティティ制御方法」『情報処理学会研究報告』CSEC30, 2005, pp. 467-471.

本村憲史=橋本誠志=井上 明=金田重郎「ネットワーク上での情報統合に対するプライバシー保護」情報処理学会論文誌 Vol. 41. No. 11, 2000, pp. 2985-3000.

本城信輔=洲崎誠一=齋藤 司=三浦信治「プライバシに配慮した WWW における個人属性認証・アクセス制御システム」情報処理学会論文誌 Vol. 43, No. 8, 2002, pp. 2573-2586.

森 亮一「ソフトウェア・サービスについて」JECC ジャーナル No. 3, 1983, pp. 16-26.

村 千鶴子「個人情報利用取引に関する被害の実情」ジュリスト No. 1114, 1997, pp. 69-74.

中村めぐみ=朝倉啓充=成田千城=岡田謙一「個人情報の扱いを考慮したアクセス履歴証明システム」情報処理学会研究報告 GN50, 2004, pp. 18.

中里純二=藤本賢司=菊池浩明「個人情報漏洩を防止する Web アンケートのセキュリティ強化」情報処理学会論文誌 Vol. 46, No. 8 (2005) pp. 2068-2076.

夏井高人「手続的正義——情報社会における社会構造の変化と正義の維持——」法とコンピュータ No. 23, 2005, pp. 4951.

レンツ K・F「監視型インターネット否定論」青山法学論集(青山学院大学)Vol. 42, No. 4, 2001, pp. 268-244.

西村総合法律事務所ネット・メディア・プラクティスチーム編著『IT 法大全』日経 BP 社, 2002.

小川憲久「知的財産権の保護と自力救済」法とコンピュータ No. 23,

岡田仁志「サイバー社会のプライバシー」国際公共政策研究(大阪大学)Vol. 3. No. 2, 1999, pp. 273-290.

岡田安功「情報管理主体責任と個人情報権」クレジット研究 No. 24, 2000, pp. 153-169.

小瀬木浩昭=真柄喬史=武田正之「個人情報の分散協調保護機構の提案と Web サービス上の Instant Message への適用」情報処理学会論文

誌 Vol. 45, No. SIG 7 (TOD22), 2004, pp. 85-92.

太田昌孝「ユニバーサル・アクセス税」情報処理 Vol. 41, No. 11, 2000, pp. 1278-1279.

大瀧保広=河原正治「超流通における使用記録の回収とプライバシー保護」情報処理学会論文誌 Vol. 41, No. 11, 2000, pp. 2978-2984.

パメラ・サミュエルソン著, 会沢　恒訳「インターネットの法と政策：アメリカからの展望」アメリカ法992号, 2000, pp. 155-180.

ライセンス委員会第3小委員会「米国統一コンピュータ情報取引法（UCITA）における諸問題」知財管理 Vol. 50, No. 4, 2000, pp. 509-532.

齊藤純一郎=櫻井幸一「普遍再暗号化によるRFIDタグのプライバシ保護の実現」情報処理学会論文誌 Vol. 45, No. 8, 2004, pp. 1998-2006.

斎藤雅弘「インターネット関連トラブルと消費者相談」国民生活 Vol. 31, No. 4, 2001, pp. 26-29.

櫻井紀彦=木俵　豊=高嶋洋一=谷口展郎=難波功次「コンテンツ流通における著作権保護技術の動向」情報処理学会論文誌 Vol. 42, No. SIG15 (TOD12) (2001), pp. 63-76.

櫻井紀彦「カプセル化コンテンツの動向と展望」『情報処理学会電子化知的財産社会基盤研究会』2001-EIP12, 2001, pp. 2-4.

佐藤嘉則=川崎明彦=森田豊久=福本恭「リンカビリティ制御に基づいた個人情報管理システム」情報処理学会研究報告 CSEC-30, 2005, pp. 459-465.

滝沢昌彦「情報・プライバシーと消費者」ジュリスト No. 1139, 1998, pp. 58-62.

辰巳丈夫=山根信二=白田秀彰「ネットビジネス業者の「プライバシー保護対策」評価の提案」『情報処理学会第62回全国大会』8F-4, 2001, pp. 111-116.

新保史生「個人情報保護制度の比較法的考察——米国・EU間におけるセーフ・ハーバー協定を中心に——」憲法研究（憲法学会）No. 33, 2001, pp. 53-74.

曽野裕夫「情報契約における自由と公序」アメリカ法992号, 2000, pp. 181-192.

末松俊成=今井秀樹「ユーザーのプライバシー保護が可能な超流通ラベル配送型超流通システム」電子情報通信学会論文誌 Vol. J81A, No. 10, 1998, pp. 1377-1385.

高中正彦「司法制度のコストと当事者の費用負担」ジュリスト No. 1317 (2006), pp. 152-153.

梅澤健太郎=齋藤孝道=奥乃 博「プライバシーを重視したアクセス制御機構の提案」情報処理学会論文誌 Vol. 42, No. 8 (2001), pp. 2067-2076.

山田孔太=木下宏揚=森住哲也「情報フィルタと情報カプセルによる著作権・所有権保護システム」情報処理学会研究報告 CSEC34 (2006), pp. 43-50.

米丸恒治「グローバル化と個人情報保護法制の課題」中谷義和=安本典夫編『グローバル化と現代国家——国家・社会・人権論の課題——』御茶の水書房, 2002, pp. 145-178.

吉川達夫「米国e-コマースにおける個人情報保護の動向」国際商事法務 Vol. 29, No. 12, 2001, pp. 1435-1439.

吉野夏巳「民間における基本的個人情報の保護」クレジット研究 No. 22, 1999, pp. 139-143.

——「基本的個人情報の公開とプライバシー権」クレジット研究 No. 24, 2000, pp. 148-150.

5 外国文献

Andrew B. Whinston, Dale O. Stahl, and SoonYong Choi, *The Economics of Electronic CommerceThe Essential Economics of Doing Businesses in the Electronic Marketplace*, MACMILLAN TECHNICAL PRESS, 1997 (香内 力訳『電子商取引の経済学』ピアソン・エデュケーション, 2000).

Charles Jennings and Lori Fena, *The hundredth window: protecting your privacy and security in the age of the Internet*, Esther Dyson, 2000（荒木ゆりか訳『あなたの情報はこうして盗まれている』翔泳社, 2000. 12）.

Craig Martin, Mailing Lists, Mailboxes, and the Invasion of Privacy: Finding a Contractual Solution to a Transnational Problem, 35 *Houston Law Review*, 801, 1998.

Eugene Volokh, Freedom of Speech and Information Privacy: The Troubling Implications of a Right to Stop People from Speaking about You, 52 *Stanford Law Review*, 1049, 2000.

Gary W. Dickson and Gerardine DeSanctis, *Information Technology and the Future Enterprise: New Models for Manager*, 1st ed. PRENTICE HALL, 2001（橋立克朗=小畑喜一=池田利明=小岩由美子訳『IT企業戦略とデジタル社会』ピアソン・エデュケーション, 2002）.

Gregory Shaffer, Globalization and Social Protection: The Impact of EU and International Rules in the Ratcheting Up of U. S. Privacy Standards, *The Yale Journal of international Law* Vol. 25, No. 1, 2000 p. 31.

James Martin & James J. Odell, *OBJECTORIENTED METHODS: PRAGMATIC CONSIDERATIONS*; Prentice Hall P T R, 1996（三菱CC研究会OOタスクフォース, ジェームズマーチン・アンド・カンパニー訳『オブジェクト指向方法序説：実践編』トッパン, 1997, pp. 168-179）.

Jerry Kang, Informational Privacy in Cyberspace Transactions, 50 *Stanford Law Review*, 1193, 1998.

Jesicca Litman, Reforming Information Law in Copyright's Image, 22 *Dayton Law Review*, 587, 1997.

Joel R. Reidenberg, Restoreing Americans' Privacy in Electronic Commerce, 14 *Berkeley Tech Law Journal*, 771, 1999.

Joseph Migga Kizza, *ETHICAL AND SOCIAL ISSUES IN THE INFORMATION AGE*, SpringerVerlag, 1998（大野正英=永安幸正監訳『IT社会の情報倫理』日本経済評論社, 2001. 8）.

- Lawrence Lessig, *CODE and other Laws of Cyberspace*, Basic Books, 1999（山形浩生=柏木亮二訳『インターネットの合法・違法・プライバシー』翔泳社, 2001）.
- Lawrence Lessig, The Architecture of Privacy, 1 *Vand. J. Ent. L. & Practice 56*, 1999.
- Mark A Lemley, Comments, Private Property, 52 *Stanford Law Review*, 1545, 2000.
- OECD, *Gateways to the Global Market Consumers and Electronic Commerce*,OECD, 1998（三田克義訳『電子商取引と消費者 グローバル市場への条件』インフラックスコム, 1999）.
- Pamera Samuelson, A New Kind of Privacy? Regulating Uses of Personal Data in the Global Informational Economy, 87 *California Law Review*, 751, 1999.
- Pamera Samuelson, Privacy As Intellectual Property?, *Stanford Law Review*, Vol.52:1125, 2000, pp. 1125–1173.
- PETER P. SWIRE & ROBERT E. LITAN, *NONE OF YOUR BUSINESS: WORLD DATA FLOWS, ELECTRONIC COMMERCE, AND THE EUROPEAN PRIVACY DIRECTIVE* 8, 1998.
- Richard O. Mason, Florence M. Mason and Mary J. Culnan, *Ethics of Information Management*, Sage Publications, 1995（坂野友昭監訳『個人情報の管理と倫理』敬文堂, 1998）.
- Richard S. MURPHY, Property Rights in Personal Information: An Economic Defense of Privacy, *THE GEORGETOWN LAW JOURNAL*, Vol. 84, No. 7, pp. 2381–2417.
- Sarra Basse, *A Gift of Fire: Social, Legal, and Ethical Issues in Computing, First Edition*, PrenticeHall, 1997（日本情報倫理協会訳『IT社会の法と倫理』ピアソン・エデュケーション, 2002）.
- Scott Shorr, Note, personal information Contracts: How to Protect privacy without Violating First Amendment, 80 *Cornell Law Review*. 1756, 1995.
- S. D. Warren & L.D.Brandeis, The Right to Privacy, 4 *HARVARD*

LAW REVIEW, 195, 1890.

Simson Garfinkel, *Database Nation: The Death of Privacy in 21st Century*, O'Relly & Associates, 2000（小西　透監修，橋本　恵訳『暴走するプライバシー』ソフトバンク，2001）．

Susan E. Gindin, Lost and Found in Cyberspace: Informational Privacy in the Age of the Internet, 34 *San Diego Law Review*. 1153, 1997.

Thomas J. Smedinghoff, *ONLINE LAW: the SPA's legal guide to doing business on the internet*, The software Publishers Association, 1996（権藤龍光=重田樹男=津山斎訳『オンライン・ロー』七賢出版，1998．

William L. Prosser, Privacy, 48 *CALIFORNIA LAW REVIEW*, 383, 1960.

5　参考インターネットホームページ

経済産業省：http://www.meti.go.jp/
特許庁：http://www.jpo.go.jp/
内閣府：http://www.cao.go.jp/
法務省：http://www.moj.go.jp/
総務省：http://www.soumu.go.jp/
総務省統計局：http://www.stat.go.jp/
株式会社ケイ・オプイティコム：http://www.kopti.com/
IDC Japan 社：http://www.idcjapan.co.jp
能登町役場：http://www.town.noto.ishikawa.jp
IT 戦略本部：http://www.kantei.go.jp/jp/it/
私的録画補償金管理協会：http://www.sarvh.or.jp/
私的録音補償金管理協会：http://www.sarah.or.jp/
司法支援センター（法テラス）：http://www.houterasu.or.jp
財団法人法律扶助協会：http://www.jlaa.or.jp/
日本弁護士連合会：http://www.nichibenren.or.jp/
財務省財務総合研究所：http://www.mof.go.jp/jouhou/soken/soken.

htm
裁判所：http://www.courts.go.jp
社団法人電気通信事業者協会：http://www.tca.or.jp/
社団法人電子情報技術産業協会 http://it.jeita.or.jp/
社団法人情報サービス産業協会：http://www.jisa.or.jp/
社団法人全国学習塾協会：http://www.jja.or.jp/
全日本空輸株式会社：http://www.ana.co.jp
財団法人全日本情報学習振興協会：http://www.johogakushu.or.jp/
株式会社日本航空：http://www.jal.co.jp
日本コマーシャル：http://page.freett.com/
日本コンプライアンス・オフィサー協会：http://jcoa.khk.co.jp/
財団法人日本データ通信協会：http://www.dekyo.or.jp/
財団法人日本情報処理開発協会：http://www.jipdec.or.jp/
日本商工会議所：http://www.jcci.or.jp
社団法人日本マーケティング・リサーチ協会：http://www.jmranet.or.jp/
次世代電子商取引推進協議会（ECOM）：http://www.ecom.jp/
プライバシーマーク制度：http://privacymark.jp/
AIU 保険会社：http://www.aiu.co.jp/
YKK AP 株式会社：http://www.ykkap.co.jp/top.html
Electronic Frontier Foundation：http://www.eff.org/
Federal Trade Commission（FTC）：http://www.ftc.gov/
Microsoft Corporation.（USA）：http://www.microsoft.com/ms.htm/
マイクロソフト株式会社（日本法人）：http://www.microsoft.com/ja/jp/default.aspx Privacy and Business：http://www.pandab.org/
TRUSTe：http://www.truste.or.jp/
P 3 P：http://www.w3.org/P 3 P/

事項索引

〈あ 行〉

青栁武彦 …………………………141
明石三郎 …………………………184
アクセス契約 ……………………181
アクセス自動停止型アプローチ ……160
暗号化メモリシステム ……………158
安全確保措置 ……………………59
イエロージャーナリズム …………112
『石に泳ぐ魚』事件 ………………119
EUデータ保護指令 ………………129
違法性阻却事由 …………………185
winny個人情報流出総まとめ ………13
宇治市 ……………………………121
『宴のあと』事件 ………………21, 114
ADR促進法 ………………………225
SPKI証明書 ………………………157
OECD8原則 ………………………43
公の秩序 …………………………182
岡村久道 …………………………112
小川憲久 ……………………186, 192
オブジェクト指向技術 ……………163
オプトアウト ……………………21
オムニバスパターン ………………2

〈か 行〉

開示請求制度 ……………………59
貸金業規制法 ……………………74
割賦販売法 ………………………74
カプセル化技術 …………………163
仮処分手続 ………………………126
勧 告 ……………………………47
勧告前置主義 ……………………49
監視機能 …………………………198
間接リスク ………………………15
簡素性 ……………………………214
希少資源 …………………………146
帰属権 ……………………………149
北川善太郎 ………………………166
偽名データベース ………………158
行政機関の保有する電子計算機処理
 に係る個人情報の保護に関する法
 律 ……………………………29
行政書士法 ………………………75
緊急性 ………………………187, 189, 190
金銭賠償 …………………………119
クリックラップ契約 ……………143
グローバルなネットワークにおける
 プライバシー保護に関する閣僚宣
 言 ……………………………25
原状回復 …………………………119
交渉力格差 ………………………131
高度情報通信社会推進本部 ………34
公認会計士法 ……………………75
公表権 ……………………………149
幸福追求権 ………………………19
公平性 ……………………………213
コーリー判事 ……………………112
顧客名簿 …………………………76
国際的な組織犯罪の防止に関する国
 際連合条約 …………………76
告発型システム …………………161

国民生活センター ……………………21
個人情報 ………………………18, 38, 56
個人情報データベース等 ……………40
個人情報取扱事業者 …………………41
個人情報の譲渡可能性 ………146, 179
個人情報の保護に関する基本方針 ‥9
個人情報ファイル ………………57, 58
個人情報保護オフィサー試験 ……104
個人情報保護基本法制に関する大綱
　　……………………………34, 35, 159
個人情報保護検討部会 ………………34
個人情報保護コンサルタント ……103
個人情報保護士認定試験 …………103
個人情報保護条例 ……………………78
個人情報保護法検定試験 …………103
個人情報保護マーク制度 ……………99
個人情報流通管理システム ………159
個人情報漏えい賠償責任保険制度
　　………………………………………104
個人データの自動処理にかかる個人
　の保護に関する条約 ………………18
個人データ流通管理機関 …………197
固定 ID ………………………………158
コピーマート ………………………166
コンテンツ利用権原 ………………186
コンピュータウイルス …………12, 76
コンピュータ情報 …………………180
コンプライアンス・プログラム …90

〈さ　行〉

サーバー選択権 ……………………157
財団法人インターネット協会 ……160
財団法人日本情報処理開発協会 …86
財団法人日本データ通信協会 ……99
財団法人法律扶助協会 ………………222

サイバー ADR ………………………144
サイバー犯罪条約 ……………………76
裁判の迅速化に係る検証に関する報
　告書 …………………………………123
裁判の迅速化に関する法律 ………124
債務不履行 …………………………126
事後救済 ………………………109, 136
自己情報コントロール権 …………115
事実の所有 …………………………148
市場への配分 ………………………146
システム負荷 ………………………157
事前規制型制度 ………………109, 136
事前差止 ……………………………119
実名データベース …………………158
指定機関 ………………………………94
私的録音録画補償金制度 …………221
支払用カード電磁的記録不正作出準
　備罪 …………………………………74
司法支援制度 ………………………201
司法書士法 ……………………………75
司法手続 ………………………135, 185
社会秩序維持 ………………………184
社会保険労務士法 ……………………75
社債等登録法 ………………………203
集中方式 ……………………………157
周辺情報 ……………………………200
住民基本台帳法改正 …………………33
住民票コード番号 ……………………33
主務大臣 …………………………44, 46
シュリンクラップ契約 ……………143
少額訴訟手続 ………………………126
情報セキュリティ検定 ……………104
情報セキュリティ産業 ……………106
情報的権利 …………………………180
情報統合 ……………19, 108, 118, 200

情報爆発 …………………………228
商務省国家情報通信局 …………127
助　言 ……………………………47
書類作成援助 ……………………223
書類作成援助補助金 ……………223
自力救済 …………………184, 201
私力の公権化 ……………………184
紳士録商法 ………………………20
新保史生 …………………………112
スタッフ弁護士制度 ……………202
正当防衛 …………………………187
税務調査権 ………………………207
制　約 ……………………………188
制約充足問題 ……………………200
税理士法 …………………………75
セーフハーバー条項 ……………130
セキュアコンテナ ………………163
セキュリティーホール …………11
セキュリティ・ポリシー ………79
セクトラルパターン ……………27
セグメントパターン ……………27
セレブリティ ……………………151
センタ分割方式 …………………158
全米統一州法委員会 ……………180
専　占 ……………………………181
総合政策 …………………………228
総合法律支援法 …………………201
相対的効力 ………………………131
相当性 ……………………187, 189, 190
総務大臣 …………………………64
即時性 ……………………………9, 135
属性情報プロバイダ ……………158
訴訟費用保険制度 ………………225
租税原則 …………………………216
措置命令制度 ……………………64

〈た　行〉

第三者機関 ………………………195
第2次不法行為リステイトメント
　　……………………………113
タイムラグ ………4, 109, 136, 177, 220
中立性 ……………………………214
調査費補助金 ……………………223
超法域性 …………………………147
超流通 ……………………………162
直接リスク ………………………15
著作者人格権 ……………………149
著作者人格権保護条項 …………150
訂正請求制度 ……………………60
データ節約原則 …………………208
デジタル・デバイド ……………213
電気通信事業における個人情報保護
　に関するガイドライン ………87
電気通信事業法 …………………75
電子債権登録機関 ………………203
電子自治体 ………………………32
電子商取引におけるOECD消費者
　保護ガイドライン ……………25
電子情報契約 ……………………195
電子透かし ………………………161
電子政府 …………………………32
電子代理人 ………………………195
電子的自力救済
　…………184, 188, 191, 193, 201, 227
電子的自力救済型個人データ保護制度
　……5, 191, 205, 215, 220, 224, 227
電子登録債権制度 ………………203
電波法 ……………………………75
統一契約フォーム ………………198
同一性保持権 ……………………149

同意表明 …………………………181	扶助費補助金 ……………………223
動的 ID …………………………158	付随義務 …………………………127
特定電子メールの送信の適正化に関する法律 ……………………………63	不正アクセス禁止法 ……………183
	不正競争防止法 …………………76
匿名アクセス制御方式 …………157	不服申立制度 ……………………59
匿名性確保不正者追跡 …………158	普遍再暗号 ………………………159
TRUSTe プログラム ……………100	不法行為構成 ……………111, 116, 155
transpublishing 構想 ………162, 167	不法行為法論 ……………………112
取引費用 …………………………132	付与機関 …………………………94
取戻権 ……………………………150	プライバシー保護と個人データの国際流通についてのガイドラインに関する理事会勧告 …………………18
〈な 行〉	プライバシーマーク制度 ………94
2項選択 …………………………143	プライバシー擁護団体 …………129
2次拡散 …………………………177	プロッサーの4類型 ……………113
2次拡散防止 ……………………177	プロバイダ責任制限法 …70, 119, 187
二重徴収 …………………………220	分散管理性 ………………………158
日本プライバシー認証機構 ……100	分散協調方式 ……………………157
日本弁護士連合会 ………………125	米国電子情報取引法 …………145, 180
日本法律支援センター（法テラス） ……………………………202	ベルヌ条約 ………………………150
認定個人情報保護団体制度 ………46	HERMES 言語 ……………………168
ネガティブ・オプション ………20	弁護士法 …………………………75
	弁理士法 …………………………75
〈は 行〉	報告徴収 …………………………47
畠中伸敏 …………………………15	ボーダレス性 ……………………9
発信者情報開示請求制度 …………72	法的安定性 ………………………185
パトロールロボット ………161, 186	法律相談援助 ……………………223
パブリシティ権 …………………151	法律相談援助補助金 ……………223
非効率性 …………………………213	北方ジャーナル事件 ……………121
ビット税 ……………………208, 217	保有個人データ …………………41, 43
ひとりで居させてもらう権利 …112	本人貸与 …………………………44
秘密保持義務 ……………………75	本人特定情報 ……………………159
不確実性 …………………………213	
複数配布型モデル ………………162	〈ま 行〉
符号契約 …………………………131	マイレージプログラム …………143

事項索引

マスマーケットライセンス………181
マニュアル処理……………………201
民間部門における電子計算機処理に
  係わる個人情報の保護に関するガ
  イドライン ……………………86
民間部門における電子商取引に係る
  個人情報の保護に関するガイドラ
  イン ……………………………87
名簿マーケット……………………122
命　令………………………………47
迷惑メール…………………………62
森亮一………………………………162

山田オルタナティブ ………………13
有線電気通信法……………………75
ユビキタス社会……………………142
予見可能性…………………………213
ライセンス認証……………………154
リスク分散…………………………157
利用停止請求制度…………………60
リンカビリティ制御………………158
リンク巡回型ロボット……………161
レント・シーキング………………213
労働者個人情報の保護実施要綱…74

〈や・ら・わ 行〉

約　款………………………………131

*　　　　　　　　*　　　　　　　　*

Active Safety ……………………160
Alan Westin ……………………131
ANTINNY.BJ ……………………13
Authentication Extention ………167
Content ID Forum………………166
Contractual Approach …………127
Cookie………………11, 159, 196
COPPA ……………………………100
CRM ……………………………… 9
Cybersettle………………………144
Digital Object ……………………167
Dublin Core………………167, 174
ECOM ADR ………………………217
EMMS/Cryptolope ………163, 167
EPIC ………………………………130
ERP ……………………………… 9
Executable Multimedia Object ‥163
FEDORA/Security Automata……163

FTC…………………………………129
HIPAA……………………………100
JIS Q 15001………………………91
JIS Q 15001:2006………………91
KIDS Privacy Seal Program ……100
L.D.Brandeis ……………112, 138
Lawrence Lessig ………………133
Matryoshka………………………165
Meta Trust/DigiBox………………163
Nelson ………………………162, 167
P 3 P ………………………………159
Pamela Samuelson ………137, 149
Passive Safety ……………………160
Primitive Disseminator……………168
Privacy International ……………130
Privacy Statement ………………179
Property Rights Approach
  ………………137, 143, 145, 149, 178

RFID ································40
Rights Label ························167
RightsEdge ···················163, 167
RightsShell ························163
Rochelle Cooper Dreyfuss ········138
S.D.Warren ····················112, 138
SCM ································· 9
Structual Kernel ····················168
The 1976 Copyright Act············138
Third Party Cookie ················160

W32/Antinny ························12
Warwick Framework ··············167
Web Bug ····························11
Windows Media Rights Manager
································163
winny ·······················12, 216, 219
Xanadu·······························167
XrML ·······························167
ZipLock/Vbox ·····················163

〈著者紹介〉

橋本誠志（はしもと・さとし）

- 1996年　関西学院大学法学部卒業
- 1999年　同志社大学大学院総合政策科学研究科博士前期課程修了
- 2000年　第15回電気通信普及財団賞（テレコム社会科学学生賞）
- 2003年　同志社大学大学院総合政策科学研究科博士後期課程修了
博士（政策科学）取得
同志社大学法学部非常勤講師，徳島文理大学総合政策学部専任講師，現在に至る。
- 2004年　情報通信学会設立20周年懸賞論文賞受賞

〈主要論文〉

- 2002年　「情報ネットワーク社会における企業倒産と個人情報保護」NBL No.745 pp.20－27.
- 2003年　「司法制度改革とADR」小島武司編『ADRの実際と理論Ⅰ』（共著，中央大学出版部，2003）pp.26－63.
- 2006年　「ネットワーク上への個人データ流出と被害拡散防止制度について」情報ネットワーク・ローレビュー No.5 pp.71－84.

〈*Law & Society Début Series No. 5*〉

電子的個人データ保護の方法

2007（平成19）年9月30日　第1版第1刷発行

著　者	橋　本　誠　志	
発行者	今　井　　　貴	
	渡　辺　左　近	
発行所	信山社出版	

〒113-0033　東京都文京区本郷6-2-9-102
ＴＥＬ　03（3818）1019
ＦＡＸ　03（3818）0344

Printed in Japan

©橋本誠志，2007.　　印刷・製本／亜細亜印刷・大三製本

ISBN 978-4-7972-2490-0　C3332